Irresistible

How Cuteness Wired our Brains and Conquered the World

可愛無法擋

卡哇伊文化

如何連結我們的大腦並征服全世界

!

約書亞・保羅・戴爾
Joshua Paul Dale

蔡宗翰◎譯

感謝母親，在我還是小孩的時候，不斷讀書給我聽；

感謝祖母，寫了許多她曾讀給我聽的書。

目次

第6章 可愛有了現代意義

第7章 可愛的演化基礎

第10章 可愛文化的未來

前言

凱蒂貓擋在路上

東京是我住了幾十年的地方，也是個不斷變動的城市，新舊瞬間置換，事物快速遞嬗。曾經，我家附近有一家魚店、一家蔬果攤和一家精米行。還有一家酒店，老闆是兩位近視度數很深的婆婆，其中一位負責讀出啤酒罐上的價格，而另一位負責結帳，她的眼睛幾乎都要貼到收銀機的鍵盤上了。所有這些，現在都消失了。

這樣的狀況並不特殊，但在日本，不僅小店鋪一間一間關閉，就連建築物也沒能撐多久。在其他地方或許可以保留的古老建築，在這裡一點兒機會也沒有。我家附近的原宿，一直以來都是年輕人次文化的中心。在一九二四年東京大地震一年後建成的原宿車站，外型看起來像是一座歐洲小屋：半木造建築、斜屋頂、華麗的時鐘、彩繪玻璃，還有一座上面站著風向雞的穹頂。原宿車站在第二次世界大戰期間，在砲擊轟炸中奇蹟似地倖存。只是，到了二〇二〇年，它仍然躲不過被拆除的命運，被一個沒有靈魂的玻璃盒子所取代。

曾經，從原宿站沿著一條被稱為「日本香榭麗舍」的宜人林蔭大道走下去，會看到很有韻味的舊青山公寓。該座公寓建於一九二六年，一開始是社會住宅，裡頭的設計和裝潢，顯示了日本如何吸收了西方的室內設計概念，並依自己的品味重新包裝，創造出日本特有的現代居家風格。但在戰後，日本蓬勃發展，這些公寓對於情侶或家庭來說都太小了。到了一九九〇年代，幾乎沒有屋主還住在那裡，而是看準了此處位於黃金地段，把公寓出租給商店和畫廊。當整棟老宅優雅地衰敗時，這些商店和畫廊仍不斷賣著東西。我還記得，有一次走進這棟一九二〇年代的公寓時，店門都還開著，展示著精心挑選的服飾、藝術品或古董。但這一切都沒有維持太久。青山公寓在二〇〇三年拆除，把空間讓給一件萬眾矚目的大型都市開發案：表參道之丘，從老公寓化身為時尚精品街。現在，繁華巨獸的尾端，還留有一個小小的、重新裝置過的青山公寓門面。雖是紀念，但看起來更讓人對已消逝的過往唏噓不已。

在原宿這裡，不僅建築變了，連人也不同，讓原宿特有的氛圍也隨之改變。早在「友善空間」（safe space）一詞變成日常用語之前，原宿就是讓那些無法融入社會主流的年輕人表達自我的地方。不過，此處鄰近明治神宮，雖然肅穆的神宮深藏林中，但光是知道它在那裡，就讓人自然覺得應該檢點一些。原宿商人協會長期以來一直禁止任何形式的成人娛樂，像是夜店、酒吧、小鋼珠，都沒有在這裡開設。全部的店鋪在晚上八點左右就關了。

如今，年輕人文化已轉移到網路上，但在網路出現之前，原宿街頭是日本年輕人展現他們「迷」文化的所在。一九九〇年代，許多做著明星夢的搖滾樂團每個星期天都會在街頭演出，還會注意音量大小，避免壓過附近的友團。那時候，當我走過圍著各團的忠實歌迷旁邊，就會聽到那些胡亂堆疊起來的音箱傳來貓王（Elvis Presley）的歌，一群年輕男子梳著一九五〇年代的油頭，穿著白襯衫、皮夾克和牛仔褲，隨著鄉村搖滾音樂搖擺。那個年代，原宿既古老又熟悉，但也非常新潮。

除了這些志向遠大的搖滾樂團，原宿也是日本「時尚部落」的中心。有志一同的年輕人，趁著假日在火車站和朋友相約出遊，他們拒絕穿上社會期待的衣著，而是為了表達自己來選擇服飾。其中，有一群年輕女生通常穿著鑲有蕾絲花邊的長裙和綴著花邊的窄腰束腹，戴著精心設計、飾著緞帶的各色假髮，像是金色、紅色，甚至藍色，尤其引人注目。那時候，我經常看到她們在鐵軌上方的陸橋，以小木屋般的車站為背景，互相為彼此拍照。她們的穿著瘋狂混合了法國洛可可（rococo）和英國維多利亞（Victorian）風格，看起來就像活生生的洋娃娃。她們自稱是「蘿莉塔」。

我搞不懂為什麼她們選這個名字：「蘿莉塔」明明是俄籍美國作家納博科夫

（Nabokov, 1899~1977）那本充滿爭議的小說的標題，為什麼這些女生要這樣叫自己呢？為了找到答案，我問了一位專門設計蘿莉塔風格服飾的設計師戶田由希子（戶田ゆき子）。她說：「沒有人知道為什麼一開始選了這個名字，但蘿莉塔時尚與吸引男人的目光無關。這些女孩是為了自己。她們為了彼此而精心打扮，因為這樣很可愛。」

戶田用的詞是「かわいい」（音譯為「卡哇伊」），最適合的翻譯大概就是「可愛」（cute），但原本的日文含義更廣泛。[1]雖然蘿莉塔時尚是次文化，但總體來說，卡哇伊是日本女孩和女性文化的一部分，在當紅的、甚至是大人也愛看的漫畫中也很常見，更是日本動畫的特色。那時我大概知道「卡哇伊」是指什麼，但一開始它並沒有引起我的興趣，畢竟生活中還有其他有趣的事。但後來事情出現了變化。

身為一個長期居住在日本的外國人，我知道可能隨時隨地都會發現驚喜。十年前的某天，路障變得不太一樣。路障在每座城市裡都很常見，我一直沒有對此想太多，直到那天我走出公寓，發現路上不是一排平淡無奇的紅白條紋柵欄，提醒大家「前面正在施工，注意安全」。取而代之的，是一長排拿著彩虹的巨大塑膠凱蒂貓（Hello Kitty）。這隻具代表性的貓咪，只是簡單幾筆就能畫出的一顆大頭，頭上有一個紅色的小蝴蝶結，沒有嘴巴。一九七五年，凱蒂貓在一個零錢包上首度亮相後，她的母公司三麗鷗（Sanrio）很快就生產了一系列令人眼花撩亂的凱蒂貓相關產品，在全球熱賣，廣受歡迎。

現今，凱蒂貓是風靡世界的卡通形象，出現在許多意想不到的地方，藉由註冊商標和聯名授權，賺進大筆鈔票。舉例來說，一家臺灣航空公司在飛機上畫了一隻巨大的凱蒂貓；二〇〇九年，女神卡卡（Lady Gaga）穿著一身掛滿凱蒂貓娃娃的禮服現身。因此，當我看到這隻著名的貓變成道路施工路障時，並沒有太過驚訝。

但我很快就意識到，這不是什麼宣傳活動，因為東京到處都出現了「變得可愛」的路障，像是青蛙、猴子、鴨子、兔子和海豚等等，讓平凡的城市街道變得很奇怪，一開始我完全不明白這到底是怎麼回事。

那時我已經住在東京許多年，突然間發生的文化衝擊，讓我重新審視了周遭的世界。這就好像是我腦中的一個開關打開了，我突然發現，日本到處都有卡哇伊的元素。我家前門外面的人孔蓋上，畫著彩色的漫畫人物；鐵路安全海報上，一個頭大眼大的卡通人物，提醒大家不要站在月臺邊。動物咖啡廳裡，顧客可以一邊享用濃縮咖啡，一邊抱著可愛的小動物，像是貓、兔子、小豬，甚至刺猬。走在日本的購物商圈裡，你在一分鐘內就會聽到有人說「卡哇伊」，通常是一群年輕女生一起驚呼。事實上，「卡哇伊」可能是日文中最流行的詞彙。[2]

當我開始注意到可愛如此滲透進日本文化之中，就想多了解可愛是從什麼時候開始大肆流行？為什麼會是在日本這裡流行？但我馬上就發現，自己不知道要從哪裡開始著手研究。身為學者，我首先想到要去找書，卻驚訝地發現，關於這個現象的學術研究非常少。在研究漫畫、時尚和流行音樂等特定領域裡，有人研究過「卡哇伊」元素，但很少有學者試圖全盤追溯「卡哇伊」這個文化現象。

當時缺乏既有的相關理論，實在是一件奇怪的事。被稱為日本安迪沃荷（Andy Warhol）的藝術家村上隆表示，日本在第二次世界大戰之後變得可愛，是為了在美國面前，把自己呈現成無害的、毫無攻擊性的形象。村上表示，在這個過程中，日本變成了一個永遠被閹割的小男孩。[3] 另一方面，在一九八〇年代晚期到一九九〇年代初期，大塚英志和其他深具影響力的男性評論家認為，過度的商業文化和大肆的消費習慣，讓日本人深深迷戀可愛，以至於每個人都變成了小女孩。在這些評論家眼中，日本人自戀、被動、不負責任、軟弱、幼稚，而這些形容詞在傳統的性別歧視文化中，往往連結陰性特質，用來形容女孩。[4]

我也很快就發現，相較於日本卡哇伊文化的相關研究，關於其他國家可愛文化的學術研究更少。這也很奇怪，因為可愛元素在日本以外的地方也正在興起。如今，似乎每個人都在網路上分享可愛的動物表情包，回應貼文時也是用一串又一串的表情圖案。而且，這個現象並不是從網路開始的。就像卡哇伊一樣，可愛在沒有引起任何人的注意下，成為流行文化中一個主要的元素。

舉例來說，從一九七七年就開始在流行文化中占據重要地位的《星際大戰》（*Star Wars*）。明明外太空的戰鬥故事跟可愛扯不上關係，但整個系列電影的周邊商品，有毛茸茸的伍基人（Wookies）、機器人（droids）、小奇兵（Ewoks）、波格鳥（Porgs），以及超受歡迎的尤達寶寶（Baby Yoda）。雖然不是沒有人反對，像是我讀中學時，就有一位朋友大刺刺地別了一個「我殺了小奇兵」的徽章。

但總體來說，可愛在流行文化中傳播，就像在日本一樣——悄悄地，大家都沒有注意到他們的生活中已經充斥著可愛元素。那麼村上隆和大塚英志的說法正確嗎？我們都變成小男孩和小女孩了嗎？

我認為，村上隆和大塚英志的理論都太過於強調所謂的雄性陽剛，好像不分男女都著迷於可愛這件事，讓他們非常恐慌。但這有什麼關係呢？在這之後，我找到了另一個關於日本可愛現象的理論，讓我非常驚訝。文化評論家四方田犬彥認為，「卡哇伊」並非戰後現象，而是在日本文化中具有悠久的歷史，在一千多年前的藝術作品中就可以發現，而且中世紀的歐洲並沒有類似的東西。[5] 這樣說來，卡哇伊是不是早就深植在日本人的基因中？雖然這聽起來很荒謬，但我沒想到這個大多數人以為很容易解釋的問題，竟然會產生那麼多不同的答案。

那些我們覺得可愛的東西，一千年前的人們是否也會覺得可愛呢？畢竟，過去和現在大相逕庭，在不同的時空框架中，關於美的定義會有很大的差異。舉例來說，就四方田犬彥看來，卡哇伊文化在一千年前就存在了，可是在當時的日本，女人習慣把眉毛剃光，把牙齒塗黑，讓自己看起來很漂亮，而現在沒有人這樣做了。儘管如此，我仍然認為他有一點說得很對：以前那些人們覺得可愛的東西，帶給了他們某種感覺，而現在我們也在自己覺得可愛的東西中，得到了同樣的那種感覺。不過，這又是為什麼呢？

「皮卡丘大量發生！」

橫濱是美國首次「入侵」日本的地方。一八五四年，美國海軍將領馬修·培里（Matthew Perry）指揮的一支輪船中隊，迫使日本結束鎖國政策，開放對外貿易市場。這座熙熙攘攘的城市，每年都會舉辦「皮卡丘大量發生！」這個活動。每年八月，長達一週的時間，會有多達兩千隻真人大小的皮卡丘和其他神奇寶貝上街大遊行，吸引幾十萬名來自世界各地的觀眾共襄盛舉。有一年，我決定親自到現場，認為很適合透過這個活動來了解為什麼卡哇伊元素如此受到歡迎。

神奇寶貝熱潮始於一九九六年。那時候，我和大多數大人一樣，只是模糊地意識到有這個東西。我知道自己的小姪女、侄子對它們很著迷。寶可夢源自於日本早年鄉下兒童流行到公園抓鍬形蟲的娛樂，並由此靈感發展成電玩遊戲，讓人捕獲和收集可愛的小怪物，然後看誰的神奇寶貝比較厲害。當廣受歡迎的電子遊戲《寶可夢GO》在二〇一六年問世時，我看到成群結隊的人們，默默地在街上閒逛，盯著智慧型手機，還搞不清楚他們在做什麼，但這對他們來說一點都不奇怪。許多一九九〇年代就開始迷神奇寶貝的粉絲（fans，愛好者），從未忘記他們最喜歡的遊戲。二十年來，一系列多媒體和跨平臺遊戲的誕生，讓這些人一直對其保持熱衷。到現在，寶可夢仍經常被說是有史以來收入最高的商標授權系列。

到了橫濱，在神奇寶貝大遊行的現場，我開始找人詢問，但無論問的是日本人，還是其他東亞國家的人，或是歐洲人、美國人、澳洲人，所得到的結果都一樣。我問他們，為什麼會來看遊行？他們會暢談皮卡丘有多可愛。但當我問，是什麼讓他們覺得皮卡丘很可愛？大家就會結巴。每個人都說神奇寶貝很可愛，但似乎沒有人能夠解釋為什麼。

「可愛」似乎難以解釋。當每個人覺得「好可愛」的時候，都知道那個東西是什麼，但即使是設計者，也無法解釋為什麼一個細微的小變化，會讓一個成品比另一個可愛許多。凱蒂貓是由傳奇設計師清水侑子所設計，從一九七〇年代開始，為三麗鷗賺進了數十億美元。清水侑子畫了許多草圖，但直到她的助手指著其中一張，尖叫道：「卡哇伊！」她才找到了方向。[6]

我帶了一位專家，來幫我弄清楚神奇寶貝到底是哪裡可愛。戶田由希子這位藝術家暨時裝設計師，十多年來一直在作品中表達卡哇伊。我們一起看了遊行，密切關注人群在什麼時候一起驚呼「卡哇伊」。過了一會兒，我們開始注意到一些規律。首先，神奇寶貝出奇地小，身高超過一百八十公分的我，站在一旁簡直是巨人。再來，因為它們的眼睛總是在臉部的下半部，所以額頭看起來總是特別突出及顯眼。然後，它們的臉頰有著紅色的圓圈，戶田馬上說這很「卡哇伊」。原本我以為神奇寶貝張開的嘴巴只是在笑，但戶田也指出，其實並不一定。她說：「看起來更像是一隻小鳥，張開嘴巴等著別人餵食。不過，總體來說

▲圖 0.1：發亮的皮卡丘：夜晚的「皮卡丘大量發生！」遊行。

就是一個茫然的表情（日文為「無表情」），你無法判斷它們的感覺，也不知道它們在想什麼。」沒有嘴巴的凱蒂貓也是這樣，臉上沒有表情，卻在某種程度上非常吸引人，令人無法抗拒。

這些迷人的身體特徵，讓它們每次一出現就引起群眾歡呼：「卡哇伊！」此外，它們毛茸茸的身體看起來好柔軟、好好摸；每當一隻神奇寶貝擺出姿勢供大家拍照時，小孩（也有大人）都會跑上前去肆無忌憚地抱住它。

這些大人的行為，讓我有點訝異，因為擁抱並不是日本成年人常見的問候方式。但戶田解釋說，各種真人大小的毛茸茸吉祥物，是日本公共活動的標準配備，跑上去抱它是一種大家從小就沉迷其中的行為。既然在日本擁抱朋友甚至家人並不常見，那麼可以不顧一切地衝動抱一下巨大的毛球，當然很不錯。

遊行開始後，我們還注意到這些神奇寶貝的頭很大，身體卻很小，手臂短短的，腿也不長，為了前行，只好快速移動腳步，結果身體也跟著左搖右晃，成了一種獨特的步態。遊行隊伍不時會停下來，讓神奇寶貝可以表演設計好的簡單舞蹈，向觀眾揮手扭臀。儘管旁邊有人幫忙指揮，但這些神奇寶貝畢竟沒辦法看清楚周圍的環境，所以一邊跳，一邊互相撞來撞去。每次一撞，觀眾反而更興奮，「卡哇伊」聲此起彼落。

我們仔細觀察著這些神奇寶貝的粉絲，逐漸弄清楚到底是什麼讓大家不斷歡呼。這些大型皮卡丘頭大、眼大，手短、腿短，臉頰和額頭鼓起，身體搖來晃去，嘴巴大開。種種這些，都讓人發笑。

精湛的職業選手與卡哇伊特質無緣，這個東西似乎專屬於樂天開朗的業餘玩家。卡哇伊氛圍也會蔓延；人們一看到嘴巴開開的神奇寶貝向他們揮手，也自動微笑著揮手。關於這一點，我一開始很困惑。裡面的人戴著毛茸茸的玩偶裝頭套，怎麼可能看得清楚外面的世界？所以他們到底是在向誰揮手？實際上，只有一個方法可以找到答案，所以儘管有點尷尬，我也開始向神奇寶貝揮手。但我很快就發現，自己也在對著這些毛茸茸的巨大神奇寶貝微笑。

戶田和我並不是第一個注意到可愛有一系列共同特徵的人。早在一九四三年，奧地利生物學家康拉德．勞倫茲（Konrad Lorenz）就觀察到，某些動物，尤其剛出生時，會對他人激發了提供照顧和保護牠們的衝動，就像大家看到小嬰兒時的感受一樣。勞倫茲制定了一套稱為「嬰兒圖式」（Kindchenschema）的特徵表，其中包括了：相對於軀幹尺

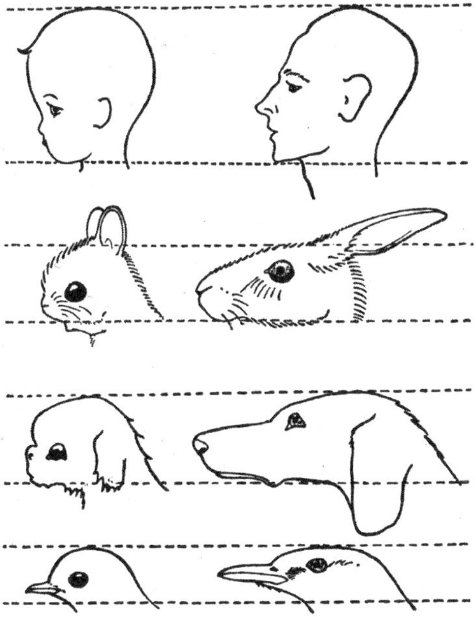

▲圖 0.2：康拉德．勞倫茲的嬰兒圖式。

寸而言，頭部較大；腦袋顯得特別突出；大且偏低的眼睛；圓而凸出的臉頰。身體特徵則有短而粗的四肢；柔軟平整、富有彈性的肌膚；以及笨拙、搖晃的動作。[7] 勞倫茲認為，他的圖式顯示了生物的本能反應：成年人覺得，幼兒需要他們的養育和保護，才能活得下去。

如果我們的大腦就是這樣設定的，看到有著嬰兒特徵的東西，就會本能地覺得可愛，那麼，也許相較於在我面前跳舞的亮黃色皮卡丘，我才是被操縱的拉線玩偶。

康拉德・勞倫茲相信，我們對可愛物體的反應不由自主到「幾乎無法抑制」的地步，並且就像上緊發條的時鐘那樣自動運行。[8] 但我認為，他的理論聽起來太極端了。畢竟，就算喊「卡哇伊！」的人不少，漠然走過去的人也不在少數。我們可能都有對可愛做出反應的相同能力，但不是每個人都喜歡可愛。

另外，關於看到可愛的東西，就會想要養育或保護它的衝動，我抱持著懷疑。雖然我的確在「皮卡丘大量發生！」的遊行中，看到勞倫茲之嬰兒圖式的基本要素，但他的理論似乎有些不太對勁。跳著舞的皮卡丘，並沒有讓我想要照顧或保護的欲望。看著它們，我只想要加入其中一起玩樂。這樣的反應，與想要照顧嬰兒，確保人類繼續生存，又有什麼關係呢？

「可愛研究」和可愛科學

大學時，我想研究兒童文學。之後，兒童文學這個領域不僅包括文學研究，還有兒童發展、心理學，以及關於歷史中「童年」的討論。但一開始，大多數學者認為這是一個不值得研究的主題，所以對有興趣的研究者來說，通常不知道從何處開始。那時，我和最喜歡的一位教授討論，他說：「這就好像你面對兩個池塘：其中一個清澈見底，另一個則滿是淤泥和浮渣，一團混濁。你似乎兩個都看了一眼，然後決定跳進泥水坑裡。」十九歲的我，把教授的話當成讚美，但現在我不確定他的意思是否真是如此。無論如何，看起來他是對的。幾十年後，當我意識到可愛的含義並不明確時，便深吸了一口氣，決定立即投入其中。

我想，關於可愛，一篇論文或一本書就夠了嗎？還是有很多可以探討的東西，需要一個全新的研究領域？畢竟，兒童文學就是這樣。如果這一步走對了，就等於我開創了一個全新的領域，雖然可能沒有人在意我的研究。

我想到了開啟色情研究（Porn Studies）的琳達．威廉斯（Linda Williams）。那時，她意識到這個數十億美元的產業尚未得到關注。就像色情產業一樣，可愛在沒有任何人關注的情況下，創造了數十億美元的商機，而且也被認為太過無關緊要，不值得學術關注。不過，和色情作品相比，至少可愛的爭議性比較低。

那時，威廉斯編了一本學術論文集，宣布色情研究的到來。我不想那麼張揚；我想找一本期刊，來編一期我稱之為「可愛研究」的特刊，看看有沒有其他對可愛感興趣的學者願意加入。我試寫了一篇編者序，讓這個新領域廣為周知。但是會有人來嗎？

我在各個學術網站上公開徵集期刊論文，等著看看會出現什麼。雖然沒有大量投稿，但我確實收到了一些有趣的文章，各類主題都有：有研究蘿莉塔時尚的年輕女性，也有研究新加坡網紅如何利用可愛來增加觀眾，還有人研究日本母親為孩子製作的卡哇伊午餐便當。不過，最重要的學術貢獻來自入戶野宏，他現在是大阪大學認知心理生理學實驗室主任。

和我一樣，入戶野宏注意到，日本的卡哇伊元素所涵蓋的事物，遠比康拉德．勞倫茲的嬰兒圖式所列出的特徵更多。然而，在他的領域中，幾乎所有實證研究都集中在勞倫茲的嬰兒特徵上。由於卡哇伊在日本非常盛行，入戶野宏認為，分析日本人對可愛的感受，可以讓勞倫茲的理論往外延伸，這對於那些對可愛文化感興趣的人來說，將會很有幫助。

入戶野宏利用問卷，調查了數百位大學生和上班族，分析他們的回答。他發現，糖果、鮮花、微笑等不屬於嬰兒圖式的東西，也能引發卡哇伊的感覺。事實上，「微笑」在受訪者中的評分最高，甚至超過了嬰兒。這顯示勞倫茲的嬰兒圖式並不完整。[9]

受訪的大學生和上班族，也將卡哇伊的事物稱為「揺る」。這是一個很難翻譯的詞，可以是搖搖晃晃（嬰兒圖式中有提到這一點），但也有不太熟練、業餘或不完美的意思。我在「皮卡丘大量發生！」的遊行中，親眼目睹了這個現象。當時，皮卡丘的舞步亂七八糟，偶爾還摔得四腳朝天，而觀眾一邊笑，一邊對皮卡丘大喊「卡哇伊」。

如果可愛引發了一種不可抗拒的養育本能，那麼圍觀的人們肯定會不由自主地跳上前去，扶起那些摔在地上的皮卡丘。但事實並非如此。而且，想想看，一個真正需要幫助的孩子，可能在哭或是哪裡在痛，你真的會覺得他可愛嗎？入戶野宏和其他科學家得出的結論是：卡哇伊讓人們有歸屬感。和養育相比，這是一種更廣泛的社會聯繫。這就是為什麼感覺某個東西很可愛的時候，會讓我們想要更貼近它，即使我們並沒有特別想要保護或養育它。[10] 所以，可愛會促進人們的社交和參與，這解釋了為什麼連我自己都想要朝皮卡丘揮手，抱抱它們。

解鎖可愛的祕辛

入戶野宏的研究，讓我意識到科學是理解可愛的關鍵。乍聽之下，這可能不是什麼天啟，但像我這樣的人文學者（著重於文學、藝術和文化），通常會像閃避瘟疫一樣，迴避科學。社會科學（例如人類學和社會學）縱使不畏懼數學，但往往會待在自己的領域裡。學者是超級書呆子，也就是日本人所說的「御宅族」，通常在找到自己的舒適圈之後就待在那裡，只和圈內人彼此交談。但我意識到，這樣專門的領域分野，會讓我們永遠無法解釋為什麼可愛會在全球爆炸性成長。如果可愛研究想要有任何影響，就需要接受所有研究方法，並在其中找到對話的方式。

這並不容易；用不同方法研究可愛文化，會得出不同的結論，但更重要的是，每個人一開始的定義就不一樣。到底什麼才是可愛？科學家認為，我們在基因上就受可愛的小孩和動物所吸引。但是，是先有雞，還是先有蛋？如果說可愛的孩子在數萬年前就得到了更多的照顧和關注，又是什麼讓這些特質被特別看重呢？

還是說，可愛先出現嗎？也許我們就像狗或貓一樣，一開始就是要挑可愛的；但要是沒有人負責培育人類，這又怎麼可能發生呢？我們是否無意識地選擇了可愛，就好像基因中的某個東西，讓世世代代的人類更偏愛稍微可愛的特徵？這就代表是「先有蛋，再有雞」嗎？我想著想著，頭都暈了。

更麻煩的是，如果四方田犬彥是對的，可愛元素在一千年前的日本就有了，而且是只出現在日本藝術作品中的一種特質，那麼可愛美學的出現，就可以框在單一的時間和地點裡。這樣的話，我又該如何印證，可愛是一種更全面、一直伴隨著我們的物種情感呢？我一直在想，為什麼比起其他地方，可愛在日本更早出現？但現在，我發現自己翻轉了這個問題。為什麼可愛花了這麼久的時間才出現？為什麼僅僅在日本？

Chapter 01

古代日本的可愛事物

所有的小東西，無論是什麼，
凡是細小的都可愛。

——《枕草子》，清少納言著

《枕草子》是日本文學的經典作品，由一位名叫清少納言（965-1017）的宮中女官，於一千多年前書寫而成。書中涵蓋了許多主題，包括了愛情、宮廷八卦、詩歌、自然之美和四季更迭。敘事者是一位聰明絕頂、說話有趣的女性。這本書一直到現在仍影響著日本女性。[1]

現在的卡哇伊文化，也可以追溯到《枕草子》。如果我問日本人，卡哇伊最早的例子是什麼，答案往往是出自《枕草子》的「美的種種」（うつくしきもの），它經常出現在日本的小學課本裡，幾乎每個人都知道。這也是最早闡述卡哇伊美學的論述。

《枕草子》以散文的方式，描述了因為與孩子、動物和物品的短暫邂逅，心中乍然湧現可愛之情。雖然就生物學看來，可愛的情感可能是每個人經驗的一部分，但這段描述顯示了可愛特別是女性文化的核心。更重要的是，這段文字也顯示，在妙筆生花的作家筆下，這種簡單的感覺可以昇華成偉大的藝術。

西元九九三年，清少納言進宮。那時，她已經二十多歲了；對於宮中女官來說，她比多數人年長。皇后小她十歲左右，但聰明、多才多藝，喜歡機智和有學養的隨侍，[2]於是與清少納言變成了好友。

那些侍奉皇后的女性，與世隔絕，和現在女權主義擁護的價值沾不上邊。這些女子被禁止在男性面前露面，需要跪在屏風或簾子後方，與來訪的男性仕儒交談。她們也要確定沒有男人在場，才能在宮殿的遊廊上或花園裡散步。宮廷女子難得出宮一趟時，會乘坐馬車，透過蘆葦格子窗觀察外面的世界。[3]這就是西元七九四年到一一八五年的日本平安時代上流社會女子的生活。

然而，女子在這樣的社會環境中，扮演重要的角色。她們擁有繼承權，可以繼承財產和頭銜。[4]因此，儘管平安時代的宮廷女子被禁止公開行使權力，但在其他領域（例如愛情和藝術）可以與男性平等相處。[5]她們在詩歌、日記和小說中優美表達的藝術價值觀，讓她們的文學作品至今仍具有影響力。[6] 而女性之所以能在文學藝術中獲得影響力，部分原因是男人把重心放在制定文明和學習的標準上，在詩歌和文學創作上反而沒有方向。

和許多亞洲國家一樣，日本長期以來把中國視為一切文明的源泉。從政府制度、法律、藝術到建築，一切都從中國引進，甚至連書寫系統也是從中國引進的。

然而，日本人在創作詩詞時，卻產生了問題。中國詩詞有特定的結構和音韻，無論主題是歷史事件或名山，大多是中國特有的事物。早期的日本詩人試圖用中文作詩，但進展並不順利。文學學者唐納德・基恩（Donald Keene）寫道：「可以想見，這些詩大部分都很糟糕。」[7]

平安時代的女子沒有被教導如何書寫漢字。儘管像清少納言這樣的上流社會女性，確實學了一些漢字，但她們必須在男性面前隱藏自己的知識。清少納言可以隱約透露她對中國古典文學的了解，但她不能在公眾面前吟誦。[8] 當時出現了一個解決辦法，那是一種稱為「假名」的日文拼音系統。由於人們期望男性用中文寫詩，所以用日文假名書寫的詩歌和散文就專屬女性，稱為「女手」（おんなで）。

確實，男性有時會用假名寫作。例如，當他們希望女性能夠理解他們寫的情詩時。此外，如果男性使用女性專屬的文學體裁來創作，例如日記，常常會假裝自己是女性作家。[9]用日文寫作，使男女都可以自由表達內心的感受，因此，親密書寫與女性文學創作密不可分。

如今，大家可能會在一次浪漫的邂逅後，向對方發送一個精心挑選的表情圖案。在清少納言的時代，人們會寄給對方一首情詩，以優雅的書法，寫在顏色和紙質都經過精心挑選的紙上，然後摺得像是藝術品一樣，並附上相配的小花枝。在日本的平安時代，如此的品味至關重要。不雅的詩中指涉、略顯草率的書法、質地錯誤的紙張、太淡的墨水等等，任何的失誤都會扼殺正在萌芽的浪漫情懷，就像選錯表情圖案那樣。[10]知道如何衡量及判斷品味，讓平安時代的女子能夠創造新的審美逸趣。例如，清少納言就發現小小的孩子、動物和物品特別可愛。

世界上第一份可愛清單

《枕草子》一開始可能是一本筆記本，清少納言在裡面記下了寫詩的靈感，或是可以讓皇后開心的瑣事。這可以解釋為什麼書中充滿了各式各樣的清單，例如「讓人驚喜的事」和「感覺無聊的事」。這些清單在日本文學中沒有先例。[11] 其中的一份清單，就列了引起可愛感覺的物品和場合，是日本文學裡對可愛最早的描述。

清少納言寫作時，「かわいい」（卡哇伊）這個詞還不存在，所以她用了「うつくし」（音譯為 utsukushi）這個詞。[12] 現今，「うつくし」這個詞的意思就是「美」，但在古代日本，這個詞也用來表示社會地位較高者對他們負有責任的人，所擁有的好感。今天，「卡哇伊」這個詞有時也有這樣的用法，但現代的卡哇伊有更廣泛的含義。[13]

身為一位慧眼獨具的詩人，清少納言能夠將這個詞的有限含義，延伸到令人愉悅和意想不到的方向。她把清單上的所有項目，全部連結到可愛。這種大家都有的感覺，在那時尚未得到重視，還沒有人想過要用一個字來描述它。

清少納言所居住的世界，雖然享盡榮華富貴，但也很無聊。宮廷中的女子被要求待在黑暗的宮殿房間裡，與世隔絕。除了談論誰愛誰的八卦之外，沒有什麼事可做。清少納言說話有趣，為她贏得了在宮中的地位，主要任務就是讓皇后開心。我認為，她所列出的可愛事物，是要一個一個大聲朗讀出來的，以此來顯示她們周圍發生的日常和平凡事件，也充滿了與可愛邂逅的可能性。

清少納言把一個普通的詞當成寶石一樣把玩，發現新的面向。清單上的每一項，都揭示了一種欣賞可愛的方式。其中的第一句是：「畫在瓜果上的小孩臉龐。」在清少納言的時代，對婦女和小孩來說，在瓜果上畫臉是常見的消遣。[14]然而，清少納言用了「うつくし」（utsukushi）這個詞，當時它通常被用來描述一個男人對妻子和孩子的感情。[15]於是，從一開始，清少納言就顛覆了這個詞的含義，顯示了簡單的幾筆畫就能讓任何人有同樣的那種感覺。事實上，在瓜果上畫小孩的臉，至今仍會讓我們覺得很可愛，這並非巧合。「簡單至上」是現代可愛設計的原則，從查理．布朗（Charlie Brown）到凱蒂貓都是。在之後的章節，我們會討論這種簡化的美學原則。

清單的第二項是宮廷女子用來娛樂的常見活動。她們會抓一隻小麻雀，在牠的腳上綁一條線，這樣她們就可以近距離看著小麻雀的父母怎麼餵牠。清少納言把被餵食的小麻雀形容為「うつくし」，再次顛覆了這個詞的一般定義，也讓讀者看到，原來幼鳥和幾筆勾勒的小孩臉龐可以串聯在一起，以前從來沒有人這樣想過。這兩個完全不同的東西，可以喚起的那種感覺，只能用當時的「うつくし」這個詞約略捕捉。這就是詩意語言的意義所在，它開闢了新的體驗，讓人們以不同的眼光看待周圍的世界。

清少納言還寫了另一個可愛動物的例子：「漂亮的白色小雞，羽毛還沒有長齊，看起來就像穿了太短的衣服；牠吱吱喳喳地叫著，伸長了腳地跟在另一隻小雞後面，或是緊跟著母雞走。」用「うつくし」來形容動物之間的互動，移除了這個詞隱含的父權思想和階級劃分，並將其轉了一個新方向，讓清少納言的讀者能夠欣賞自然與人世之間的連結。

這份清單上，有許多項目都跟兒童有關，像是小孩穿著長袍走過去、幼兒自豪地向成年人展示他在地上發現的小東西，以及小孩的袖子長到很滑稽等等。小孩用稚嫩的聲音練習朗讀，或者歪著頭仔細審視某樣東西，這些時刻也都很可愛。這些例子細看了小孩的各種時刻：專心致力的樣子、希望別人注意時嚴肅的樣子、努力模仿成人行為的樣子。但這些例子也反映了這些女子生活的優渥。這些上流社會的女性，不需要承擔任何養育小孩的繁瑣。清少納言寫道：「把漂亮的嬰兒抱起來，擁在懷裡，輕輕撫摸後，他抱住你的脖子就睡著了。」如果是哭鬧的嬰兒，大概就交給僕人，讓他快速從眼前消失。

清單中還有許多小物品，例如雛祭（女兒節）時使用的器具。把人偶及其小屋拿來玩耍，在平安時代的貴族女孩之間很流行。雛祭起源於平安時代，至今日本各地的女孩仍在慶祝，而且人偶都穿著平安時代的宮廷禮服。不過，清單中並沒有提及人偶本身；反而把重點放在人偶周邊的小物品：室內家具和餐具。這引出了清單中最著名的一行：

「拿起漂浮在池塘水面的極小荷葉來仔細端詳；除了荷葉，還有小小的蜀葵花，的確，凡是細小的都可愛。」

《枕草子》列出的可愛事物，不只是給出可愛的例子，而是建立了一種新的美學，告訴大家什麼類型的東西或互動，會讓人覺得可愛。藉由這種方式，清少納言為這種生物現象賦予了文化上的意涵。這份清單沒有被歷史遺忘，不僅是因為大家仍持續閱讀它，也在於清少納言觀察到的共通點。最近的可愛研究顯示，可愛仍然與小的、圓的和光滑的東西有關，這些大多是人們想親近相處的東西。[16] 音樂學家大衛・胡隆（David Huron）發現，高音調的聲音被認為可愛，這呼應了清少納言所描述的麻雀吱喳聲和大聲朗讀的童音。[17]此外，關於顏色，清單中提到了薰衣草色的長袍、粉紅色的花朵、乳白色的鴨蛋和天藍色的甕。研究顯示，這些色調在今天也被認為是「卡哇伊」的。[18]

給當今女性的建議

「結婚生子，這就是女人幸福的全部嗎？」說這句話的漫畫人物，雖然頭大、眼睛大、身體小，卻一點也不消極軟弱。這本關於清少納言之生活的漫畫《今天也是個有趣的日子！枕草子》（本日もいとをかし!! 枕草子），封面插圖中的女孩調皮地伸出舌頭。這本漫畫告訴現代女性，在今天的日本社會中，如何應對仍然普遍存在的性別歧視。[19]對於正在努力尋找人生道路的女性，以及想要脫離傳統性別角色的女性，清少納言的人生和著作是一種啟發。這樣的改編很受歡迎。清少納言的人生和創作，鼓勵女性以自信的沉著面對逆境，並將生活視為自我發現的旅程，讓現代讀者看到，傳統性別框架下的女性，也能有替代方案：不用選擇婚姻和孩子，可以在日常生活中看到有趣和可愛的事物。[20]

日本的平安時代相當和平無事。上層階級除了在生活的各個方面培養美感和品味之外，幾乎無事可做。[21] 雖然貴族只有數千人，但他們的審美價值觀遍布全國。[22] 部分原因是，女性作家設定的基調變成了標準，後來也被男性採用。[23]

女性的經驗化成散文或詩詞，成為日本藝術文化發展的核心，直到今日仍然深具影響力。這種文學上的平等，即男性和女性拿起紙筆寫作時處於平等地位，仍然激勵著現代日本女性為社會平等而不斷奮鬥。

此外，關於「追求藝術可以修身」的觀念，也在這個時代確立。[24] 現代人對卡哇伊的態度反映了以下的觀念：在日本，人們相信培養對可愛事物的欣賞能力，對自己的生活有正面的影響。平安時代的宮廷認為，可愛事物可以讓生活不無聊。如今，日本人認為可愛是一種力量，可以對抗憂鬱、焦慮或工作中的不滿。

幾個世紀以來，平安宮廷的女性文學一直被閱讀和教授。現代日本女性欽佩清少納言，因為她讓自己的機智和智慧，在人生路上有機會得到重視及讚揚。同時，她的感性也引起共鳴。儘管她所謂的可愛事物，只是表達了一種人類從初始就可能懷有的情感，但她的文字讀來既新鮮又現代。

三種藝術價值：小、短暫、令人愉悅

從《枕草子》的文字中，我們讀到了一位機智、聰明、有趣的女子之生活。雖然乍看之下，日本傳統文化裡的「侘寂」，也就是質樸的簡單和稀疏的優雅，好像與熱情洋溢的卡哇伊文化有著根本上的差異，但兩者非常有關係。清少納言的清單圍繞著三個原則，反映了日本藝術中根深柢固的美學，並且是後來所有卡哇伊事物發展的關鍵，無論是色彩繽紛、充滿活力的神奇寶貝，或面無表情且神祕的凱蒂貓。讓我們一個個來看。

清少納言寫道：「**凡是細小的都可愛。**」在日本，著迷於「小」，不僅限於可愛的物體。韓國學者李御寧有一本書，就在描述日本文化如何重視「小」。他指出折扇這項古老的日本發明，是古代人發揮「想像力」的例子。他認為，這種「力求把東西變得更小，身為小矮子比巨人更好」的想像力，深植於日本文化中。[25] 當扇子從大而扁平變成小且可折疊時，獲得了一種新的價值，成為可以握在手中並存放在和服袖子內的物品。[26] 李御寧認為，日本人喜歡小，因為「小」反映了人們想要與物品建立更親密關係的渴望。[27]

在日本，到處都可以發現大家偏愛小東西，從傳統的盆景和俳句，到現代的隨身聽和神奇寶貝。「寶可夢」一詞，就是「pocket monsters」（口袋寶貝）的音譯簡稱。清少納言的清單上的所有項目，從兒童、小動物、雞蛋到玻璃罐，全都小又脆弱。

幼童和動物的可愛外表與滑稽動作，會帶給大家一種特殊的酸楚感，因為我們知道：一旦長大成熟，這些都會消逝。我們之所以喜愛清少納言的清單中提及的事物，部分原因是我們意識到它們都是短暫的，必須在其消失之前充分享受。這種對瞬逝之物的偏好，很早就出現在日本的藝術價值觀裡。[28] 文學史學者唐納德．基恩稱之為「最獨特的日本美學理想」。[29] 例如，櫻花盛開的時間只有短短幾天，但日本到處都種植著觀賞用的櫻花樹；從平安時代開始，在櫻花盛開期舉辦派對的習俗，一直延續至今。

清少納言堅稱，她寫作只是為了好玩。事實上，《枕草子》中出現最頻繁的形容詞（準確地說，出現了四百四十五次）是「おかし」（音譯為 okashi）。[30]「おかし」這個詞直到現今仍在使用，但指的是有趣或荒謬的事情。在平安時代，這個詞泛指令人愉快的事物，「好玩、讓人好奇、歡暢、取悅和莞爾」。[31] 清少納言在宮中扮演的角色，最重要的職責就是分享有趣的事情，所以這是《枕草子》的中心主題。她把自己因為某個事物或時刻所產生的愉悅，好好地打磨了一番。在她的描述下，一個在地上爬行的小孩，或是小雞滑稽的長腿，都讓別人覺得開心又有趣。

《枕草子》列出了可愛事物如何引發了可愛的感覺。其中一些的確來自想要照顧或養育的希冀，但另一些則是圍繞著有趣和好玩的時刻。一些科學家認為，這代表了兩種不同類別的可愛。科學家把後者稱為「異想天開的可愛」。[32] 我覺得這個觀點有道理，因為我們都想要照顧可愛的東西，也想要玩可愛的東西。由此可見，社會如何看待「玩」這個概念，可能會影響其藝術和文學中可愛的樣子。

日本藝術中的頑皮動物：《鳥獸人物戲畫》

我們為了玩而生，
生來就是為了遊戲。
聽到孩子玩耍的聲音，
讓我又老又僵的手腳都活絡了。

——十二世紀末《梁塵秘抄》中的歌謠

如果之前那些科學家說得對，也就是「對於可愛的欣賞，早在人類的大腦之中」，那麼我們早就一定會喜歡幼兒的滑稽動作，或至少自己小孩的滑稽動作。例如，工作時，一群附近的孩子在辦公室的窗外尖叫，不會讓你有聽到自己孩子笑聲那樣的感覺。但是，就像前面那段日本古代歌謠所描寫的，或許我們有時候都會羨慕孩子可以無憂無慮地玩耍，甚至渴望加入他們。

獅子、老虎或熊等野生動物，有時會和幼崽一起玩。至於人類，成年人則是把遊戲提升到另一個層次。我們的生活充滿了有趣的消遣，但成年人的遊戲總是環繞著某種緊張感。一方面，我們經常告訴自己，不要把生活看得太嚴肅；但另一方面，我們也說人生不可能總是樂趣和玩耍。一個社會如何處理這種緊張關係，或許可以解釋其藝術和文學中是否會出現可愛元素。

以中世紀的歐洲為例，那裡的生活絕非沉悶。荷蘭歷史學家約翰．惠津加（Johan Huizinga）就曾寫道：「生活充滿了遊戲；人們歡樂而無拘無束地玩，到處都是蜕去神聖意涵的異教元素。」[33] 惠津加特別指出「異教元素」，因為宗教改變了社會對遊戲的認知，甚至改變了人們參與遊戲的傾向。然而，遊戲仍然是異教的，因為基督教認為「玩耍」

不正經，是背離神的歧途，而藝術則是要表達嚴肅的宗教主題。這也許可以解釋，相較於日本，為什麼可愛在中世紀的歐洲藝術中比較少見。

然而，西方藝術家偶爾也會玩一玩。那些花費大量時間抄寫手稿的僧侶，有時會在書的頁緣空白處塗鴉，畫一些舉止像是人類的怪物和動物；這些圖像往往看起來醜怪又荒誕，[34]不過有一些可能會被認為很可愛。例如，有一個是一隻兔子與一隻狗在比武。兔子看起來很驚慌，好像快要從牠騎著的、長著鬍鬚的人臉蝸牛上摔下來。這樣的頁緣圖畫融合了有趣、奇怪和可愛，但可愛與前兩者相比，似乎是次要的。歐洲藝術家根本沒有認真看待「可愛」這件事。

清少納言捕捉了平安時代宮廷日常中有趣的細節，將其轉化為高雅藝術，但遊戲在日本文化中的重要性，可能比《枕草子》所表達的還深刻得多。歷史學家米哈爾·達利奧布爾（Michal Daliot-Bul）指出，清少納言時代的女性文學傳統把笑聲和一切有趣的事物理想化，不過這個潮流背後也有宗教因素，因為「笑聲帶來精神量能」。[35]將一群與世隔絕的貴族想在無聊生活中找樂子而互相取笑，連結到他們可以用笑聲來昇華自己的靈魂，這種看法似乎跳得太遠了，但我們假設達利奧布爾是對的。畢竟，要在任何文化的

▲圖 1.1：東京豪德寺的招財貓雕像。

藝術中出現可愛，就必須有某種程度上的認真嚴肅。日本文化中出現的卡哇伊，是否可以連結到宗教，尤其是神性裡調皮有趣的那一面？

文學學者唐納德．基恩觀察到，到了十世紀，平安宮廷社會的確已經將唯美主義提升到接近宗教的程度。詩詞、時尚和情愛在他們的世界中至關重要。[36] 然而，在更早之前，日本本土宗教就已經包含了有趣的元素。[37] 神道教裡有非常多故事，提到了唱歌、跳舞和其他音樂娛樂可以安撫一心想要復仇的神。這也就是所謂「與神同樂」（神遊び），運用各式各樣的方法取得神的歡心。[38] 從古代開始，日本人就相信款待神

◀圖 1.2：東京鳩森神社折成鴿子模樣的御神籤。

祇可以拉近與祂們的距離，建立有利的親密關係。簡而言之，笑聲既能吸引神明，又能討好祂們。從這樣的角度來看，宗教崇拜可以同時有趣又深具精神力量。[39]

宗教和娛樂之間在歷史上的連結，至今仍然存在。日本各地的神社和寺廟仍然舉辦熱鬧的慶典，人們會扛著被稱為「神輿」（神轎）的微型神社上街遊行。在我東京住家附近的鳩森神社，每年都會舉辦好幾回這樣的祭典，無論走到哪裡都聽得到扛神轎的民眾所發出的充滿節奏的口號。這種習俗讓人回想起入戸野宏的論點：

可愛的事物吸引我們靠近，邀請我們與其同樂。許多日本神社和寺廟會把可愛拿來當作吸引信徒的方式，例如繪有凱蒂貓或自創可愛角色的御守（護身符）。[40]鳩森神社則是會在每年新年時，發放折成鴿子模樣的御神籤。[41]

雖然把貓和鴿子與神社及寺廟連結在一起，看似是奇怪的事，但在日本民間信仰中，動物經常被呈現成神的坐騎、使者或化身。[42]這一點跟我們接下來要討論的《鳥獸人物戲畫》，很有關係。這件十二世紀的官方國寶，是日本現存最古老的視覺藝術作品，在現代人的眼中仍然非常可愛。

世界上最古老的動畫？

《鳥獸人物戲畫》中，最著名的場景是一隻奔跑的猴子，牠頭上的寬邊帽被風吹落了，掛在脖子上。猴子回頭，笑望著憤怒的青蛙和兔子；兔子一邊揮舞著棍棒，一邊追著猴子。接著，把畫卷展開一些，就看到了犯罪現場：一隻青蛙躺在地上，四肢大張，不省人事；兔子彎下身子關心牠。再前一個畫面，則是一隻戴著帽子的貓和狐狸貴族一家，看著悽慘的青蛙和逃跑的猴子，笑不可支。最後，在畫卷的最開始，是兩隻跳舞的青蛙，其中一隻把倒置的蓮花墊當成帽子來戴，牠們揮舞著扇子和圍巾，向一群開心的動物表演著被稱為「猿樂」的歌舞。

《鳥獸人物戲畫》是日本最受歡迎的藝術作品之一，也是另一件平安時代的傑作，在一八九九年由官方正式認證為國寶。《鳥獸人物戲畫》以簡單幾筆線條勾勒出角色模樣，這被稱為「鳥獸略畫式」，是此類技術的早期範例，並在最終發展成現代漫畫。[43]這幅畫卷近十二公尺長，描繪各種以擬人動物為主角的生動場景，主要是猴子、兔子和青蛙，但也有老鼠、鹿和狐狸。場景則包括了田野、山坡、溪流。動物們打扮成不同階層的男女，從宮廷貴族、佛教僧侶到勞役都有。

像現代一樣，平安時代的神社和寺廟在過年過節時，提供了多種形式的娛樂活動，有魔術也有雜耍。啞劇通常低俗逗趣，演員戴著面具，觀眾熱情參與。畫卷裡呈現的猿樂特別受到歡迎，當時甚至有留下記錄，說好笑到觀眾「笑破了胃」。現今在日本還能看到的主流傳統藝術，像是莊嚴的能劇和滑稽的狂言，都比猿樂更晚出現。猿樂算是能劇和狂言的前身，其歌手與舞者通常會戴著青蛙面具或帽子，遊走於禮俗的界線來逗樂觀眾。畫卷中則是故意讓青蛙成為舞臺上的表演者，對猿樂進行了滑稽的演繹。44

《鳥獸人物戲畫》只有圖案，沒有文字，但從右向左展開畫卷，動作便逐漸展開，各種迷人的場景就像動畫電影的分鏡一樣。除了猿樂，還有青蛙和兔子之間的相撲比賽，觀看的群眾哄堂大笑；也有青蛙和兔子之間的射箭比賽，由狐狸負責記分。在另一個故事中，則是猴子騎著鹿在「賽馬」。

長期以來，《鳥獸人物戲畫》一直被認為深深影響了漫畫和動畫，其中一個原因是畫中描繪的互動張力。動物的情感透過生動的臉部表情、手勢和眼神交流而清楚傳達。45動物間的相互凝視不僅讓我們知道故事情節如何開展，也展現了這些動物的獨特性，使得場景更具個性化。看著畫卷上嬉戲的動物暢懷大笑，讓我們也不禁笑了起來。

《鳥獸人物戲畫》的簡單構圖採用了「簡化」這個技巧，這又是一個根深柢固的日本傳統美學，也是現代卡哇伊元素的關鍵。相對於瘋狂的動作場面和情節展開，畫卷的簡單筆法令人驚訝。畫卷中幾乎沒有描繪背景，人物的勾勒也很簡潔。以「克制」來達到預期的效果，是禪宗哲學的一個中心思想，從京都龍安寺的極簡庭園山水到茶道的稀疏之美，無處不在。46

繪製畫卷的藝術家在這種視覺上的縮寫，強化了他們希望引起注意的特徵。關於這種簡化原則，李御寧寫道：「一方面是縮寫，另一方面是強調。」[47]《枕草子》呈現了語言上令人難以置信的簡潔；《鳥獸人物戲畫》則是在視覺上實現這個原則。「簡化」是現代卡哇伊設計的基石，凱蒂貓的極簡主義就是一個很好的例子。源自於九百年前的這些繪製頑皮動物的單色場景，看起來就像是昨天畫的一樣。

日本文化大部分起源於中國，但值得注意的是，這些早期的原始卡哇伊元素似乎沒有任何來自中國的前例。例如，中國和韓國都沒有類似《枕草子》提到的雛祭，[48]而《鳥獸人物戲畫》中的擬人化動物，也並非受到中國藝術傳統的啟發。[49]

更重要的是，《枕草子》和《鳥獸人物戲畫》顯示出，日本的卡哇伊文化並不是一個完全現代的現象，而是與各種廣泛出現在日本文化的傳統美學有關，也就是對微小的偏愛、對短暫瞬逝之事物的珍視，以及對簡單的投入。《枕草子》的作者在皇后和女官的封閉世界裡寫作。然而，在平安皇宮的圍牆外，日本社會各階層的男女都像清少納言一樣，喜歡有趣和好玩的事情。

一直以來，學者想找出《鳥獸人物戲畫》的繪者是誰，或是至少知道誰贊助了他們。

另一種可能性也存在。十二世紀的日本大量出現深受各社會階層人民歡迎的歌曲、舞蹈、運動和慶典。也許這幅畫卷的作者是民間的匿名工匠，繪製了他身處的社群世界。

著名畫師工作坊的員工，往往來自下層階級，才華洋溢的學徒可能隨手畫一些東西來娛樂朋友。由於動物和神之間的連結，畫卷也可以被視為祈求神賜與恩惠。或者，考慮到裡面描繪的滑稽動作，畫卷也可以被解讀為諷刺宗教儀式。由於宗教儀式往往用來鞏固上層階級的地位，如果這幅著名的畫卷是對世俗當局的滑稽諷刺，那麼用可愛的動物來代替人，就變成藝術家自保的方式。[50]

與《鳥獸人物戲畫》同時期的畫卷數量不少。[51] 如果這些畫卷的作者和觀者都是平民，那麼其中的內容就反映了他們普遍的品味。身為貴族的清少納言，是為同為貴族的人們寫了《枕草子》。與之相較，現代卡哇伊文化則大多是由下而上發展而成的美學。[52]《鳥獸人物戲畫》可能就是一個早期的例子，它不是評鑑過的美術，而是一般人的品味，持續啟發日後的藝術創作。

《鳥獸人物戲畫》的影響肯定仍然存在，因為裡面的圖案在現今的日本仍然是流行的設計主題。有一天，我看到畫卷裡咧嘴大笑的猴子，出現在大學圖書館電腦的滑鼠墊上。幾年前，我在原宿的一家古物店裡買了一塊和服布，上面就繡著畫卷中的場景。《鳥獸人物戲畫》比《枕草子》更深切地影響了日本人。

在清少納言的時代，女性會剃掉眉毛，把牙齒塗黑，讓自己看起來更漂亮。如今，沒有人這樣做了，就像西方男人已經不會戴上塗了粉末的假髮（powdered wigs）。如果美麗的標準會隨著時間和地點而改變，那麼為什麼我們可以在一千年前的日本藝術中發現可愛呢？其中一個原因可能是生物學的物種機制，讓可愛比其他類型的「美」，可以更穩定地存在人類的歷史中。但這不可能是全部的答案，因為「某個東西是否可愛」顯然與觀者的看法有關。例如，畫卷中的狐狸會和兔子、青蛙、猴子一起玩，但在世界其他地方，狐狸被視為有害的動物。

可愛是否不只有文化方面的根源，也有自然方面的源由嗎？像狐狸這樣的動物，牠不像馴養的小狗或小貓，卻還是能跟可愛有關係。那麼，我們來想想，要有什麼條件，才會讓每個人都覺得狐狸可愛呢？

Chapter 02

野性和馴化的界線

「你要永遠對你馴服的東西負責。」狐狸說。

——《小王子》（*The Little Prince*），安東尼・聖修伯里

（Antoine de Saint-Exupéry）著

《枕草子》和《鳥獸人物戲畫》賦予動物人性，讓動物顯得可愛。前文討論到，有人認為可愛的概念是由一種生物觸發所演化而成，以確保兒童得到照顧和關注。如果是這樣的話，將其他生物擬人化則可以讓我們也用同樣的溫暖來對待它們。然而，這並不是動物變得可愛的唯一方式。例如，幾個世紀以來，貓咪和狗兒可能變得越來越可愛，因為人們有意無意地選擇每窩中最可愛的那一隻來繁殖下一代。不管怎樣，可愛似乎是我們為了滿足自己而強加在動物身上的東西。

至少，在開始研究這個主題時，我是這麼想的。但當我深入研究後，便意識到動物的可愛有許多層次。讓我得出這個新想法的動物，就是狐狸。古往今來，人類與狐狸之間一直存在著特殊的連結。研究兩者之間的關係，使我徹底重新評估了對動物之可愛性

的假設。

我剛到日本時，在京都的一家古物店裡，發現了一塊舊和服的碎布料，上面的圖樣是一群長著狐狸頭的人在參加婚禮。將人類和狐狸結為一體的情況並不罕見，因為狐狸在日本文化中與變身有關。傳說，被狐狸附身的人會做出各種惡作劇，例如玩弄傲慢的武士和貪婪的商人。[1]但狐狸也有正經的一面。許多神社都供奉著稻荷神（日本神話中穀物、清酒、茶之神的總稱）和狐狸。許多稻荷神社的庭院裡都有狐狸雕像，其脖子上都由信徒掛了紅色圍兜兒。

西方文化中的狐狸，同樣與奸詐狡猾的行為連結在一起。例如，在西元前一世紀的伊索寓言《狐狸與烏鴉》中，狐狸騙了烏鴉一塊乳酪。這個故事讓我想起英文用來指稱「可愛」的單字：cute，它是從 acute 縮寫而來，而 acute 至今仍含有狡猾、奸詐、靈巧、敏銳的意思。

狐狸和人類之間的關係可以追溯到很久以前。目前已知最古老的人犬同葬的例子，是在以色列北部，一名納圖夫（Natufian，註：舊石器時代晚期考古學文化）的婦女與一隻小狗葬在一起，距今已有一萬兩千多年的歷史。然而，在這個遺址附近，有一個比

▲圖 2.1：和服上的狐狸婚禮圖案。

前者早了幾千年前的墓地，裡面埋著狐狸與人類。[2]我們可能永遠無法了解狐狸對這些古代民族的意義，但狐狸對人類的態度，或許類似狗與人類的關係；狗在未被馴養前，總是帶著害羞和好奇看著人類。

有時，人類和狐狸之間的連結可能不只有象徵意義。在土耳其的新石器時代哥貝克力石陣（Göbekli Tepe）早期遺址中，狐狸是柱子上常見的雕刻圖案。[3]其中一個雕刻是一隻狐狸在一個人的臂彎裡，可能從出生就被人飼養，並習慣與人類相處，或者這些人可能嘗試馴服狐狸，不過最終失敗了。[4]

即使在今天，狐狸也經常潛伏在人類

居住區的邊緣，並在人類接近時迅速逃離。狐狸這種既好奇又害羞的特性，或許啟發了人類的靈感，變成現今世界各地許多關於狐狸的民間故事。大家可能想著：「牠們在做什麼？」「牠們知道什麼？」但還有另一個因素：狐狸的臉部「表情」明顯可愛，看起來好像在笑。不過，狐狸的臉或許對我們有吸引力，但其行為可能就不是這麼一回事。所以，狐狸在人類心中產生的矛盾，可能讓人把這種動物視為潛在的朋友而不是野獸。為了進一步探索人類與狐狸的連結，我決定參觀藏王狐狸村，這是日本北部山區的一個旅遊景點，被稱為「地球上最可愛的地方」。

藏王狐狸村

我走訪藏王狐狸村時，最大的亮點應該是能親自抱著一隻小狐狸，但我很失望。我本來希望這隻幼崽能像小貓一樣跟我一起玩耍，甚至和我深情對望，舔我的手，像小狗一樣興奮地扭來扭去。結果，那隻狐狸只是坐在我的大腿上，等著被放下來，然後就可以跑回去手足身邊。不過，這隻狐狸只有行為令人失望。牠好小隻！毛好好摸！耳朵好大！一旁的遊客顯然跟我一樣興奮。我們圍坐著，身上都穿著亮綠色的塑膠斗篷，以免衣服沾上狐狸的野味。「卡哇伊！」、「可愛！」和各式各樣的驚歎詞此起彼落。很明顯的，大家被可愛淹沒了。我忍不住笑了起來。

然而，狐狸並沒有加入這種快樂的共同經驗中。當工作人員幫我拍照時，小狐狸嗅了嗅我的斗篷，然後看向遠方。看得出來，這隻狐狸容忍我的存在，但不愛我。其實這也不意外，畢竟村裡的狐狸是野生動物，而不是寵物。

藏王狐狸村於一九九〇年開業，飼養著從日本最北端的北海道引進的狐狸。現在，有一百多隻狐狸，在占地近一千七百平方公尺的露天保護區自由漫步。年幼的狐狸被養在圍欄裡，長大的狐狸則在欄外四處遊蕩、奔跑、挖地、睡覺，還意外的吵鬧。不過，與其說藏王狐狸村是動物保護區，不如說是旅遊勝地。

狐狸村一年四季都開放，因此這裡的狐狸已經習慣了人類的存在；但這並不代表這些狐狸已經被馴服。人們如何應對狐狸這種已經習慣人類但仍然野生的狀態，是我想要來這裡調查的主題。雖然有些人認為狐狸有害，但也有人覺得牠們很可愛。狐狸毛茸茸的大尾巴特別吸引人，厚毛也讓狐狸的臉顯得很寬（好像毛的後面是胖嘟嘟的臉頰），而且看起來經常在笑，只是我不知道這樣的觀感如何影響我與牠們之間的關係。我可以走在狐狸群中，不干擾牠們的活動，但我跟牠們真的親近嗎？

在我們抱著小狐狸的平臺上，有一端是一扇高高的鐵絲網大門，上面掛著警告標誌：「狐狸保護區的入口」。標誌上，畫著有狐狸頭的可愛男孩和女孩，做出各種被禁止的行為。這些標誌似乎在說：進入保護區內，你可能會變成一隻狐狸，成為狐狸世界的一部分，但不懂狐狸的行為和常規。

這個入口通往寬敞的山坡，狐狸可以在那裡的任何地方自由來去，大部分都在睡覺——畢竟狐狸是夜行性動物——但也有一些跑來跑去、掘著地、高聲吠叫。

狐狸基本上無視於那些遵守規則的人類訪客的存在。由於狐狸可能會咬人，所以最需要遵守的規則，就是不要向狐狸伸出手，但我必須不斷克制自己這樣做的衝動。我剛剛才在一群喜愛狐狸的遊客中，擁抱了一隻可愛的小狐狸，本能地想跟這些動物交朋友。我把雙手插進口袋裡，手指碰到了一個小塑膠袋，那是剛買的飼料。狐狸村的另一條規則是「不要把玩食品包裝」。狐狸很聰明，知道塑膠袋的聲音是什麼意思，一聽到就會跳起來咬。但要遵守這個規定也很困難。被這麼多可愛的動物包圍，我發現自己想要抓玩一些東西。

在村子裡閒逛時，我發現狐狸總是互相撲咬。在用柵欄圍起來的餵食平臺上，我可以隨心所欲地把飼料從塑膠袋拿出來，然後伸手一撒，看著狐狸一邊叫、一邊搶食。我越來越清楚地發現，狐狸可能看起來很可愛，但行為卻非如此。

來到這裡的人類遊客，往往會像對待寵物一樣接近狐狸。我看到的每個人都面帶微笑，一臉容光煥發，慢慢走著，希望盡可能更靠近牠們。我也一直希望狐狸能像狗或貓一樣主動接近我，但這並沒有發生。就像我大腿上的小狐狸一樣，成年狐狸也無視於我們的存在。

狐狸的冷漠讓許多前來拍攝藏王狐狸村的網紅很沮喪，但他們找到了一個解決方法，可以拍出有趣的影片，也就是他們違反告示上的所有規則。畢竟，如果狐狸認為有人會餵牠們，就會主動靠近，一有機會就可以帶著食物逃跑，不然就是在不被發現的情況下，咬一下不知情的訪客。YouTube 上有許多人們違反規定而讓狐狸靠近的影片，好像藏王狐狸村的狐狸不僅看起來可愛，連舉止也可愛。網紅常說這些狐狸就像狗和貓的綜合體，但我並不這麼覺得。[5]

狐狸村的飼養員說，狐狸其實非常膽小，但也很好奇。沒有小狐狸可以給遊客抱的時候，有幾隻村裡最冷靜沉著的成年狐狸會被拿來代替，坐在遊客的腿上。這些人工飼養並被圈在圍欄內的狐狸，已經完全習慣了人類的存在。然而，飼養員佐藤富美子說，雖然狐狸喜歡偷遊客的東西，但就算遊客只是腳趾輕輕抽動，也會讓最冷靜沉著的狐狸立即躲開。所以，當受傷的狐狸需要治療時，員工很難抓得住牠們。6

狐狸的冷漠顯示了野生動物和馴化動物之間的重要差異。狗和貓會主動來找人類，但狐狸根本對人類漠不關心。而且，如果人類的手上沒有食物，那麼也許人類的手就是食物，晃來晃去的手機帶也可能是一種零食，而不是在邀請新朋友一起來玩。

在離開狐狸村前，會經過一家販售狐狸圖案的鐘、風鈴、餅乾、玩具和貼紙的禮品店。所有這些紀念品都把狐狸呈現成我們希望看到的樣子：揮手打招呼、擺出得意的姿勢、真心笑著。換句話說，並非狐狸真正的樣子。

馴化症候群

儘管藏王狐狸村的狐狸已經與人類近距離生活了幾十年，仍然是野生的。這些狐狸與馴化的動物不同；後者不僅對人類感到好奇，而且相對友善。在藏王狐狸村，遊客試圖讓自己相信狐狸很可愛，但動物本身並沒有提供任何親近的訊號。像狗和貓這樣的馴化動物，真的想要待在我們身邊，除了表現出友善的行為，連外表也改變了。馴化的動物比野生動物更可愛，因為牠們在成年後仍保留著我們認為有吸引力的幼獸特徵。為什麼會發生這種情況呢？可愛是否會引發我們如此深層的情緒反應，造成我們讓寵物長成了符合期待的樣子？

這產生了另一個問題：為什麼有些動物可以被馴化，而有些動物卻仍然野生？很長一段時間以來，答案似乎顯而易見：因為早期人類只會接受「有用」的動物。例如，如果有幾隻狼靠過來，在人類的垃圾堆裡翻找東西，那麼，在更大型的掠食者出現之際，牠們反而可以提出警告。在這幾隻狼當中，具有攻擊性的個體會被趕走，比較冷靜沉著的個體則被允許留下。達爾文把這個過程稱為「無意識選擇」。長久下來，這樣的篩選會產生一群足夠冷靜沉著的狼，可以開始進行人工選擇，也就是人類會選擇特定的個體進行繁殖。最終，人類就開始養狗了。（註：狗在生物學分類上是灰狼〔*Canis lupus*〕的亞種；DNA分析顯示狗是各地不同灰狼亞種的混血後代。）

然而，這個過程有一個面向是達爾文無法解釋的：變得馴服，似乎會讓不同物種的動物，在行為和外觀上以同樣的方式改變。這些變化統稱為「馴化症候群」。

所有類型的動物，無論是狗、羊、豬或兔子，在被馴化時都表現出類似的過程：毛色改變了；牙齒縮小；口鼻內縮；頭變小、變寬；耳朵變小並垂下；尾巴捲曲起來。生育力和繁殖週期也改變了。由於腦下垂體產生的壓力荷爾蒙降低，性格變得溫順；大腦也萎縮了，使得那些尚未發育成熟時的行為，會繼續存在於日後的生活中。這一系列多樣的變化，在某種程度上適用於各類物種，甚至是鳥類和一些魚類，所以困惑著達爾文，許多之後的科學家也搞不清楚。事實上，馴化症候群的神祕起源，被廣泛認為是遺傳學中最古老的問題之一。[7]

由於缺乏其他解釋，科學家認為這些特徵是因為有用而一個個被人類選擇。但是，與其說有用，許多馴化症候群的特徵倒是都很可愛。狗下垂的耳朵很可愛，不過如果牠像狼一樣有豎起的尖耳，肯定在打獵時會比較有用。同樣地，捲曲的尾巴、較短的口鼻、較小的牙齒、較寬的頭部和愛玩的特性，並不是特別有用，不過都很可愛。

起初，我認為這進一步證明了可愛的誘惑力：所有這些特徵可能都是透過人工選擇，所以在不同物種身上都可以觀察到，至於被選擇的原因就是因為它們很可愛。但接下來，我發現了一項令人驚訝的實驗，提供了完全不同的解釋。在離藏王狐狸村很遙遠的西伯利亞荒野中，科學家培育出一群獨特的狐狸，可能朝著解開馴化症候群之謎邁出了重要的一步。

以西伯利亞銀狐爲實驗對象

在世界各地的民間傳說中，狐狸與人類既親近又遙遠，似乎有能力表現出友善，但永遠不會踏出第一步。這種看似尚未開發的潛力，開啟了一項獨特的實驗，似乎可以解開人類如何馴服動物這個謎團。故事開始於一九五二年，在西伯利亞的中央毛皮動物繁殖研究實驗室，負責人遺傳學家德米特里·別利亞耶夫（Dmitri Belyaev）構思了一項激進且有政治危險的基因實驗。[8]

在史達林（Stalin）統治下的蘇聯，德米特里．別利亞耶夫是異端；遺傳學被認為是假科學，遺傳學者也因此被解聘、流放、監禁。但是，別利亞耶夫不想只是生產亮麗的狐皮大衣，而是決心為科學做出更多貢獻。

在培育狐狸的過程中，德米特里．別利亞耶夫注意到，狐狸在幼年期表現出的行為，例如好奇、畏懼、具有攻擊性或溫順，會一直持續到成年期。[9]養過狗或貓的人都知道，寵物有鮮明的性格特徵。別利亞耶夫認為，對人類友善是馴化最關鍵的特徵，[10]所以如果他開始刻意選擇對人類表現出較少恐懼的狐狸，然後讓牠們互相交配、繁殖，那麼最終可能會讓狐狸從一出生就有冷靜沉著的遺傳特徵。

德米特里．別利亞耶夫的假設是根據狐狸被接近的意願（我們可以稱之為「馴服性」）來繁殖狐狸。最終，藉由改變那些控制著影響行為的荷爾蒙和神經傳導物質的生理系統，來抑制「戰鬥或逃跑」的反應。換句話說，如果別利亞耶夫是正確的，他的狐狸最終可能會在基因上變得馴服。[11]如果不同的物種面對這樣的選擇時，會以類似的方式產生反應，那麼這個實驗就可能在某種程度上解釋馴化症候群。[12]

這項實驗基於一個未經證實的假設。德米特里・別利亞耶夫想要揭穿馴化症候群的神祕起源。如果能創造一個新的馴化物種，這將會成為遺傳學的里程碑，雖然那時是否成功還是一個懸而未決的問題。

德米特里・別利亞耶夫很清楚，這項實驗至少需要幾十年的時間。此外，因為當時的蘇聯禁止遺傳學研究，別利亞耶夫就必須說謊。在官方文件上，這項實驗是為了提高銀狐毛皮的產量。[13]如果真相被揭露，他的實驗會被立刻中止。

銀狐是常見紅狐的近親。紅狐棲息在森林、苔原、農田和草原，甚至在北美和歐亞大陸的城市也可以見到。[14]銀狐的毛色是自然演變而成的。十九世紀晚期，俄羅斯開始飼養銀狐，取其毛皮。[15]我在藏王狐狸村看到了幾隻，牠們的黑毛有著銀色的尖端，美得懾人。當別利亞耶夫開始進行實驗時，銀狐已經被圈養了好幾個世代，所以習慣生活在籠子裡。然而，這些狐狸還是無法接受人類，因為飼主著重在增進毛皮的品質和顏色，而非狐狸溫不溫順。[16]

菁英狐狸的誕生

一九五九年，德米特里·別利亞耶夫搬到西伯利亞的新西伯利亞城（Novosibirsk），擔任細胞學和遺傳學研究所所長，展開了他的實驗。[17] 他進行嚴格的管控，選擇最冷靜沉著的狐狸幼崽來進行繁殖。為了防止研究人員無意識地選擇可愛的狐狸而非冷靜沉著的狐狸，他將狐狸關在圍欄中，只與人類進行短暫且受控制的接觸。[18] 選擇的標準很嚴格，尤其是在一開始，當時只有不到十％的狐狸幼崽被選定為可以用來繁殖。[19]

一開始，狐狸對人類表現出各種行為。大約有三十％非常具有攻擊性；只有十％的狐狸安靜且好奇。然而，即使是看似溫和的狐狸，也很容易咬傷工作人員。所以工作人員一旦要靠近狐狸時，就會戴上厚厚的防護手套。[20] 事實上，德米特里·別利亞耶夫認為，這些最初的樣本群體，「實際上是野生動物」。[21] 柳德米拉·卓特（Lyudmila Trut）一開始以研究生的身分加入這項實驗，後來成為該計畫的首席科學家。根據她的說法，第一代的狐狸是「噴火龍」。[22] 這些狐狸比藏王狐狸村的狐狸更具攻擊性，也更膽小。被關在小籠子裡，並沒有讓牠們的性情比較平和。

就像許多野生動物，狐狸每年繁殖一次。關於任何行為上的變化，預計要在多年之後才會發生。但令研究人員驚訝的是，攻擊性和害怕人類的舉動，在短短幾代之間就消失了。為了讓選擇更客觀，德米特里．別利亞耶夫根據馴服程度將狐狸幼崽分為三類。第三類是最不溫順的狐狸，但也很快就變得比農場飼養的其他狐狸更溫順，能接受飼養員親手餵食。[23]

第二類狐狸就像藏王狐狸村裡坐在我腿上的那隻成年狐狸，接受人類靠近並讓人類觸摸，但對人沒有表現出任何情緒反應或友善的態度。真正的驚喜出現在一九六三年，第四代受控育種出現。一隻狐狸幼崽在人類走近時開始搖尾巴，這是狐狸中從未有過的行為。[24]這種很高興見到人類的狐狸，被指定為第一類，而且數量一代一代地增加。

西伯利亞的實驗繼續帶來更令人難以置信的結果。一九六五年，第六代幼崽誕生，其中一些幼狐表現出一系列類似狗的行為，包括試圖用鼻子磨蹭看護者、舔他們的手；四腳朝天地在地上打滾，希望得到撫摸；孤獨時發出嗚咽聲。[25]雖然只有極少數幼狐表現出這些行為，但差異非常顯著，所以德米特里．別利亞耶夫認為，這些對人類超級友好的狐狸應該被獨立成一類：牠們是「菁英級」類別的首批成員。

在第七代，大約十％的狐狸被評為菁英級。第八代中，出現了另一個關鍵變化：有些幼崽出生時就有捲曲的尾巴。這種特徵不僅出現在狗身上，在豬和其他馴化動物身上也觀察得到。幼獸行為——非常頑皮，對一切都充滿好奇——在這些狐狸身上持續的時間，是野生狐狸的兩倍。科學家身負觀察的重責，並不會跟狐狸玩，但不到幾年，每當有人靠近，這些狐狸就會搖著尾巴跑過去。[26]

到了一九六七年，這群菁英狐狸已經能夠接受，甚至似乎渴望著人類的凝視。對野生狐狸來說，直視是一種威脅，常常觸動其攻擊行為。[27]大約在這個時候，成年狐狸開始玩球，最初球只是給幼狐玩的。[28]相互凝視和成年時的玩樂，是鼓勵社會歸屬和連結的行為。我們可能會認為某種動物看起來很可愛，但如果牠凝視著我們的眼睛並想跟我們玩，我們就會感到一股親近感，進而增強我們對這隻動物的情感反應。別利亞耶夫的銀狐正朝著這個方向發展。

一九六九年，第十代幼狐出生，其中有十八％的狐狸被評為菁英級，並且出現了兩個更令人驚訝的變化。第一個是耳朵。所有狐狸剛出生時耳朵都是下垂的，但過了幾週之後就會翹直。對於需要聆聽獵物發出的微小聲音來進行捕獵的物種，這是一個重要的生存特徵。但有一隻狐狸在成長過程中保留了下垂的耳朵，並將這個特徵遺傳給下一代。另一個特徵則是毛的顏色。有一隻雄狐狸的額頭中間出現了一顆白色的星星。此後，這個特徵在狐狸群中也越來越普遍。[29]

動物毛色部分轉白的情況，被稱為「花斑」（piebald），常見於各種馴化動物，包括狗、牛、馬和貓。我自己養的貓——托比，額頭上就有一塊是白的，即使在黑暗中，從遠處也很容易看到牠。這正是大多數野生動物沒有花斑的原因。下垂的耳朵和花斑是馴化症候群的兩個特徵，但一般總認為那是人類有意選擇的結果：白色的毛讓飼養的動物和牲畜更容易被照顧者看到，而下垂的耳朵被認為是因為看起來很可愛而被選擇留存下來。但從狐狸的實驗可以看出，這樣的理論並不完全正確，因為狐狸身上的變化不是人類主動挑選的細項。別利亞耶夫僅選擇了溫順，而溫順本身造成了這些其他影響。

到了一九七〇年代初期，這些狐狸的平均體內壓力荷爾蒙，約為野生狐狸的一半。另外，腎上腺較小，血清素濃度較高，顯示這些狐狸「比較快樂」。[30] 工作人員一直小心翼翼地不去訓練狐狸，但在這一點上，仍需要明確的證據來顯示這些變化的確是因為基因遺傳。為此，德米特里・別利亞耶夫展開了一項平行實驗，來測試狐狸是否真的遺傳了馴化症候群的所有特徵。[31]為了驗證他的理論，別利亞耶夫必須培育出具有完全相反之特徵的新種群。

他不再選擇溫順的個體，而是選擇最具攻擊性的個體來繁殖新群體。這樣一來，他就有三組狐狸實驗：未經選擇的、經選擇後比較溫順的、經選擇後比較具有攻擊性的。比較這三組，來探究馴化的機制和影響。[32]不過，繁殖攻擊性群體，對照顧者而言是個挑戰。不同於對照組相對安靜的反應和溫順組表現出的親近，具有攻擊性的狐狸絕對討厭人類。我看過影片，這些狐狸只要一看到有人靠近，就會猛衝過來並咬住籠子的柵欄。這些好鬥的狐狸並沒有深情注視飼養員的眼睛，而是跟隨人類的動作，看起來就像是在尾隨獵物。[33]

一九七〇年代後期，隨著攻擊組已經有一定的數量，德米特里．別利亞耶夫開始進行交叉培育，將胚胎從攻擊性母狐狸體內，移植到溫順的母狐狸體內，也將溫順組的胚胎，移植到攻擊性母狐狸體內。這樣一來，一隻好鬥的雌狐在同一窩中，會生出好鬥及溫順的後代。當人類一走近，溫順的幼崽就會衝到籠子門口，搖著尾巴尋求關注，但好鬥的母親會攫住牠的頸背，把牠往後扔，教這隻幼狐用她所知道的適切態度，來應對人類。

另一方面，溫順組的母親所生的攻擊性幼狐，則會先接近人類並咆哮，再馬上跑去尋找掩護。這提供了證據，顯示溫順和攻擊性在一定程度上是受基因所宰制。[34]

當越來越多的證據顯示出基因遺傳在實驗中發揮作用時，更令人驚訝的結果出現了。到了一九八〇年代中期，菁英群體開始出現顯著的身體變化。這些狐狸的鼻子和上顎縮短，頭骨變寬。尾巴不僅捲了起來，也變得更短，尾巴的毛變得濃密蓬鬆，頭部也明顯變小。越來越多的馴化症候群特徵，在菁英群體中顯現出來，同時這些狐狸也變得像狗一樣溫順。[35]

到了世紀之交，實驗中有七十%到八十%的狐狸都屬於菁英類別。[36] 到了二〇〇五年至二〇〇六年之際，幾乎百分之百的狐狸都屬於菁英類別。德米特里．別利亞耶夫的實驗似乎成功催生了一個新的馴化物種：這些狐狸熱切地接近人類，終生保持溫順，並將這種特質遺傳給下一代。

雖然藏王狐狸村的狐狸能夠接受人類，但不會主動貼近我們，牠們的可愛僅存在於我們的眼中。另一方面，西伯利亞狐狸表現出基因和行為的變化，不僅友好，連帶地外表也變得更可愛。不過，馴化之旅還沒有結束。到目前為止，飼養狐狸只是為了溫順，其他所有變化都是副產品。如果為了其他特徵而有意培育，那麼狐狸作為馴化物種的演化可能會進行得更快。但就算不是特別針對某些特徵而選擇性育種，透過實驗已經可以產出相當溫和的狐狸。二〇一〇年，別利亞耶夫的研究所開始把菁英組的狐狸當作寵物販賣，讓幸運的主人和馴服的狐狸一起幸福地過著家庭生活。

這些馴服的俄羅斯狐狸，以寵物的身分散居在世界各地。我找了好久，來到陽光明媚的加州聖地亞哥市，附近有一間 JAB 犬科動物教育和保護中心（JAB Canid Education and Conservation Center），願意讓我看看那裡的三隻俄羅斯狐狸。

會見菁英狐狸

從聖地牙哥市前往西伯利亞狐狸新家的路上，我從陽光普照的沙漠進入了涼爽的山地。當我到達保育中心時，已經被加州的交通弄得全身緊繃，但同時又因為期待見到世界上最新的馴化動物而非常興奮。當艾咪．巴塞特（Amy Bassett）出來迎接我的時候，她牽著的動物並不是狐狸；那些跳上跳下的動物看起來像狗，不過牠們的嚎叫是我從來沒聽過的聲音。艾咪告訴我，這兩隻狗叫尼基和史坦皮，是非常稀有的品種：新幾內亞唱犬（New Guinea singing dog）。

就像澳洲野狗一樣，這些狗是一種以前曾被馴化的物種，但數千年前回到了野外，在新幾內亞山區，因為遠離人類和其他的狗，便以自己的方式演化，並成為我們思考犬類起源的絕佳樣本。[37]

熱愛動物保育的艾咪說，在茂密的山地叢林中，唱犬會透過嚎叫與同類交流，並不殘暴，但也不太溫順。除了非常吵鬧之外，唱犬也極難馴服，培養定性；幾千年前，這一項不是馴化時優先考慮的事情。然而，尼基和史坦皮無疑都是狗。牠們主動走過來，把臉埋在我的腿上，瘋狂地搖尾巴，想和人類成為朋友，也知道該怎麼做。

李．艾倫．杜加特金（Lee Alan Dugatkin）和銀狐實驗首席研究員柳德米拉．卓特合著的《如何馴服狐狸（並培育狗）》（*How to Tame a Fox (and Build a Dog)*）一書講述了這個故事。艾咪表示，有些人對書名的第二部分尚未實現而覺得失望，但培育一隻狗從來不是俄羅斯科學家的目標。艾咪的伴侶戴夫（Dave）很安靜，但他與動物的深厚情感連結，從他穩定的動作和專注的目光中顯而易見。戴夫說，西伯利亞狐狸實驗是想要闡明馴化的基本要素的實驗室研究。結果確實創造了一種新的馴化動物，但這些狐狸仍然是狐狸——這正是我想要找的。

我見到了三隻馴化的西伯利亞狐狸：銀毛的馬克薩、紅毛的維克多和喬治亞白毛的米哈伊爾。這些狐狸住在一個有圍欄的戶外區域，其中有奔跑的空間和可遮蔭的棚子。戴夫一帶牠們過來，這些狐狸就衝向前來聞我，但馬上又閃電般地跑開，到處調查圍場的每個角落。這些狐狸並沒有像新幾內亞唱犬那樣留在我的身邊，對我和其他一切同感好奇。不過，牠們和藏王狐狸村的狐狸，有著天壤之別。我覺得自己與馬克薩、維克多和米哈伊爾有直接的連結，也覺得牠們想跟我當朋友。

當我和俄羅斯狐狸相處時，艾咪和戴夫牽了另一隻狐狸過來。牠是一隻美國狐狸，名叫伊西，幼年時從毛皮牧場被救出來，由人類飼養。伊西已經習慣了人類，但沒有馴化的基因。伊西先在圍場外緣轉了一圈，然後退到了一張長凳下。牠對艾咪和戴夫很友好，但對我很警惕。

伊西比藏王狐狸村的狐狸來得溫順，但只是表面如此。戴夫說，儘管伊西比其他三隻西伯利亞狐狸年輕，體型也較小，但相處時大多是牠占上風，咬得更兇。戴夫說，當這種情況發生時，其他三隻西伯利亞狐狸似乎有種被背叛的感覺，牠們的眼神透露著：「我們不是這樣玩的啊！」

戴夫用電腦的軟體修補程式，來比喻伊西的馴服：大多數情況下有效，一旦沒用了，行為就可能瞬間改變。另一方面，西伯利亞狐狸則擁有完全不同的軟體，因為馴化改變了這些狐狸的大腦。艾咪說：「那就像是牠們有靈魂一樣，牠們是一個存在。我看著牠們的眼睛，牠們也看著我的眼睛，我們看到了彼此。我沒有從美國狐狸身上得到這種情感上的連結，也無法得到這種連結。」

艾咪說，該中心通常不讓人抱西伯利亞狐狸，但看起來這些狐狸在接近我的時候，沒有任何壓力的跡象，她決定破例。戴夫抱起米哈伊爾，把牠放進我的懷裡。米哈伊爾抬頭看著我，張開嘴巴，把頭移向我的鼻子。我看到一大口狐牙逼近，有些驚慌失措，不自覺地往後，結果米哈伊爾反倒湊向前，輕輕地將我的鼻尖含進嘴裡。那一刻，我好開心。我剛遇見的一隻動物，正在親切地向我示好——不是以狗的方式，而是以狐狸的方式。

西伯利亞狐狸沒有變成狗，而是以一種新的方式來適應人類。艾咪和戴夫嘗試以狐

▲圖 2.2：近距離接觸馴化的西伯利亞狐狸。

狸的角度和性情，來訓練並了解這些狐狸。例如，他們發現，雖然狐狸和狗一樣會學會把戲，但有時太聰明了。你可以假裝手裡拿著零食來騙狗，但狐狸立刻就明白其中的詭計，然後走開。這顯示人與寵物的關係不是單向的。人類也必須知道動物習性，才能與之互動。

然而，馴化的狐狸讓我印象最深刻的地方，不是聰明而已。戴夫告訴我，當馬克薩構不到在沙發底下的球時，不會像野生狐狸那樣，只是從不同角度試試看能不能拿到。戴夫說：「馬克薩會像狗一樣抬頭看著我，好像在說，你能幫我嗎？」對我來說，這顯示了人與馴化動物之關係的本質。我們不僅是這些動物的外在環境中的物體，也是周圍的其他生物，可以互相溝通、互相幫助。

我一直認為，可愛主要是一種視覺現象，但我與狐狸相處的經驗，讓我意識到我們對可愛的看法也與事物的行為有關。這與入戶野宏和其他心理學家的研究結果一致：**可愛會帶來親近，產生可以穩固社會連結的行為。**

當艾咪向我介紹未馴化的伊西時，她說，伊西的白臉配上了鑲有黑邊的眼睛和耳朵，是所有狐狸中最可愛的。但伊西只是看了我一眼，就迅速退到長凳下方，讓我對牠沒有任何感覺。西伯利亞狐狸馬克薩、維克多和米哈伊爾的友好，才讓我覺得可愛。因為這些狐狸，我開始認為可愛不僅是表面的東西。

這讓我對人類文化中可愛的興起有了新的體悟。西伯利亞狐狸表現的親善，讓我從融合社會的角度來思考可愛，意識到歐洲藝術中有一個長期存在的主題：有個一直把人連結起來的力量——愛神丘比特。

Chapter 03

西方世界的可愛事物

「可愛是人類生物性的一部分。」至少這是最符合事實的假設。人類的孩子需要多年的照顧和社會化，而可愛有助於完滿整個過程。然而，我們很難找到該理論的確切證據。除了康拉德·勞倫茲在嬰兒圖式中辨識出的嬰孩特徵之外，一個物體是否可愛，還取決於我們的感知。以嬰兒搖鈴為例，這是已知最早的玩具之一。古人以赤陶來製作並大量生產，大多數純粹是實用，但也有一些從現代人的角度來看，古怪地有趣。當時的父母是喜歡看到自己的孩子抓著動物形狀的搖鈴，還是為了辟邪？我們不可能知道確切答案。

這就是在文化中尋找可愛事物的挑戰。日本的情況不一樣，可愛事物在一千年前就已經存在，但當我轉向中世紀歐洲的美術作品時，幾乎什麼也沒發現。修道士似乎沒有想到可以為動物寓言中描繪的動物，增添俏皮的個性，或寫實地畫出來。偶爾，這些修道士中可能有一位愛貓人士，像是來自法國北部、一本十三世紀的動物寓言中，有一幅貓咪注視老鼠的圖，有點可愛。[1] 但這樣的例子很少見，動物的象徵意義似乎比其外表更重要。

十八世紀以前，出現在肖像畫中的兒童很少是可愛的，因為他們看起來根本不像兒童。藝術家把焦點放在成人身上，好像成人的身體樣貌也變成兒童的一部分。通常，這些兒童姿勢僵硬，表情嚴肅，表示家族的血統將會延續，而且往往很少表現出個性。[2]

小愛神丘比特

然而，在文藝復興和洛可可時期（約十五至十八世紀）期間，可愛的兒童隨處可見，只不過不是真實的人物。小丘比特（Cupid）這位帶著翅膀的小嬰兒，在眾多繪畫和壁畫中嬉戲。丘比特的形象如此流行，讓他成為長達三個世紀的西方藝術中可愛元素的主要表現。

丘比特在希臘神話中叫「厄洛斯」（Eros），不是嬰兒，而是一名青少年。但在西元前四世紀，十幾歲的厄洛斯變得年輕，成了圓滾滾的嬰兒，在母親阿芙蘿黛蒂（Aphrodite）的控制下行事。[3]羅馬人吸收了這個後來的版本，並將他命名為「丘比特」。由於羅馬藝術家擅長描繪人體，他們的丘比特經常符合嬰兒圖式中的身體特徵。然而，隨著基督教時代到來，異教的小愛神不再流行。當丘比特出現在中世紀圖畫中時，其形象經常被扭

▲圖 3.1：拉斐爾的〈西斯汀聖母〉(1513-1514) 中的小天使。

曲或描繪成耶穌降臨前的邪惡象徵。[4]

文藝復興時期，藝術家轉向古典時期尋找靈感，發現了可愛的羅馬丘比特。新的丘比特風潮始於義大利，在繪畫、雕塑和壁畫中，都可以看到古典風格的有翅膀的裸身嬰兒，被稱為 putti 或 cherub。[5] 多納泰羅（Donatello）等藝術家，將丘比特描繪成天使，讓他融入基督教中。[6] 在十六世紀，出現了越來越多以丘比特為裝飾的圖案，這股風潮到了十七世紀仍未退去。[7]

這些愛神寶寶越來越受到歡迎。在十八世紀，從馬桶到燭臺，各種物品上都看得到丘比特。胖乎乎的嬰兒在雲中跳躍，在海浪中嬉戲，在絲帶和鮮花中玩鬧。然而，丘比特和小天使不只是流行的樣式；在可愛的背後帶有嚴肅的宗教意義。

拉斐爾（Raphael）所繪製的〈西斯汀聖母〉（Sistine Madonna）中的小天使，雖然看起來可愛，但仍然是來自天國的神聖天使。也就是說，他們不是真正的兒童，而且這些小天使也清楚知道嬰兒耶穌接下來將要面臨的考驗和磨難。[8] 兒童般的可愛外表背後帶有這些成年人的特質。

十八世紀中葉，洛可可風格退燒，丘比特不再流行，兒童肖像畫出現革命性的轉變。畫中的兒童姿勢不再僵硬，開始展露個性。現在看這些畫，會覺得那時候的人們好像突然意識到，周圍有活生生的、會呼吸的可愛兒童，就像在牆上的可愛丘比特。為什麼人們花了這麼長的時間，才意識到真正兒童的可愛呢？

當我研究有關「童年」的歷史時，驚訝地發現之前曾有過一場激烈的學術論戰。一九六〇年，歷史學家菲利普．阿里耶斯（Philippe Ariès）表示，西方文化在過去大部分的世紀中，並沒有「童年」這個概念。阿里耶斯在重要的個人著作《童年的世紀》（*Centuries of Childhood*）中提出：童年的概念是啟蒙思想的產物。他認為，在這之前，童年並不被認為是人生的一個獨特階段。那時候，成年人照顧小孩，但不會真的與小孩互動。小孩被視為不完整的成年人。

根據菲利普．阿里耶斯的說法，小孩在七歲左右就進入成年人的社會，這就是為什麼中世紀繪畫中會看到非常矮小的成年人。阿里耶斯認為，那時候的人並不認為童年很特殊，所以不會特別珍惜小孩的純真並縱容他們的惡作劇，而是對這些看起來無能的小成年人施加嚴厲的管教。[9]

後來的許多歷史學者提出更激進的主張，認為過去的父母並不愛自己的孩子。追隨阿里耶斯理論的一位英國學者寫道：「人類對待小孩的方式，與成鳥和雛鳥之間的關係差不多。」[10]這些歷史學者認為，在一個嬰兒死亡率極高的世界裡，父母不會對子女投入太多情感。畢竟，小孩可能活不了多久。

對我來說，這樣的說法非常荒謬。後來，我發現有人質疑並強烈反對這個說法時，不禁鬆了一口氣。其他的歷史學者，從那些被阿里耶斯等學者忽略的信件和日記中，找到了證據，證明中世紀的父母疼愛孩子，看到他們可愛滑稽的動作時，也會高興。例如，父親在孩子出生時，向朋友和家人寄送慶祝的信件，是很常見的。中世紀的英格蘭法律，也規定兒童需要保護。日本學者也加入了這場討論，他指出，在日本，七歲以下的兒童長期以來一直受到縱容。雖然兒童死亡率高，代表了需要付出巨大的情感成本，但這並不會與對兒童依戀或對兒童死亡的悲傷互相排斥。[11]一六〇三年，詩人班・強生（Ben Jonson）為死於瘟疫的七歲長子，寫了一首輓歌，詩的最後一行深深後悔於自己太喜歡兒子，凸顯了正是他對孩子的感情，讓他覺得喪子之痛如此難以承受。

在論辯的最後，這些研究童年的歷史學者得到了共識：啟蒙時代之前的歐洲，仍將童年視為一段特殊但短暫的時期。雖然許多兒童很小就進入了勞動市場，但很明顯的是，童年仍被賦予了不同的意義。但菲利普・阿里耶斯也有一點說對了：小孩常被視為不完整的成年人。一般來說，小孩處在邊緣，不被視為組成社會的重要分子。[12]

雖然這樣的觀念不一定代表父母不喜歡小孩的可愛，但確實會影響人們判斷小孩可愛與否。那時候的歐洲人往往不喜歡看到小孩在地上爬，因為這會讓人聯想到動物。[13]因此，就算父母知道小孩很純真，也有可愛的外表，但是否會接受又是另一回事了。

父母會有如此矛盾的態度，並不奇怪。畢竟，每個父母都知道孩子有時很好教，有時很頑固；有時很可愛，有時又難搞。兒童的不成熟當然是一種生理狀態，但是包覆這個狀態的文化產生了變化。古時候的歐洲，父母愛自己的孩子，但也明白他們可能活不了多久；孩子可能會消耗既有資源，也可能讓家業延續；喜歡小孩幼稚滑稽的動作，卻又擔心後代子孫的靈魂。基於這些原因，我們看得出來，童真和可愛的連結，其實是一個很現代的觀念。[14]

可愛的兒童出現在藝術作品中

一千年前的日本社會跟歐洲很不一樣。《枕草子》顯示了平安時代文學中女性視角的重要，而《鳥獸人物戲畫》則體現了日本宗教和平民生活中對「玩」的欣賞。儘管歐洲有丘比特，卻花了六百年才發展出現代可愛美學。

如前所述，十八世紀以前的歐洲，大多數的兒童肖像都強調兒童在家庭中的社會地位。有時與他們一起出現的動物充滿了象徵意義。例如，兒童手裡拿著一隻金翅雀，[15]強調其基督教信仰，而臉部特徵往往反映了他們未來成年的地位，而不是多可愛。[16]

儘管此時沒有太多以寫實手法描繪兒童心理的畫作，但也有一些例外。在義大利女畫家索福尼斯巴・安圭索拉（Sofonisba Anguissola, c.1532-1625）的〈下棋〉（The Chess

Game, 1555）中，一名七歲左右的女孩看著姊姊輸掉一盤棋，一臉開心。安圭索拉有時被稱為文藝復興時期第一位重要的女畫家。她被禁止跟男性同行一樣學習解剖學，因此轉向自己的個人經歷，在作品中擅長描繪兒童和青少年的情感狀態。[17]

為了深入了解這幅畫，我向末永幸步求助。她是一位藝術家和藝術教育家，曾經擔任我的研究助理。關於這幅畫，她首先注意到的是僵硬的肢體。末永幸步說：「她們的姿勢就像機器人，但是畫家捕捉到小女孩的臉部表情。小女孩放在桌子上的手，看起來也像是真的小孩的手，只是擺放的方式有點奇怪。」那時，很多畫家才剛開始寫實地畫兒童，跟他們相比，安圭索拉不僅擅長，而且前衛許多。很多成年男子，甚至是那些需要精準觀察的職業畫家，對兒童根本不那麼感興趣。

約翰・洛克（John Locke, 1632-1704）和盧梭（Jean-Jacques Rousseau, 1712-1778）等哲學家的啟蒙思想，讓人們對兒童的看法產生了翻天覆地的變化。[18] 洛克將兒童視為一張「白紙」（tabula rasa，原意為「白板」），他們是重要的個體，而不僅僅是一個不完整的成年人。盧梭則堅持應該讓兒童順其本性行事。這兩位思想家共同創造了關於兒童的新觀念。人們不再只是看到之後的成年期，而是開始將兒童視為個體並珍惜他們的純真。

接著，情勢隨之發生了變化，父母開始認為自己的小孩應該快樂。

在傳統的農業社會中，童年與快樂無關。雖然小孩玩得開心，但人們不認為小孩的天性就是如此，也沒有「父母有責任給予快樂」的想法。一般而言，父母通常藉由嚴厲的管教，來向子女灌輸道德，教導服從。[19]

一五六〇年，由彼得．布勒哲爾（Pieter Bruegel）所繪的〈孩子們的遊戲〉（Children's Games）中，描繪了兩百多名兒童，玩著八十多種不同的遊戲；有人玩洋娃娃，有人玩婚禮遊戲，有人用皮帶牽著動物玩具，有人把豬的膀胱吹成氣球。然而，只有少數幾個人在笑，儘管畫中的兒童大多有一張圓臉。布勒哲爾畫中的兒童，與康拉德．勞倫茲的嬰兒圖式並不相符，大多看起來根本不可愛。對我來說，這幅作品有一種中世紀的感覺，兒童看起來更像是大人。事實上，明明主題是遊戲，畫作的色調卻非常陰暗。

儘管父母繼續重視紀律和服從，但也逐漸接受了現代觀念，認為小孩的快樂不僅對家庭有利，對他們的未來也很重要。[20]一七四九年，英國哲學家大衛．哈特利（David Hartley）寫道：「對大人來說，那些帶來歡樂和笑聲的最自然的時刻，似乎都是小孩犯的小錯和愚笨。」[21]

現代對於童年的觀念，之所以出現在十八、十九世紀，背後有一些相關的社會變遷。人們開始強調教育，盡量不再讓兒童在很小的時候就開始工作，於是把小孩從賺錢工具變成需要照料的對象。因此，家庭規模縮小，因為小孩現在需要花錢，而不是幫忙賺錢。嬰兒死亡率的逐漸下降也與此相關。[22] 最後，文學和藝術領域的浪漫主義運動（十八世紀末至十九世紀中葉），認為兒童在本質上純潔無瑕。就這樣，雖然浮在雲端的頑皮丘比特逐漸退流行，但出現了新的趨勢，畫家開始描繪快樂的個別兒童，最終產生了被稱為「可愛」的美學。

這種新的美學是透過十七、十八世紀的肖像畫發展而成的，[23] 尤其是十八世紀的英國畫家，他們在作品中強調童年的天真，呼應了當時的社會趨勢。[24] 盧梭在談到教育的著作《愛彌兒》（*Emile*）中，也建議用玩具和遊戲來養育孩子，而這些畫作似乎可以當成這類論述的插圖。[25] 相關的例子很多，但其中有幾個特別具代表性。

由湯瑪斯．根茲巴羅（Thomas Gainsborough）於一七七〇年繪製的〈穿藍衣的少年〉（Blue Boy），是十九世紀初期最受歡迎的童年形象，因應需求而被大量複製。很多母親不僅喜歡這位男孩可愛的臉，還喜歡他那復古的藍色西裝；其實在這幅畫誕生時，這樣的打扮已經不流行了。[26]

至少有一位現代母親對這幅畫有類似的反應。當我問末永幸步，覺得這幅畫如何時，她興奮地說：「這個男孩好帥！他可以加入男團耶！皮膚好細嫩。」相對之下，男孩的身體並沒有引起末永的興趣。她說：「如果我把他的臉遮住，這個可愛的男孩就突然變成了一個中年男子。小腿的肌肉太多了，肚子很大，大腿也太粗了。他彷彿是由兩個人組成的：男孩的臉和成人的身體。」當時的畫家仍在研究如何寫實地描繪兒童。

此外，十八世紀肖像畫中的兒童，太過著重於反映童真的浪漫，以至於看起來不完全屬於這個世界。西方藝術作品的主要美學是「美麗」，而這個時代的肖像畫中，經常出現純潔天真的兒童，卻缺乏了會讓人連結到可愛的熟悉又平易近人的溫暖感。

喬書亞．雷諾茲爵士（Sir Joshua Reynolds）是對這個新的純真童年形象做出最大貢獻的藝術家。不同於當時大多數的畫家，他喜歡且關注幼稚的行為。他會娛樂來當模特兒的小孩，其他畫家則可能是用鞭子命令小孩安靜坐著。[27] 在雷諾茲於一七八〇年代繪製的肖像畫〈純真年代〉（The Age of Innocence）中，一個年輕女孩獨自坐在類似公園的地方，雙手緊握，放在胸前，她的腳趾從白色連身裙下露出來。美國藝術史學者安妮．

希岡尼特（Anne Higonnet）指出，這幅畫發明了「純真」這個概念，因為在十八世紀之前，藝術中並不存在這種兒童與生俱來的天真無邪形象。[28]

現今的我們，理所當然地認為兒童比成年人純真，但這個想法是逐漸形成的。自古以來，兒童就是大人世界的一部分。貧窮的孩子被送到外面工作；富裕人家的小孩跟著大人去看展覽或戲劇表演。即使人們越來越把兒童視為純潔和天真的，兒童仍然接收著大人世界的一切，因此，純真和世故之間的界線在一開始並不是那麼明確。舉一個現在很難想像的例子，直到二十世紀初，兒童在酒館裡喝得酩酊大醉，不僅很常見，而且還被人們所接受。給兒童觀看的啞劇中，也經常包含有關酒的笑話。直到一九〇四年，才有一位評論家譴責倫敦德魯里巷皇家劇院（Theatre Royal on Drury Lane）的啞劇，認為劇中飲酒的橋段不適合未成年觀眾。[29]

自中世紀以來，那些展現超齡技術的兒童，一直受到矚目。莫札特以神童之姿在歐洲巡演，也時常有兒童演員出現在舞臺上。[30] 威廉・亨利・韋斯特・貝蒂（William Henry West Betty）是一位十九世紀初期的兒童演員，在倫敦的舞臺上演了許多大人的角色，從哈姆雷特（Hamlet）到羅密歐（Romeo），非常受歡迎，同時他也有一系列周邊商品，包括勳章、扇子、紙玩偶和鼻煙盒。[31]神童之所以受到大家喜愛，是因為他們如大人一般的能力與稚氣外表之間的差距。

十九世紀徹底的社會變革，讓童年更加受到重視。需要工作的孩子越來越少，上學的孩子也越來越多。兒童死亡率開始下降，出生率也開始下降。隨著人們搬到城市工作，核心家庭變得普遍。父母開始把注意力集中在僅有的幾個孩子身上，這些孩子現在比較容易活下來了。同時，母子關係變得親密，也被理想化。[32]

隨著中產階級的崛起，「童年純真」的概念變得越來越重要，任何形式的早熟或超齡的行為都變成缺點。一八四〇年代中期到一八六〇年代中期，英國諷刺雜誌《*Punch*》刊登了約翰・里奇（John Leech）的漫畫，主題是「過度機敏」（Very Acute）的小孩，[33]他們酗酒、賭博、使用俚語，以及表現出惡劣的大人行為。里奇的漫畫顯示了一個新觀念：小孩應該與大人的世界區隔開來。漫畫中，像大人一樣行事的醜惡兒童，開始讓人產生負面聯想。

在浪漫主義時期，山繆・泰勒・柯勒律治（Samuel Taylor Coleridge）、威廉・渥茲華斯（William Wordsworth）和查爾斯・蘭姆（Charles Lamb）等作家，延續了盧梭的「原始兒童」（primitive child）觀念：未社會化、純淨、貼近自然。渥茲華斯在一八〇四年時宣稱：「**我們的嬰兒時期就是天堂！**」[34]他用約翰．洛克提出的純真的「白紙」概念，巧妙取代了需要紀律和指導的小罪人形象。兒童開始擁有大人失去的優良特質。

許多展現童真特質的方式，都是在十八世紀的兒童肖像畫中發展出來的。例如，讓小孩穿著戲服，彷彿不會隨著時光流逝而老去，湯瑪斯．根茲巴羅繪製的〈穿藍衣的少年〉就是如此。[35]喬書亞．雷諾茲的畫作〈克魯少爺扮演亨利八世〉（Master Crewe as Henry VIII, 1775）中，主角是一個打扮成亨利八世的小男孩，從他的態度看得出很滿意自己的樣子，也讓畫作顯得更加可愛。我和末永幸步討論這幅畫時，她說男孩的姿勢有點尷尬。儘管年少的克魯看起來興致勃勃，但似乎不確定國王應該怎麼站才對。

在這幅畫中，我們也可以看到另一個新的元素：在男孩腳邊嬉戲的小狗。把孩子放在動物旁邊，會讓小孩看起來不那麼成熟，而且更融入大自然。[36]我認為，這幅畫是十八世紀最可愛的肖像。

喬書亞．雷諾茲的畫作背後，藏著一個從十八世紀開始的趨勢：看畫的成年人希望看到不成熟和不知所措，而不是空靈的完美。兒童漸漸變成大人寄託懷舊的人物。因為自己已經失去青春，大人希望在畫中看到童真無邪，做為一種替代。[37]一個世紀後，現代可愛美學出現，小孩從代表近乎神聖的純潔，變成了比較扎根於現實生活的產物。雷諾茲所畫的克魯少爺預示了這個發展：兒童脫離了童年純真的崇高之美，換上了俏皮元素，例如嬉戲的動物和有點兒發窘的熱切。

看待兒童之方式的變化，顯然是後來可愛文化興起的關鍵。不過，克魯少爺腳邊的那些小狗也提醒我，動物也帶來影響。幸運的是，我認識了史蒂芬妮．霍華德．史密斯（Stephanie Howard-Smith）。她是另一位研究可愛文化的學者，主題是十八世紀的動物如何可愛。從她的研究中，我知道了當時西方上流社會著迷於哈巴狗扁平、迷人的臉。這股浪潮起源於中國和日本，後來達到了頂峰。[38]哈巴狗不僅成為人們的寵物，還縮小化身成各式瓷器。

霍華德．史密斯發現，十八世紀的女性不僅養哈巴狗，也收集這些可愛的瓷器狗，經常用對嬰兒說話的方式來與狗交談，然後買更多隻狗。外界認為她們自我放縱，並譴責她們把自己的喜好置於孩子和家庭之上。[39]即使在今天，對可愛感興趣的人，有時也會被指責為幼稚或不懂事，逃避成人應負的責任。[40]為了弄清楚這是如何發生的，讓我們從舊大陸轉向新大陸，因為我們今天所熟悉的可愛美學，起源於十九世紀的美國。

巴納姆的嬰兒秀

費尼爾司・泰勒・巴納姆（Phineas Taylor Barnum）是一位傳奇人物。他創立了一個以自己為名的知名馬戲團，對十九世紀的美國流行文化產生了重大影響。[41] 在一八五〇年代，他為了宣傳怪奇的「美國博物館」（American Museum），在安排花卉、小狗和家禽等各項展覽時，想到了一個點子：如果辦一場嬰兒選美比賽，觀眾應該會蜂擁而至。然而，要像展出植物、寵物或牲畜一樣，把嬰兒端出來評比，直接冒犯了維多利亞時代家庭價值的核心，詆毀了神聖的母子連結。反對意見很快就出現。批評者譴責那些「厚顏無恥」地把孩子推入大眾視線的母親，認為她們玷汙了神聖的母性。[42]

儘管有這樣的批評，但觀眾似乎不在意。巴納姆在一八五五年舉辦的首屆嬰兒秀，吸引了超過六萬名觀眾，每人的門票費用是二十五美分，有一百四十三名參賽者。[43] 女性觀眾占全部觀眾的四分之三，來看的原因正是因為這場比賽受到批評，她們想看一下通常被藏在公眾視線外的東西。[44] 那時候，大眾娛樂大多是為了男性觀眾而設計。[45] 巴納姆不僅舉辦了一場女人想看的活動，還煞費苦心地讓這些女人自在地出現在公共場合。他的評審是一群女性，主展覽空間旁有一個由護士管理的托兒所，禁止男性進入。[46]

十九世紀下半葉，嬰兒秀越來越流行，顯示大家看待母子關係的態度發生了變化。嬰兒秀在鄉下的農產品市集和城市的劇院裡司空見慣，有時在展覽館內舉行，有時候用於籌募善款。兒童雜誌則指導小女孩如何為自己的洋娃娃舉辦嬰兒秀。[47]

在歐洲，嬰兒秀被認為是美國來的東西，略顯粗俗，但仍然吸引了人群。[48] 這些秀代表了一種結合娛樂、視覺效果和利潤的新興消費文化正在崛起。這個時代還有各式各樣的秀：兜售假藥的專利醫學展覽、只要一毛錢的奇葩雜耍、把美洲原住民當成展品的「民族」展。這些主題在巴納姆的「美國博物館」都有展出。然而，嬰兒秀也成為製造商展示搖籃和嬰兒車等新產品的機會。所有母親欣然接受這些新產品，順便藉此炫耀自己的寶寶。十九世紀末，許多婦女推著新買的嬰兒車在街上走著，《紐約時報》（*The New York Times*）稱之為「名副其實的嬰兒秀」。[49] 母親拿到主導權，獨自展示她們的嬰兒。

十八世紀的肖像畫，傳達了小孩純潔天真的觀念，使母親和孩子之間的聯繫顯得非常私密，甚至到了神聖的地步。嬰兒秀為女性提供了另一種選擇，擺脫養育背後的嚴肅道德，讓她們把自己的嬰兒視為快樂的泉源。[50] 從這個意義上來說，嬰兒秀是美國可愛文化發展的關鍵事件。然而，儘管全國和地方報紙都報導了這些活動，但我還沒有找到有任何一篇形容這些嬰兒「可愛」。看來，那時候這個詞還不是我們現在了解的意思。

那些批評嬰兒秀的報導，仍是以讚美的詞彙來形容嬰兒，包括俊俏、美麗、漂亮、聰明、五官精緻。[51] 除了以年齡分組，還有雙胞胎、三胞胎等組別，各有各的獎項；最胖的嬰兒（在嬰兒死亡率高的時代，胖被認為是健康的標誌）也有獎。然而，首獎頒給了「最精緻」的寶寶，而不是最可愛的。

《紐約時報》的一篇專欄如此評論嬰兒秀的冠軍：「他的外型完美體現了嬰孩的優雅。」[53] 在十九世紀中葉，那些對兒童的正面描述，仍繼續強調他們的天真和純潔，將他們與崇高的美連結在一起，而不是日常的可愛。這讓我想知道，cute（可愛）這個詞，是在何時開始從 clever（機敏）變成了 adorable（可愛）。當人們開始對一種原本沒有人費心命名的「感覺」，慢慢產生興趣，會需要一個新詞。但為什麼這個詞是 cute（可愛）呢？

在一八五〇年代，「cute」這個詞仍與「clever」同義，常用於形容行為而非外表。儘管嬰兒會被說「有頭腦」或「看起來很聰明」，但他們並沒有表現出機敏的行為，因此並不cute（可愛）。[54] 巴納姆的秀是創造新美學的重要一步，最終促使這個詞達到其現代意義。但是，當我們已經有好用的相似形容詞（adorable和lovely皆可譯為「可愛」），為什麼最終「cute」（可愛）變成主流？這個不斷發展的美國美學，需要一個額外的元素：一種頑皮的活力。而這種活力，要有一個隱含機敏的詞，才能表達。

嬰兒秀是文化轉變的跡象，最終引發了可愛的熱潮。從一八七〇年代到一九三〇年代，有很多事情都改變了。社會學家薇薇安娜・澤利澤（Viviana Zelizer）說，童工禁令以及義務教育的推動，讓各階層的兒童變成「在經濟上毫無價值，但在情感上卻無價」。社會運動人士（從教育家和女權主義者，到心理學家和工會領袖）的集中努力，讓「兒童不須承擔成人責任」的觀念逐漸散播開來。[55] 如此一來，以前被大人推到邊緣的兒童，變成了文化的核心。[56]

因此，童年變得值得珍惜，而不是該盡快度過的時光。大人開始將童年視為心靈避難所，可以逃避成年的壓力，並且發現，從幼稚的惡作劇和狂歡中可以得到快樂和喜悅。[57] 當大人開始懷念童年，一種新的審美觀出現了。

莉迪亞・西格尼的擬人化「貓人」

十九世紀的北美洲，有一系列藝術和文學上的主題，讓可愛感受有了新的表達方式。雖然誕生過程緩慢不明，但一種新的可愛美學興起，征服了二十世紀的流行文化。安潔拉・索比（Angela Sorby）是密爾瓦基市馬凱特大學（Marquette University）的一位文學學者和詩人。她頭腦敏銳，幽默感十足，在兩篇關於美國早期可愛文化的文章中，闡述了十九世紀中葉可愛美學的出現，並解釋為什麼在這之前沒有宣揚崇尚兒童的可愛。

索比認為，只有在成年人開始把小孩視為快樂的泉源，而不是會下地獄的小罪人，「可愛」才有可能在二十世紀初的文化迅速興起。她進一步指出，同時，小孩變成可以在家庭之外公開展示，與他人分享。這種從私領域到公領域的變化，是可愛如何主導流行文化的關鍵一步。索比的研究聚焦在一位很少有人聽過的作家。

莉迪亞・西格尼（Lydia Sigourney, 1791-1865）是美國獨立戰爭到美國內戰期間最多產的作家之一，也是十九世紀美國女性的典範。[58] 當時崇敬母子連結，而她代表維多利亞時代的感傷主義和道德至上。[59] 從她在童年時對洋娃娃和貓的對比反應中，我們可以看到她初探新生的可愛美學。

西格尼在自傳《生命的書信》（*Letters of Life*）中透露，她小時候幾乎沒有什麼玩具，她寫道：「在美國剛建立時，我們的商船並沒有滿載德國和法國的玩具。我們不知道有那種可以睜開眼睛、活動關節和發出聲音的娃娃。如果真的看到，我們會以為是有人唸了喚死術。」小時候的她，常常把幾個自製的娃娃排成一排，由她教誨一番，指責它們的錯誤，並「強制執行各種道德義務」。顯然，這是十八世紀末流行的有關對待兒童的軼事。[60]

西格尼和貓咪的關係截然不同。小時候，她寫過一篇題為「關於貓」的滑稽小品，反駁視貓咪為「自私、阿諛奉承或虛偽」的各項指控。[61] 她說，狗兒跟著男人跑來跑去，贏得主人的讚美；貓咪與女性待在室內，所以其所作所為比較少曝光。[62] 有趣的是，同樣的理論也被提出來解釋，為什麼兩百年後貓咪在網路上越來越紅。貓咪可愛又滑稽的動作，大部分都發生在主人的視線範圍內，但現在有網路幫忙宣傳。

西格尼生於一七九一年，當時太過逼真的娃娃很可能被認為是惡魔。但她對貓咪的辯護，與當今愛貓人士對寵物的看法完全一致。西格尼教她的貓咪用後腿站立，並用鼻子來蹭她伸出的手。她描寫母貓和小貓的方式（故意用一種古老的風格），進一步顯示她慢慢靠近可愛美學：「母貓和小貓一起玩樂，並在適當的時候跟著蹦跳。但她必要時還是會注意小貓的舉止。如果小貓不聽話或令她不高興，她就會用張開的爪子打小貓的耳朵。還有其他四隻腳的動物會做這些事嗎？」[64]西格尼將她的「貓人」擬人化，並發現牠們既頑皮又自律，這在當時是很不尋常的。

在《生命的書信》中，西格尼說她有快樂的童年，但更強調「勤奮、有秩序和服從」，而不是玩耍。[65]很顯然，她不支持把可愛拿來公開消費。當巴納姆找她擔任嬰兒秀的評審時，她甚至沒有回信。在美國內戰之前，像西格尼這樣的美國人，在原罪的舊觀念和純真兒童的浪漫概念之間左右為難，反對將他們所認為的神聖公之於眾。[66]在原罪與純真的論辯中，兒童一直處於很複雜的角色。無論多麼輕微的不服從，都會讓孩子面臨地獄之火的危險。這段時期也有一些搗蛋兒童的圖片，用來譴責父母監管不善。[67]

幼稚的惡作劇為父母提供私人娛樂，但這些時刻通常在家庭內部受到讚賞，或是被記錄在個人日記中。在公開的書寫裡，這種行為受到了嚴厲的批評。[68]根據原罪教義，無論是言語或行為的不服從，都被視為對孩子的靈魂構成危險。在十六世紀，法國哲學家蒙田（Montaigne）譴責成人喜歡小孩玩鬧，認為這等同於「為了我們的娛樂」，把小孩「當猴子一樣」來愛。[69] 十七世紀，道德家和教育家嚴厲批評那些從孩子身上得到娛樂的父母，認為這樣會阻礙小孩的理性發展，讓他們無法成為好的基督徒。[70] 雖然洛克和盧梭這樣的啟蒙思想家，提出了相反的觀點，認為兒童天生純真，但他們的想法在美國卻很難扎根，因為福音派基督教的女性在流行文化中有更大的影響力。[71]

維多利亞時代的人們讓童年擁有神聖的光環，純真不僅是兒童與成人的區別，也讓兒童略顯神祕。當時，小孩是上帝隨時可以收回的寶貴財產，而這樣的精神特質必須先被抽除之後，可愛的新趨勢才會真正流行。[72]

慢慢地，美國出現了一種新的世俗觀念，認為淘氣既不是善也不是惡，而是小孩天性的一部分。小孩的缺點可能很迷人，甚至很有趣。一旦不以基督教美德來決定兒童是否良善或邪惡，對於幼稚的惡作劇就可以一笑置之。但由於古老的宗教價值觀仍然存在於十九世紀中葉的社會裡，要如何寫出兒童的可愛，得要萬分謹慎。[73]

大人以新的眼光看待小孩，心態上出現了改變。這種新思維被巴納姆的嬰兒秀帶到公領域，但也可以在書寫中觀察到。一八六四年，莉迪亞．西格尼出版了一本家庭軼事集《小孩子的話語》（*Sayings of Little Ones*），其中包括一些小孩搞砸事情的滑稽笑料。但「可愛」這個詞仍然不存在；她努力尋找另一種方式，來讓這些小孩讀起來親切而不是不聽話，有趣而非有罪。她注意到，年輕與童趣的結合，再加上天真與質樸，可以創造出一種獨特而有趣的效果。[74]簡而言之，就是可愛的美學。然而，這個詞仍然不在她的詞彙中。

當莉迪亞．西格尼在記錄小孩可愛的錯誤時，日本是個與外界隔絕的隱地。西格尼努力想要調和有趣的新美學與嚴格的基督教信仰，但日本人對此並不了解。在日本，有趣早已融入藝術和文學中，並且有重視簡單、短暫和小東西的傳統，意味著可愛早已存在於日本文化中。雖然，在歐洲上流社會流行的哈巴狗，可能起源於中國，卻經常被稱為「日本狗」，這顯示了哈巴狗可能是從日本傳到歐洲的。[75]在看了歐洲和美國的可愛文化如何緩慢發展之後，現在讓我們看看同時期的日本；我們先從狗開始。

Chapter

04

從鎖國到開放時期的日本卡哇伊文化

追溯二十世紀以前的西方可愛文化之歷史，就像在沙漠中漫步，除了一、兩片綠洲，實在沒什麼好看的。然而，在日本就不同了。可愛或許沒有在整個日本藝術史上大紅大紫，但始終存在。卡哇伊文化如今如此流行，許多博物館都看得到它的蹤跡。

幾年前，我參觀了東京博物館的卡哇伊江戶畫展。我本來就期待在那裡看到許多可愛的東西，但其中一件展品真的讓我感到震驚。展覽中總共有近兩百件日本江戶時代（1603-1868）的作品，可愛的圖案和主題琳瑯滿目。小狗在雪地裡嬉戲，穿著和服的貓咪演奏樂器。就連佛教僧侶和穿著鎧甲的武士也被「可愛化」了。然而，特別吸引我的是玻璃櫃裡的一把小折扇。

▲圖 4.1：長澤蘆雪畫在扇子上的小狗。

十八世紀末，長澤蘆雪（長沢芦雪，1754-1799）在扇子上畫了小狗。簡單的圖案令人著迷，但蘊含深刻的畫工，以小狗袒露的腹部和放鬆的四肢，強調其溫順。畫家利用了在幾個世紀前的《鳥獸人物戲畫》就出現的「鳥獸略畫式」，以黑灰色輪廓把狗的頭部置於軀幹前面，讓觀者的注意力集中在小狗很有個性的臉上。長澤沒有採用現實比例，而是用圓潤的線條來捕捉小狗渴望玩耍的感覺。這些技巧後來成為漫畫的基礎，讓繪者能夠以精簡的構圖，向觀眾傳達特定的感覺。[1]

從這個展覽可以看出，該時期的名家已經時常在作品中加入可愛的題材。當時，歐洲美術中的可愛元素才剛開始出現。造成這種差異的原因是什麼呢？我們已經知道，宗教似乎是一個因素。另一個原因更為根本：不同於戰亂頻仍的歐洲，日本基本上處於和平狀態。

我認為，飽受戰爭蹂躪的國家沒有時間或精力，沉迷於可愛、無害的事物。事實上也是如此。日本在平安時代享受了近四個世紀的和平，孕育了《枕草子》和《鳥獸人物戲畫》。雖然國家隨後陷入了動盪，但江戶時代又帶來另一個久安無戰的時代。隨著和平的到來，各種形式的「玩」再次興起。

江戶時代採取孤立的「鎖國」政策，限制了與外國的接觸。人們通常認為日本文化在這段時間沒有受到外國的影響，但實際上並沒有那麼無聊。儘管只有少量的西方知識進入日本，但對整個藝術，特別是卡哇伊美學的發展，產生了深遠的影響。其中，如果沒有一位藝術大師，扇子上的小狗永遠不會被畫出來，這位大師的作品至今仍深受人們喜愛。他的名字是圓山應舉（円山応挙，1733-1795），是一位融合新舊的天才。

十八世紀中葉，還是青少年的圓山應舉開始在京都的一家玩具店工作。這家店最受歡迎的產品，是一種放在稱為「和蘭眼鏡」（Holland glasses）的凸面放大鏡前，就會變成立體的圖畫。[2] 為了畫出這些特殊效果，圓山應舉必須學習歐洲繪畫中的遠近法，讓觀者透視繪畫中呈現的立體空間。

圓山應舉對數學和藝術深感興趣，因此一邊學畫，一邊研讀醫學、解剖學和植物學。[3] 他研究那些傳入日本的歐洲藝術品，學習西方透視法和陰影技巧，再結合自己對自然的興趣。[4] 他成為日本寫實繪畫新形式「寫生」的先驅，這是一種直接對著生活景象來描繪的形式。圓山應舉在世時已經相當有名，現在被認為是日本繪畫史上的大師。

前一章提到，湯瑪斯．根茲巴羅和喬書亞．雷諾茲等歐洲藝術家，透過描繪兒童的真實面貌，徹底改變了十八世紀的兒童肖像畫。與他們同時代的圓山應舉，選擇了小狗而不是兒童，為這種寫實主義提供了一個新的方向，也就是突顯描繪對象的可愛。

由於不可能讓動來動去的小狗擺姿勢，圓山應舉便觀察小狗玩鬧的樣子，再憑著記憶畫畫。他利用日本傳統的簡化技巧，來表現動物的本質，那種大膽的明暗處理看起來簡單，就像一張解析度不高的照片，但這種畫法營造了一種近乎不可思議的自然感。

圓山應舉喜歡在又長又窄的捲軸底部畫嬉戲的小狗。在構圖中留下大片空白，是傳統的日本畫風。藉此，圓山應舉強調了小狗的嬌小。他用寫實主義的手法，捕捉了康拉

▲圖 4.2：圓山應舉所描繪的小狗。

德．勞倫茲之嬰兒圖式的特徵：圓圓的身體、短腿和寬臉，但可愛感更會在小狗的互動中真正體現。小狗一起快樂地探索新世界，彼此的友誼自然流露。

當時的保守派認為，圓山應舉的創新過度關注於實體表象，畫家變成描繪對象的奴隸，而文人則認為他的畫沒有格調。然而，他的作品非常受歡迎，一般百姓覺得他的畫很可愛。[5] 後來，圓山應舉的作品輪廓更加簡單，只用單一的線條表現幼崽的皮毛，反而讓動物看起來更加真實。[6]

雖然湯瑪斯．根茲巴羅和喬書亞．雷諾茲等畫家有時也會在兒童肖像畫中加入小狗，但圓山應舉的小狗看起來更加現代。他把自己的技巧，結合了《枕草子》和《鳥獸人物戲畫》中出現的日本傳統簡化美學，實現我們現在所謂的人物塑造。仔細看看，這些十八世紀的小狗可能是現代兒童繪本或電影中的角色。圓山應舉的學生長澤蘆雪在扇子上畫小狗時，就運用了這些技巧。

圓山應舉和他的學生生活在日本藝術蓬勃發展

▲圖 4.3：圓山應舉所描繪的小狗特寫。

的時代。當時，江戶（現在的東京）是世界上人口最多的城市，居民超過一百萬人。大多數人沒什麼錢，但願意把錢存下來看相撲，或者哪天晚上去看歌舞伎表演，或是一群人吵吵鬧鬧地走訪寺廟。[7] 雖然畫作不便宜，但大家買得起木刻版畫（浮世繪）。浮世繪有各式主題，有諷刺、好玩的，也有充滿戲劇張力的，但可愛的主題特別受歡迎，尤其是一位畫家畫的貓科動物。

歌川國芳（歌川国芳，1798-1861）是一位喜愛貓，也經常畫貓的著名木刻版畫家。他經常把貓咪塞在和服的衣袖裡，在畫室走來走去。在他的作品中，有時，貓咪只是懶洋洋地躺著，穿著優雅和服的女人在一旁陪著玩；有時，歌舞伎演員有一張貓臉。還有一些作品是，貓的身體伸展開來，拼出貓最喜歡的食物名稱，像是鰻魚和章魚，每隻貓的臉也都各有各的性格。還有一幅版畫的標題是《おぼろ月猫の盛》（註：意思接近「春月，貓的激情」），描繪了江戶時代熙熙攘攘的吉原地區（註：江戶近郊公開允許的妓院集中地，位於現今東京都台東區），貓化身為嫖客、藝伎和妓女。

西方文化對貓有某種矛盾心理，因為貓與基督教傳統中的巫術和撒旦有關。但到了十九世紀末，擬人化的貓也出現在西方藝術作品中。不過，這些作品遠遠比不上歌川國芳的畫作。歌川國芳與貓的深刻連結，讓他能夠想像貓在各種情況下的樣子；對於愛貓人士來說，他的版畫有一種難以抗拒的可愛。[8]

歌川國芳同樣受到《鳥獸人物戲畫》的啟發，也和圓山應舉一樣，仔細研究了西方藝術技巧，並閱讀關於西方藝術的討論。他的一些作品結合了透視法和消失點，從不同的角度和姿勢描繪人物。

儘管卡哇伊源於日本傳統美學，但圓山應舉和歌川國芳等熱愛動物的畫家，利用歐洲技巧和自身的覺知，使其更加深刻地發展。此外，在日本，即使是大師也樂於接受新的影響，這一點在接下來世界開始對日本的一切著迷時，為整個國家帶來了好處。[9]

日本主義與對日本的崇拜

日本文化長期以來喜歡小物品，同時也重視簡單和短暫之物。這一切的背後是對有趣和好玩的喜愛。許多文化都有這些偏好，但在日本，這些偏好融合在一起，讓可愛元素在其藝術中出現得比世界上其他地方更早。此外，日本的可愛元素在幾個長時間的和平時期蓬勃發展，各式各樣的創新帶來了新的流派，也探索了新的技巧。在江戶時代，西方知識慢慢滲透進來，催生了新穎的藝術技巧。來到十九世紀末，日本的卡哇伊開始影響可愛元素在北美洲的發展。

一八五三年，美國海軍的船艦駛入東京附近的港口，要求日本政府在貿易上讓步。日本政府別無選擇，只能開放國家邊境。日本是一個自然資源匱乏的國家，尚未工業化，因此依賴藝術家和工匠生產商品來外銷。從一八六〇年代開始，日本藝術品和裝飾品在十九世紀的歐洲掀起一股熱潮。

日本主義，也就是對日本的崇拜，始於莫內（Monet）、竇加（Edgar Degas）、梵谷（Van Gogh）、美國畫家詹姆士・惠斯勒（James Whistler）、法國畫家詹姆斯・蒂索（James Tissot）和奧地利畫家古斯塔夫・克林姆（Gustav Klimt）等人。一開始是流行浮世繪，接下來，日本的屏風、卷軸與和服也相繼獲得歐洲人的喜愛。莫內的家裡有許多日本風格的圖飾和繪畫。一八七六年，他畫了身著和服、手持扇子的妻子。後來的畫作《睡蓮》，直接受到日本繪畫的啟發。一八八八年，梵谷畫了一幅裝扮成佛教僧侶的自畫像。一八六九年，詹姆斯・蒂索畫了三幅年輕女性在欣賞他個人收藏的日本物品，像是和服與人偶。[10]

慢慢的，幾乎每位歐洲和美國的畫家，都被日本的美學所折服。他們注意到，歌川國芳的木刻版畫並沒有關注於深度和表面的細節，還有圓山應舉等人的自然主義，反而讓大自然充滿光線、動作、感覺和色彩；這讓西方畫家大開眼界。日本畫作展現的活力和趣味，幫助西洋繪畫從當時傳統又僵化的肖像和景物畫中解放。[11]

日本開始在風靡十九世紀末的國際展覽會（後來稱為「萬國博覽會」）上推廣產品，增加外銷量。各國在展覽中不僅會展出新科技和創新品，也會介紹其文化和藝術。一八七八年的博覽會後，一則評論寫道，在巴黎，大家瘋狂追逐日本文化，著迷於其藝術和設計中「巧妙、有趣、充滿驚喜和美麗的氣質」。[12]有十幾本暢銷著作的拉夫卡迪奧·赫恩（Lafcadio Hearn，註：後來他歸化日本，改名為小泉八雲），在談到日本時，形容整個國家精緻無比。他寫道，在日本，「逸品和精美小物的數量之多，讓你眼花繚亂。」[13]

對日本的崇拜始於藝術家和知識分子，但透過展覽、歌劇及書籍的傳播，歐洲與美國龐大的中產階級也開始迷戀日本。女性在室內裝飾上越來越有決定權，而折扇、瓷器和玩偶迎合了這種全新的消費文化。[14]展覽會上的展品，其實也是商品。隨著日本生產

◀圖 4.4：松木文恭（Bunkio Matsuki）《日本藝術品型錄》的封面。

▼圖 4.5：松木文恭的波士頓商店的白兔標誌。

越來越多不同價位的藝術品，許多城市很快就開設了專門出售日本藝術品的商店。在心花怒放的西方人眼中，日本被視為令人好玩的奇幻異國，但日本也毫不猶豫地利用這個形象，來追求經濟繁榮。[15]

一八九五年，一位名叫松木文恭的日本商人在波士頓開了一家名叫「白兔」的商店，店內販賣兩萬多件進口藝術品和居家用品。[16]一九〇四年的目錄封面中，一位日本男畫家正在畫兔子，兔子活了起來，真的躍然紙上。這個封面的風格讓人想起十二世紀的《鳥獸人物戲畫》。

我喜歡上面微笑兔子標誌的簡約風格。這個標誌出現於一八九九年，而且被印在與松木商店有關的所有印刷品上。[17]

一九〇四年的這本目錄，顯示商店中販賣著畫筆、墨水、模板和設計書籍等物品，讓松本的客戶（大多數是中產階級女性）能夠自創自己的日本風格設計。[18]這樣一來，像兔子標誌這樣的可愛圖像，宛如藝術靈感一般，進入了美國家庭。

然而，對日本的崇拜滲進西方消費文化的每個角落時，也出現了刻板印象，把日本人當作其纖細藝術的延伸。法國小說家暨海軍皮耶．羅逖（Pierre Loti）在一八八七年出版的回憶錄《菊夫人》（*Madame Chrysanthème*），是義大利歌劇大師普契尼（Giacomo Puccini）的歌劇作品《蝴蝶夫人》（*Madame Butterfly*）的靈感來源。在皮耶．羅逖的筆下，日本人什麼都小。作者與長崎一名十八歲的女孩「暫婚」。他付錢給女孩的家人，讓他在留日期間能夠與女孩住在一起。皮耶．羅逖在買來的太太的陪伴下，多次將這個女孩和她的朋友形容成「小日本娃娃」和「跳來跳去的小狗」；這個國家到處都是微笑的「小男人和小女人」，看起來「像小猴子，像小瓷器」。事實上，「小」這個詞在書中出現了三百五十七次。這種居高臨下的種族主義在當時並不罕見。《菊夫人》非常暢銷，皮耶・羅逖的回憶錄在五年內就以多種語言出版了二十五個版本。[19]

普契尼的《蝴蝶夫人》，以及英國維多利亞時代幽默劇作家吉伯特與蘇利文（Gilbert and Sullivan）的《日本天皇》（*The Mikado*），掀起了二十世紀初以日本為主題的戲劇製作。日本人的角色幾乎都是由白人演員來扮演，再畫上「亞洲」妝容。美國女演員布蘭琪・貝茲（Blanche Bates）觀察她的日本女僕，揣摩日本女性走路、端坐和搧風的樣子，來模仿她所謂「藝伎賣弄風情」的姿態。[20]有關日本女性的刻板印象種類繁多，有堅忍和順從，也有單純、甜美和性慾上的懵懂無知。[21]我們之後會看到，最後一點尤其影響深遠，從洋娃娃到兒童演員，例如美國童星秀蘭・鄧波爾（Shirley Temple，又譯雪莉・譚寶），這類女孩子氣的可愛，都與其相關。

當時的記者提到，自認自己聰明、自信、機智的年輕美國女性，卻喜歡看到舞臺上有這樣的角色。[22]藉由扮演各種形式的女性氣質，白人女性得到解放；她們跟隨流行的日本女性想像，穿起和服、化妝成「日本人」，成為一種全國時尚。[23]以日本為主題的大學和業餘戲劇表演很多，打扮成日本人參加化裝舞會和拍照留念，也很受歡迎。[24]

布蘭琪．貝茲說，她把日本角色演成「嬌小、不成熟的童女」。[25]這種認為日本人嬌小可愛的刻板印象，非常普遍。一八九三年，日裔美籍作家凱瑟琳．玉川（Kathleen Tamakawa）對於自己總被認為是「可愛的小日本人」和「日本娃娃」，表達出她的不滿。[26]她記得，那些覺得她可愛的人，都會介紹她是「日本小女士」，儘管對方比她矮很多。她寫道：「**聽到他這麼說，難道我要有禮貌地自動縮起來嗎？**」[27]

十九世紀末和二十世紀初，可愛與看待亞洲人的方式之間，並沒有什麼正向的關聯。另一位可愛文化研究學者兼坂艾莉卡（Erica Kanesaka）本身就是日裔美國人。她從個人經驗中認識到，可愛如何成為一種刻板印象。她指出，二十世紀初，從娃娃到和服等日本進口商品，讓美國人能夠按照自己的方式，將具有異國情調的「東方」置入居家生活。然而，在日本兒童和婦女被形容為「可愛」的同時，對應的是當時席捲美國的種族歧視：「黃禍」（yellow peril）。[28]

起初，只有成年男性從亞洲來到美國工作。當女性開始到來時，媒體開始鼓吹「未同化」的亞洲移民會推翻白人統治，白人至上將不復存在。兼坂艾莉卡找到了一張一九二〇年《舊金山觀察家報》（*San Francisco Examiner*）的照片，剛好反映了這種種族焦處。照片是兩名國會議員和一名亞洲小孩，標題寫著：「可愛，卻是黃色」。底下文字表示，這個孩子代表「加州害怕東方洪水的主因」。[29]

從兼坂艾莉卡的研究看來，我認為，那些害怕「黃禍」的白人，把日本兒童和婦女的可愛，看成是會引起同理心的元素。然而，由於美國白人拒絕讓亞洲移民成為美國社會的一部分，他們對這種可愛抱持懷疑的態度。諷刺的是，日本被廣泛認為是兒童的天堂。一八六三年，第一任英國駐日大使阿禮國（Sir Rutherford Alcock）在回憶錄中，首次稱日本為「兒童天堂」。後來，前往日本的遊客也都這麼說，使得這種觀念很快就變成公認的事實。和自己的國家不同，遊客看到日本父母不會在公共場合體罰行為不端的孩子。他們看到日本女孩把弟弟或妹妹揹在背上照顧他們，這樣的可愛形象成為紀念明信片的熱門主題。[30]

如此的觀念逐漸擴大，變成「所有日本人（包括成年人）都像小孩一樣」。日本被認為到處都是天真、快樂的人民，過著貼近自然、隨處是美的生活。西方世界著迷於這種「東方伊甸園」的想像。[31] 這個觀念的形成並非偶然，當時西方國家正在重新思考童年的重要性，並希望回到一個更純真的時代。

長期以來，日本一直被認為是一個充滿可愛事物和可愛居民的國家。但現實狀況並非如此。二十世紀時，卡哇伊文化之所以興起，與美國可愛美學崛起的背後因素類似。例如，工業化經濟需要更多受過教育的工人，而普及教育的引進，使得美國和日本都出現了新的青年文化。在日本，女性教育的出現大大影響了卡哇伊文化的傳播。

浪漫女學生的誕生

一八九九年，日本政府開放女性接受中等教育，讓識字率飆升。[32]在一八九五年，只有一．五％的女孩接受中學教育；到了一九四〇年，這個比例已經上升至二十二％。[33]

這段時期的日本迅速工業化。然而，讓女孩接受教育所帶來的文化影響，超出了政府的預期。對於戰前日本大多數的女孩來說，生活艱難。離開學校後，她們通常會結婚，但住到夫家後，經常被當作僕人對待，並且計較她們的生育能力。

義務教育制度為女性在童年和婚姻之間提供了一定的喘息空間，尤其是如果她們住在學校附近的宿舍的話。[34]於是，童年和成年之間的這段時期，形成了一種獨特的少女文化。日本新的教育體系區分男女這一點，也有關係。[35]

這些識字、會讀書的新一代女學生，閒暇時夢想更美好的未來。她們的生活型態，奠定了現代卡哇伊文化的基礎。新類型的少女小說和畫刊雜誌發行全國，推動了這種新文化。

這些故事或雜誌圖片並不是描繪鄉下小校舍的生活，其內容大多是只有上層和中產階級家庭才負擔得起的私立學校，以及在那裡就讀的女學生。[36]「少女」這個新詞，暗示了上層階級優雅的舉止。[37]來自其他社會階層的女孩，夢想著這些獨特的女子學院提供的精緻。在學校的圍牆內，學生與世俗隔絕，父母的資助讓她們過得悠閒。有一位作者從小就特別喜歡雜誌上的這些故事，日後也開始撰寫類似題材的作品，想像這樣的生活。

作家吉屋信子，一八九六年出生於一個傳統的武士家庭。在農村長大的她，沒有機會透過電影或戲劇接觸到廣闊的世界。她寫道：「也許是因為我沒有機會尋求這樣的樂趣，一本便宜的女孩月刊激發了這個女孩的熱情，讓她無比快樂。」[38]

吉屋信子珍藏的雜誌插圖中，包含了「像〈玩偶的宴會〉這樣迷人的標題，還鑲有適合每個月的花卉圖案」。[39]

高中畢業後，吉屋信子不顧家人的反對，搬到東京，開始為激發她熱情的雜誌寫故事。她是日本第一批少女小說作家，並被譽為是這個流派的開創者。[40] 一九三五年的一則作家簡介宣稱，「沒有哪個女人不知道吉屋信子是誰」。[41]

吉屋信子的《花物語》系列，包含了五十二個故事，圍繞在兩位女學生之間的友誼。這類型的作品被稱為「S關係」，其中S代表英文的「姊妹」，成為一種流行。[42] 吉屋信子排除了男性，聚焦在自我創造的女孩世界及其審美價值，這是一個沒有家務也不用育兒的浪漫世界。

吉屋信子的抒情風格，為年輕讀者提供了一個理想的少女世界。她的散文夢幻傷感，充滿了各式各樣色彩、香味和聲音的感官意象。她的風格在日語中被稱為「ひらひら」（讀音為hirahira），這是一個擬聲詞，表達一種飄逸的感覺，像是蝴蝶翩翩飛舞或飄落的櫻花花瓣。[43] 吉屋信子也和同樣知名的插畫家合作，讓女子寄宿學校的浪漫故事躍然紙上。吉屋信子提供背景和情節，插畫家創造了畫面，進一步發展了卡哇伊文化。

啟發吉屋信子的女孩雜誌，在二十世紀初期激增，成為一個提供女孩創作和主動參與的全日本平臺。她們積極投稿，讓雜誌專欄刊登自己的評論、個人經歷、圖畫和詩。[44]

透過這種方式，雜誌幫助各個階層的女孩形成了一種新的、共同的身分認同。[45]

這些藝術家、插畫家、設計師和作家，同時身為讀者與作者，從回饋和互動中得到靈感，迎合並創造了女學生的卡哇伊世界。[46]他們用類似吉屋信子的夢幻風格來描繪女孩，為她們穿上最新潮的時裝。其中，有三位插畫家成為這場卡哇伊革命的關鍵人物：竹久夢二、中原淳一和內藤ＲＵＮＥ。

竹久夢二

在竹久夢二（1884-1934）的畫中，優雅的女孩凝視著遠方，彷彿正在做白日夢。這是一九一〇年代的標準少女形象。竹久夢二才華洋溢，但未曾受過正統訓練。他創造了一種個人風格，使用長睫毛和眼妝等西方元素，來強調描繪對象的善感。[47]他描繪的女性臉孔，尤其是大眼睛和高挺的鼻子，截然不同於平安時代《枕草子》以來，在藝術中描繪女性的傳統方式。[48]竹久夢二筆下的女性打扮開始大為流行，一九〇〇年代初期，越來越多女性模仿他筆下的人物並出現在街頭。[49]

作家室生犀星這樣描述了在公共場合看到的那些年輕女性：「她們的眼睛好大，她們的臉為新的舞臺做足了準備。她們開始夢想。這些年輕女孩的眼睛像螢火蟲一樣閃閃發光，迎來了革命的新曲，改變了日本女孩的歷史。」對室生來說，這些女孩代表了轉變：從舊有的被動女性氣質，變成準備撼動日本僵化性別想像的現代女性。[50]

竹久夢二用「かわいい」（卡哇伊）一詞稱呼自己的設計，讓這個詞變得流行。[51]一九一四年，他在東京開設了一家商店，銷售自己的系列產品，包括信紙、扇子、圍巾、雨傘和娃娃。他異想天開的設計很受年輕女性的歡迎。這些商品混合了熟悉的日本圖案與當代歐洲元素（如撲克牌或音符）。[52]商店的標誌是一艘乘風破浪的船，鳥兒在上方飛翔，暗示著有異國情調的進口商品。傳單上，這個標誌旁就是「かわいい」一詞。[53]

他不僅為雜誌畫插圖，也在雜誌中廣告自己商店的商品。這位很會做生意的藝術家，為女孩提供了複製竹久風格的機會。[54]竹久夢二是最早創建個人品牌的藝術家之一。這些商品不只是在雜誌中看得到，還可以購買，讓女孩把竹久夢二的卡哇伊融入生活。[55]

中原淳一

幾十年後，中原淳一（1913-1983）也因為插圖而廣受歡迎，這些插圖與吉屋信子等作家的故事，一起出現在女孩雜誌上。和竹久夢二一樣，中原淳一的作品結合了日本傳統和西方元素，但他更放大了女孩的眼睛，在眼珠中置入璀璨亮光以增加深度，厚厚的眼瞼和眉毛讓雙眼更加生動有神。[56]

此外，中原淳一同樣也反映了少女文化的趨勢，並且創造新的潮流。他也設計時裝；其插圖中的少

◀圖 4.6：中原淳一在一九四一年為《少女之友》雜誌繪製的封面插圖中，一位身穿傳統浴衣、留著西式髮型、打著蝴蝶結、表情夢幻的年輕女孩。

女，看起來就像是穿著最新款時裝的模特兒。中原淳一在青少年時就製作過法式娃娃。[57]他畫的少女，眼睛看起來像玻璃娃娃一樣閃亮。[58]

儘管中原淳一曾經一度不再流行，但在戰後，他的風格重新受到矚目，使他成為後期卡哇伊美學發展中，一位非常有影響力的人物。在東京高檔的廣尾地區，仍然有一家專門銷售中原淳一作品的商店。我到那裡時，看到一位老顧客花了好幾百美元。一位售貨員告訴我，他們的顧客大多是八、九十歲的女性，她們從小就是中原淳一的粉絲。就在她向我解釋的同時，幾位二十多歲的年輕女性走進商店，驚歎著：「這是什麼？太可愛了！」她們從未聽說過中原淳一，但被商店櫥窗裡可愛的設計吸引進來。

中原淳一的吸引力跨越世代。他的插圖影響了日本戰後主要的幾位時裝設計師，也是少女漫畫發展的關鍵，為卡哇伊文化樹立了新的標準。[59]

內藤 RUNE

第二次世界大戰讓日本幾乎只剩下廢墟，有段時間，下一頓飯比可愛的東西更重要。

但隨著國家經濟開始復甦，卡哇伊文化也復興了。一九四八年，中原淳一創立了《向日葵》（ひまわり），這是日本戰後第一本針對年輕女孩而推出的雜誌。這本雜誌抓住了內藤 RUNE（內藤ルネ，1932-2007）的目光。當時，內藤 RUNE 十六歲，夢想成為一名插畫家。他開始主動寄作品給中原淳一，並在三年後被聘用。內藤 RUNE 的設計在接下來的幾十年間，對卡哇伊文化產生重大影響。與竹久夢二相同，他也常用「卡哇伊」來形容自己的作品，加速了這個詞的流行。[60]

內藤的風格包括了大眼睛、短短的小臉、粗輪廓和鮮豔的色彩。他減少設計的細節，運用了可以追溯到《鳥獸人物戲畫》的日本悠久傳統美學，以聚焦於卡哇伊效果。他還畫了頭部比身體大得多的人物，這種風格現在在神奇寶貝和各種漫畫人物的身上都看得到。與竹久夢二和中原淳一筆下多愁善感的女孩不同，內藤的美學迷人且充滿活力，而且他的主題大部分都來自西方。[61]

▲圖 4.7：內藤 RUNE 在一九七一年設計的 RUNE 熊貓。

與之前的竹久夢二一樣，內藤RUNE也是「可愛小物」行業的先驅，利用可愛的設計，把文具或陶瓷等物品裝飾得不單調。[62]他在職業生涯中，共發表了一萬多種設計，其中最著名的「RUNE熊貓」，是他在一九七一年參觀倫敦動物園後設計的作品。那時，幸運之神剛好降臨：東京動物園在隔年收到了第一隻熊貓。熊貓熱潮於是席捲了日本，RUNE熊貓風靡全國。幾年後，一家名為三麗鷗的公司推出了專屬自家「可愛小物」的角色，他們稱之為Hello Kitty（凱蒂貓）。

RUNE熊貓的可愛，有一部分原因是因為看起來很年輕。我們在前幾章提到，康拉德．勞倫茲的嬰兒圖式認為，人類和動物在幼年時期有一組共同的外表特徵。如果小時候的特徵持續到成年，就是所謂的「幼態延續」（neoteny）。這是一種生物現象，在馴化動物和人類身上都有。我們可以說，「幼態延續」是可愛的生物學術語。

可愛文化史與幼態延續以有趣的方式連結在一起。研究幼態延續的外表，可以讓我們在流行的可愛圖案（像是泰迪熊和米老鼠）中，發現一些讓人吃驚的趨勢。同時，也會讓我們看到，可愛對於人類物種的演化，極為重要。

Chapter 05

逆向生長：幼態延續和神經嵴細胞

距離東京只有幾個小時路程的伊豆半島，有壯麗的岩石海岸線、溫泉、新鮮的生魚片，以及一座泰迪熊博物館。我實在太幸運了！我剛剛寫完關於泰迪熊的文章，很想查證我讀到的一項資訊：幾十年來，泰迪熊的外表似乎越來越年輕。一開始是成年的熊，後來逐漸逆向生長，變成小熊。也有確切的證據支持這個理論。動物學家羅伯．亨德（Robert A. Hinde）和萊斯．巴登（Les A. Barden），在英國劍橋郡民俗博物館（現為劍橋博物館）的一場展覽中，仔細觀察了泰迪熊，發現後來的泰迪熊額頭較大，鼻吻較短，就如同康拉德．勞倫茲的嬰兒圖式。早期的熊則跟成年的熊一般，額頭較扁，鼻吻較長。[1]

絨毛泰迪熊

在泰迪熊發明之前，熊被用來製作嚇人箱以嚇唬小孩。早期的泰迪熊也通常配有發出咆哮聲的音箱。[2]在亨德和巴登檢視的樣本中，最早的一隻是一九〇三年的泰迪熊，它甚至還戴著嘴套。[3]我一邊讀這些資訊，一邊想著：這些早期的熊有點像古代人眼中的小孩。就如前文提過的，從前的社會認為小孩是個未社會化的原始人（其行為應受懲罰），後來則視小孩為可愛的小頑皮，其惡作劇行為會被縱容。所以，我以為自己能在第一批泰迪熊身上，發現一些野性。不過，在伊豆的泰迪熊博物館，我見到了「泰迪女孩」，這是館方在一九九四年於一場拍賣會上購得的一隻早期泰迪熊。

這隻泰迪女孩由德國絨毛玩具公司 Steiff 於一九〇四年製作，是鮑勃．亨德森（Bob Henderson）上校的終生伴侶，他無論到哪裡都帶著這隻熊，包括一九四四年的諾曼地登陸。泰迪熊的起源，通常被認為是報紙報導了老羅斯福（Teddy Roosevelt）在一九〇二年的一次狩獵中，放過了一隻小熊，給了兩位布魯克林企業家靈感，在次年開始製造和銷售泰迪熊。然而，Steiff 公司聲稱，一九〇二年，他們設計了帶有活動關節的馬海毛（mohair，註：安哥拉山羊身上的被毛）小熊，才是世界上第一隻填充小熊。[4]

無論絨毛熊的起源是在美國或德國，它們很快就被稱為「泰迪熊」。這些絨毛熊的比例都很相似，包括長鼻吻和扁額頭。羅伯．亨德和萊斯．巴登的研究，讓我以為早期的熊看起來比後來的熊更像野獸。泰迪女孩確實有窄鼻、扁額頭、長手臂和大腳，但她的肉桂色絨毛在一百二十年後仍然蓬鬆，一雙大耳朵襯托出一張充滿個性的臉。博物館裡有一張照片，是她坐在年邁的亨德森上校身邊，很容易理解為什麼他一輩子都帶著這隻

◀圖 5.1：「泰迪女孩」是一隻一九〇四年的絨毛熊，與後來的熊相比，外表較為成熟。

可愛的熊——無可否認，她很可愛。

泰迪熊往往不像洋娃娃那樣會區分性別。例如，「泰迪女孩」原本被稱作「泰迪男孩」，但某天晚上，亨德森上校的女兒為那隻熊穿上了一件褶邊連身裙，幫熊改了名字。柔軟的絨毛熊是二十世紀初的發明；玩具動物以前是用木頭製成的，或是以毛氈當作材料。由於絨毛熊沒有像洋娃娃一樣連結陰性氣質，泰迪熊變成了送給男孩的禮物首選。小男孩抱著泰迪熊的照片，讓人可以同時欣賞男孩和絨毛熊的可愛，很快就成為一股時尚潮流。[5]

關於泰迪熊博物館的各項展品，我可以寫上好幾頁。泰迪熊特快列車是真人大小的火車車廂，乘客和服務員都是熊。旁邊有一個小型露天遊樂會，小熊在那裡騎著旋轉木馬。泰迪熊工廠是一座大型立體機械模型，在裡面，熊工人負責製造其他的熊，從縫紉到運輸一手包辦。二樓的展品更是別具一格。長長的走廊上有一座神社，裡面全是泰迪熊：它們穿著日本傳統的長袍在掃地並看守大門，門邊還有石熊，代替一般的狐狸陪著地藏菩薩。神社裡供奉一隻小泰迪熊。走廊的盡頭是一排小吃攤，裡面有熊在做棉花糖等零嘴。整個博物館設計精良，雖然有點瘋狂。每個來參觀的人，全都不斷驚呼著：「卡哇伊！」

我在博物館裡也看到比較晚期的熊，顯然前述的兩位動物學家是對的：泰迪熊的外表確實越來越年輕。既然泰迪熊從出現的那一刻就很可愛（儘管一開始是成熊），我不確定為什麼它隨著時間越來越像幼熊。事實證明，米老鼠身上有這個問題的答案。[6]

麻煩的米老鼠

米老鼠是美國的象徵，全世界都認識他。他溫柔而天真，吸引力跨越階級和國界。[7]然而，在一九二八年的動畫片《汽船威利號》（*Steamboat Willie*），米奇首次在銀幕上亮相時，他頑皮狡猾，喜歡玩弄別人。他朝汽船船長吐口水、扮鬼臉，把一桶水潑到一隻嘲笑他的鸚鵡身上，然後用鉤子勾住米妮的內衣，把她拖上了船。當一隻山羊吃掉米妮的烏克麗麗後，米奇和米妮把山羊的身體當作唱盤，轉動山羊的尾巴來播放音樂，這讓米奇想到要用其他動物的身體來演奏。他拉著貓的尾巴，讓貓的叫聲跟上節奏，最後把貓扔到一邊；他擠壓鴨子的身體，讓鴨子跟著節拍叫；他拉著小豬的尾巴，讓小豬的聲音加入歌曲中；然後，他用類似木琴槌的鐵鎚敲打牛的牙齒和舌頭。最後，船長罰米奇剝馬鈴薯。之前的鸚鵡飛來嘲笑米奇，他朝著鸚鵡扔了一顆馬鈴薯，把鸚鵡打到河裡，米奇瘋狂大笑，影片結束。

儘管孩子著迷，但家長非常擔憂早期米奇表現出的無禮和暴力。一九三〇年代初期，他們寫信給迪士尼，抱怨米奇給他們的孩子一個不好的榜樣，他們希望看到一個比較友善的角色。於是，迪士尼工作室把這隻備受歡迎的老鼠，變成今天無害的「美國男孩」。[8]

這些年來，米奇的行為不是他身上唯一發生改變的地方。演化生物學家史蒂芬．古爾德（Stephen Jay Gould）在《汽船威利號》發行五十年後，再次觀看電影時，驚訝地發現米老鼠的外表也有了重大變化。米奇的行為變得成熟，但他的外表卻變得像小孩，這個相反的發展，古爾德稱之為「逆向成長」。[9]

史蒂芬．古爾德在〈對米老鼠的生物學致敬〉這篇文章中，描述了他如何量測米老鼠，取得米奇越來越年輕的證據。他發現，在五十年間，米老鼠的頭和眼睛變大，而腿和腳則變得短而粗壯。頭蓋骨變得凸出，鼻吻後縮。米奇的變化，複製了幼態延續的生物過程，也就是幼年特徵一直保留到成年。換句話說，米奇逐漸變得類似康拉德．勞倫茲的嬰兒圖式，呈現出相符的特徵。消除米奇個性中的狡猾，是一連串調整的第一步，顯示迪士尼的動畫師逐步重新設計這隻著名的老鼠，直到米奇變得可愛且無攻擊性。[10]

史蒂芬．古爾德的這篇關於米老鼠幼化的文章，啟發了羅伯．亨德和萊斯．巴登去測量泰迪熊，以檢驗古爾德所謂的「不相關物種的平行演化」理論。那麼，是什麼原因讓米老鼠和泰迪熊越來越年輕，甚至出現幼態延續呢？

幼態延續的外觀，包括了大而圓的頭和眼睛，以及短且圓嘟嘟的身體。這些特徵伴隨著動物在社會化期間所展現的童稚，例如好奇心、開放和平易近人。這些特徵與二十世紀初美國文化中的兒童密切相關。那時候，報紙開始連載漫畫，其中的人物大頭、大眼睛、身材矮小。隨著可愛風潮興起，這一系列幼少特徵和行為，變成畫家與設計師創作公式的一部分。

米老鼠、泰迪熊和連環漫畫的演進，顯示了文化上的轉變，從頑皮的可愛轉向甜美青春的可愛。沒有證據顯示這種轉變是有計畫的。泰迪熊的設計師、迪士尼動畫師和報紙編輯，似乎都無意識地遵循了嬰兒圖式，來迎合大眾的喜好。

史蒂芬．古爾德說，我們把自己覺得小孩可愛的地方，移轉到動物和卡通人物身上，其實是基於一種「生物錯覺」（biological illusion）；照理說，我們應該只會對相同物種的年輕成員有這種反應。[11] 康拉德．勞倫茲對這一點也是抱持同樣的看法。他的嬰兒圖式旨在表明：可愛太過氾濫，讓我們以為任何具有幼兒特徵的東西都是可愛的。

但我認為，可愛的意義遠不止於此。我們能夠將可愛情感的溫暖光芒包覆在兒童、動物和虛構角色上，這絕對不是一種缺陷，而是人類機制的一個特徵。儘管史蒂芬．古爾德對可愛的概念可能過於狹隘，但他對幼態延續的關注將幫助我證明可愛在人類演化中的重要性。

史蒂芬．古爾德的論文標題是「對米老鼠的生物學致敬」，但他並不認為像米奇這樣的可愛文化產品，與演化生物學之間有任何關係。他的論點是：日益年幼的米老鼠，與人類物種有類似的演化轉變。換句話說，長時間下來，我們也越來越可愛。現在的成年人，跟成猿相比起來，反而比較類似猿寶寶。當然，我們隨著成長而發生變化，但在人類身上，這些變化不如猿猴或馴化物種的野生祖先那樣的全面。史蒂芬・古爾德發現，人類因為成熟期較長，除了保留幼年特徵外，還有一些行為會持續到成年。

行爲上的幼態延續

人類是所有哺乳動物中，幼態延續最明顯的。我們是一種學習動物。比起其他物種，幼童需要更長的時間才能發育；演化的結果是人類需要學習才能行動，無法單憑本能。發育的延遲，使得我們的大腦變得更大、更複雜。這也意味著，為了生存，人類需要成年人長期的照顧和指導。[12] 事實上，我們為兒童提供的長期照顧，有很多好處。較長時間的學習，使我們能夠獲得新技能，並探索周圍的世界，在社交、語言或情感上塑造我們的認知。[13] 這種認知發展並非侷限於童年，而是一輩子的過程。

就如同許多哺乳動物，人類在小時候最可愛，具有勞倫茲之嬰兒圖式的幼少特徵。

儘管此後這些特徵會逐漸消失，但即使是成年人，也比其他已經成熟的哺乳動物，看起來更為幼稚。這一點早已為人所知，但直到最近還是沒有令人信服的理論，來解釋人類保留一些幼態外觀的重要性。不過，在另一方面，行為上的幼態延續，長期以來被認為對人類的演化至關重要。

前文提過，康拉德・勞倫茲認為，人類會在小動物和洋娃娃身上看到可愛特質，是源自一種讓我們主動去養育孩子的演化機制。但是，他也堅信，人類在行為上展現幼態延續，讓我們在成年後仍保持探索和創造的能力，促成了人類演化的關鍵。勞倫茲引用「老狗學不了新把戲」這句俗語，指出以好奇心著稱的每個物種，其個體都會隨著年齡的增長而失去這樣的特質，除了人類。[14] 他認為，人類是「什麼都會一點的專家」。史蒂芬・古爾德把這個想法帶向一個非常有趣的方向。

外表和行為的幼態延續，兩者之間是否有連結，我們尚不清楚。科學家傾向於認為後者比較重要。但古爾德認為，幼態延續是人類演化中非常明顯的特徵，我們應該同時考慮這兩個方面。[15]

史蒂芬・古爾德是冷戰時期的學者。那時，西伯利亞狐狸的馴化實驗尚未廣為人知。

儘管古爾德知道，所有馴化動物都比其野生祖先更容易出現幼態，但狐狸實驗讓我們看到了這個過程是如何運作的。馴化的西伯利亞狐狸在長大後，仍保留著幼年的特徵和行為。似乎只要選擇「友善」這個單一特徵，就可以帶來一連串既青春又可愛的變化。

我們稍後會看看這是如何發生的。現在，讓我們透過文化的角度，來審視外表和行為上幼態延續的連結，討論為什麼友善和可愛會有關係。我們回到日本，看看漫畫界最著名的漫畫家：手塚治虫。

「漫畫之神」：手塚治虫

華特・迪士尼（Walt Disney）是二十世紀美國文化中可愛元素的主要傳播者。據說，他在每位動畫師的桌上都貼了一張紙條，提醒他們：「記得可愛！」[16] 但要比可愛，日本大師的程度遠超過迪士尼電影。這位大師是被尊稱為「漫畫之神」的手塚治虫（1928-1989）。

前文已經提過，有些人把漫畫的起源追溯到十二世紀的《鳥獸人物戲畫》。在江戶時代，「漫畫」一詞指的是畫家速寫本中不相關的草圖集。著名版畫藝術家葛飾北齋（約1760-1849）出版了十五卷這類的素描，主題包括臉部表情、動物和植物、半人怪物和神話生物，其中許多都充滿諷刺幽默。葛飾北齋的漫畫大大影響了莫內、竇加、高更（Gauguin）和羅特列克（Henri de Toulouse-Lautrec）等藝術家。這些漫畫於一八五六年出現在巴黎，實屬偶然，也許是被當作盛裝瓷器之箱子的填充紙。[17]

現代漫畫的靈感來自於一九一九年，一位日本報社記者從美國帶回了連環漫畫。[18]到了一九三〇年代，大量美國和日本的漫畫與卡通人物，都有年少可愛的外表。

在這樣的環境下，手塚治虫從小學開始畫自己的漫畫。男孩間常常藉由畫漫畫來取笑他們的同學和老師。被抓到的話，通常這些漫畫會馬上被沒收，但手塚治虫是個罕見的例外。十一歲的時候，他的作品受到老師和同學的熱切期待。我在東京一家博物館裡看過他學生時期的作品，他在這麼年輕的時候就能在畫作中注入活力和個性，實在讓人驚歎。

戰後，手塚治虫放棄從醫，成為全職漫畫家。與華特．迪士尼不同，他創作了自己的故事。他不迴避暴力主題，但一定會讓自己的漫畫看起來很可愛。手塚治虫是日本卡哇伊往往比美式可愛更顯稚嫩的原因。他逐漸加大了額頭和眼睛，讓臉頰凸出，身體變得更圓，直到他的角色比啟發他的迪士尼角色還要可愛。[19]

手塚治虫的原子小金剛，可說是日本最具代表性的角色，地位相當於米老鼠。[20]他是個機器人男孩，心臟是核反應爐，大腦是電腦。他的個性溫和無私，長得稚嫩。在手塚治虫的故事中，小金剛是科學家為了取代逝去的兒子所創造出來的。科學家意識到他的機器人兒子永遠不會長大，於是把他賣給了馬戲團，但小金剛從未動搖，一直保衛著人類和機器人世界。他領導了一場機器人抗爭，為機械生物贏得了自己的權利法案。他也建立了一個由機器人和人類共同工作的社群，來繼續對抗不公不義。

小金剛這位高科技超級英雄，雖然有力量，但也有天真可愛、永遠不會長大的外表。他總是樂於幫助有需要的人，至今仍是一位全國偶像。[21]與手塚治虫筆下的其他角色一樣，他代表一種孩子般的純潔，給日本一個機會，能把帝國思想和戰爭留在過去。手塚治虫把主角變得可愛，提供了另一種男性氣質，來取代日本法西斯帝國主義之下的陽剛和功利主義。[22]

手塚治虫能夠做到這一點，不僅僅是因為角色的外表。事實上，可愛的角色以前曾經以完全相反的方式，被用來鼓吹法西斯或帝國主義。例如，一些戰前的日本動漫，曾經將殖民地人民描繪成可愛的動物，樂於幫助日本人建造飛機跑道或軍事基地。[23]

雖然小金剛看起來像個小孩，但在手塚治虫漫畫中的敘述卻一點也不幼稚。孩子氣的特徵，讓小金剛在行事上也可以是少年的樣子，和故事中理應成熟卻爭權奪位的大人，形成強烈的對比。

漫畫和動畫學者湯馬斯．拉馬爾（Thomas Lamarre）指出，《原子小金剛》是史蒂芬．古爾德「逆向成長」的完美範例。這個機器人男孩永遠不會長大，讓手塚治虫可以把少年的美德呈現成進步的價值。小金剛的可愛，顯示年少、弱小、無害不一定會輸給成年、強壯、力量。小金剛年少的天真和機器人身體，一樣可以很有力量。因為如此，拉馬爾認為，我們不應該將可愛視為僅限於勞倫茲之嬰兒圖式中的視覺特徵。可愛不只是關乎外表，還涉及行為。[24]

如果純真無邪是與可愛相關的唯一優勢，我們仍然會陷入浪漫主義的觀念中，即童年是一個逝去的伊甸園。然而，幼態延續也包括青少年的行為，如友善、好奇、認知的可塑性與彈性。將這些特質放到可愛的定義中，不僅有助於解釋米奇和小金剛等角色的流行，也為人類演化提供了另一種視角。

〈人類進化示意圖〉（The March of Progress）很有名，圖解了人類演化的假定階段。左邊是一隻猿，指關節觸地。右邊是各階段的原始人，每個都站得更直、更高一些。最終演化成智人，大步邁向光明的未來。這種線性且漸進的演化觀念，在科學界已經受到質疑，但在文化中的影響力仍歷久不衰。不過，幼態延續挑戰了所謂「成熟就是進步」這樣的觀念。

米老鼠、泰迪熊、馴化動物和人類，都出現幼態延續的情況。手塚治虫的小金剛也顯示，幼少特徵持續到成年期，有潛在的好處。一開始，這看起來只是對可愛的偏好，現在似乎隱藏著深刻的意義。接下來，我們關注幼態延續其中一個和可愛很有關係的特徵，來探索這些意義。

人類的眼白

手塚治虫利用幼態延續的一個關鍵技巧，在於他筆下人物的大眼睛。大眼睛是早期報紙漫畫和迪士尼動畫中，可愛角色的一個特徵，但手塚治虫更加突出這一點。更多眼白的大眼睛，不僅可愛，還能展示角色的感受，來吸引讀者的注意。手塚治虫這項技巧的背後，也有合理的生物學原理。

無論是貓咪神祕的雙眼，還是狗兒深情的眼睛，瞳孔外都有顏色。人類是唯一擁有白色鞏膜（眼球周圍的外層）的物種。[25]與其他靈長類動物相較，我們的眼睛特別長。[26]這些差異非常有用。首先，這讓我們的眼睛更加明顯。當我們直視前方時，人眼中可見的白色鞏膜區域，是猩猩棕色鞏膜的三倍大。[27]其次，我們從小就被眼白所吸引。兒童和成人都喜歡帶有白色鞏膜的絨毛動物。[28]懂得如何跟隨他人的目光，對於社會認知的發展也非常重要。實驗發現，大猩猩比較會注意頭部的動作，而不是眼睛的動作，但人類嬰兒幾乎完全跟著別人的眼睛觀看四周。[29]此外，七個月大的嬰兒，就算還未意識到，但已經能從他人眼白中閃現的訊息（例如恐懼的目光）做出反應。[30]

長大後，眼睛代表我們在群體中的存在。研究人員把一張眼睛的圖案，貼在辦公室咖啡機的「自助投幣箱」後，發現人們多投了將近三十％的錢。[31] 根據一種稱為「視覺合作假說」（cooperative eye hypothesis）的理論，[32] 白色鞏膜之所以出現，是因為人類需要加強社會互動，相互關注和合作。[33] 其他動物沒有白色鞏膜，是因為這會讓獵食者太容易看到。而人類必須有，是因為溝通的好處超過了可能的危險。或許這的確是偶然的突變，但產生了更廣泛的牽連。

有一項新理論把白色鞏膜置於馴化症候群的框架內；馴化症候群是被飼養的動物身上常見的一系列身體和行為特徵。[34] 這可能聽起來很奇怪，畢竟人類是唯一擁有大片眼白的動物。但馴化的動物，像是狗、貓、馬、牛，經常有毛色部分轉白的特徵，無論是臉上出現白痕，還是腳上像是穿了白色的襪子。或許，我們的眼白和寵物的白襪，背後是類似的生物機制。或許這回答了達爾文關於馴化的一個問題：如果沒有人刻意選擇這些不同的特徵，這些特徵是如何出現的呢？但這個新假設不僅解釋了馴化動物之間的相似處，也為人類在動物王國中的地位，提供了完全不同的觀點。同時，也把可愛置於人類演化的核心。

神經嵴細胞帶來的變化

奧地利遺傳學家格雷戈爾．孟德爾（Gregor Mendel）的豌豆實驗顯示，一個基因可以產生黃色植物，而另一個基因會讓植物變綠色。但我們現在還知道，某些基因可以同時有多種作用。這些基因不僅可以控制身體的不同特徵，還可以控制發育的時間。這完全取決於這些基因控管身體的哪個部位。[35]

所有脊椎動物的胚胎，於受孕幾週後，在接下來發展成脊椎的地方，都會出現特殊的細胞。這些神經嵴細胞（neural-crest cells）是幹細胞的一種，會移轉到身體的各個部位，以協助不同表徵（trait）的發展。如果這些細胞的數量稍微減少、移轉延遲或增殖能力降低，會讓受其調節的許多特徵產生不同的結果。[36] 這些結果中，許多都與馴化症候群有關。例如，當這些細胞移動到動物的頭部、腿部和尾巴時，會促成黑色素的產生；反之，前額、爪子和尾巴尖上，就會出現白色的毛。對人類來說，就是眼白。[37]

神經嵴細胞也會影響耳朵和尾巴軟骨的發育。較少的細胞會導致耳朵下垂和尾巴變短、捲曲。下垂的耳朵常見於狗、豬和西伯利亞狐狸，但達爾文發現，這個特徵也可能出現在每種馴化的哺乳動物身上。[38]這些細胞也以類似的方式，影響了下顎和牙齒的發育：馴化動物在這些部位的神經嵴細胞較少，因此出現了小下巴、短鼻吻、扁平的臉和較小的牙齒。這些馴化特徵，同時也是幼態延續的特徵。[39]成年的狗看起來更像幼狼，而不是成年的狼，因為狼在成熟時會失去這些特徵，而狗則不會。因此，如果馴化動物像人類一樣出現幼態延續，而且是因為神經嵴調節的變化而如此，那麼人類也像狗和貓一樣，被馴化了嗎？

這理論有一個大問題：神經嵴細胞也會影響大腦的發育。如果太慢抵達或數量減少，大腦的發育就會減緩，最終使其變小。馴化動物的大腦比其野生祖先的更小，這個特徵與神經嵴細胞活動減少有關。[40]然而，人類的大腦很大。馴化動物和人類在外表上的幼態延續，相似點似乎到此為止，但我們也應該考慮人類頭骨的形狀。

人類頭骨最獨特的地方是其球形，讓我們的頭像一顆圓氣球。布萊恩．黑爾（Brian Hare）和凡妮莎．威廉斯（Vanessa Williams）指出，尼安德塔人（Neanderthal）的頭形像美式橄欖球。更往前回溯，直立人（*Homo erectus*）的頭像一塊麵包。[41]

人類嬰兒出生時，大腦只有成人大腦的二十五％，但大腦生長迅速，讓幼兒擁有勞倫茲之嬰兒圖式中又大又圓的頭。[42]神經嵴細胞會影響大多數顱骨的發育，讓人類的頭部呈現圓形。[43]此外，球形頭骨讓人類的大腦為接下來高階的認知和語言發展做好了準備。[44]

神經嵴細胞的影響不僅限於外觀。事實上，它對於控管壓力、恐懼和攻擊性的系統發育，也很重要。[45]神經嵴細胞轉移的延遲（可能是由於早期發育中血清素較多），會導致腎上腺變小，讓壓力反應降低。[46]血清素的增加，會讓性格平順友善，這是西伯利亞狐狸身上最先被注意到的變化。血清素增加除了表示馴化，可能也是造成馴化動物大腦萎縮的主因，同時帶給人類如氣球般的頭形。[47]

一些被認為是人類獨有的特徵，例如眼白和圓頭，似乎同屬於讓馴化動物比野生動物更友善、更可愛的系列特徵。神經嵴假說將外表上的幼態延續與這些社會行為連結起來。整體看來，可愛影響了人類及其飼養動物的演化。

二十世紀初的美國，突然開始流行結合外表的年輕稚嫩和行為的世故。二十世紀從一開始就被稱為「兒童的世紀」。在此熱潮展開之前，「可愛」這個詞獲得了現代意義。在繼續探討可愛如何影響人類演化之前，我們先回顧一下可愛在美國文化中的興起。

Chapter 06

可愛有了現代意義

「六歲孩子這樣說話，不是很可愛嗎？」這句話出現在提摩西．亞瑟（T. H. Arthur）一八四一年的短篇故事中。[1]十九世紀中葉，好笑的家庭軼事在雜誌上漸漸流行，有些文章中開始用「cute」（可愛）這個詞，來形容孩子早熟的行為。一八五六年，一封寫給《燈籠褲》（*Knickerbocker*）雜誌編輯的信，提到孩子「可愛的話語」。同樣的形容也出現在一八五七年的一期《女士文庫》（*Ladies' Repository*）中。[2]越來越多讀者投稿，分享家庭軼事。文學學者安潔拉．索比認為，這造成了一種循環，讀者會期待自己的小孩做出或說出類似雜誌中讀到的幼稚滑稽。[3]

儘管可愛美學從十九世紀中葉開始出現在流行文化中，但 cute 仍然僅限於描述聰明和新奇，尚未與外表連結在一起。《牛津英語詞典》（*Oxford English Dictionary*）將 cute 的現代用法，追溯到一八三四年和一八五七年，當時該詞首次被用來形容事物，而不是人。學者經常認為這些用法，尤其是一八五七年的例子：「多可愛的小襪子！」是這個詞的首次現代用法。[4]或許沒錯，但當時「cute」通常也被視為與「clever」同義。（註：clever 有巧妙、機敏、聰明等意。）《牛津英語詞典》例子中的小襪子，是娃娃的襪子，[5]製作精巧的東西可以用 cute 來形容，無論其外觀如何。

然而，這仍然是重要的一步，因為以前 cute（可愛）僅被用來描述詭計多端。到了一八七〇年代，這種情況開始改變。美國流行兒童刊物《聖尼可拉斯》（*St. Nicholas*）雜誌就是一個好例子。一八七〇年之前，該雜誌把「cute」當作「clever」的同義詞，用來形容笑話、把戲和老師。接下來的幾年，該雜誌也開始用 cute 來描述小東西的外觀，例如小鳥，還有兒童。

一八七二年，同類型的雜誌《我們年輕一輩》（*Our Young Folks*）中，有一篇故事描述一位五歲的男孩，醒來時發現他的嬰兒服不見了。母親為他穿上了一件「漂亮的格子夾克」，上面有白色褶邊和金色紐扣，配上馬褲和一個小蝴蝶結作為領帶。母親驚歎道：「他看起來多麼可愛啊！」[6]成年人喜歡為孩子穿上復古服飾，可以追溯到十八世紀的兒童肖像畫，但相隔了一百年，這樣的打扮才被形容為「可愛」。[7]

不久之後，以成年人為讀者的雜誌，接收了這種新用法，把「可愛」當成俚語使用。一八九〇年，《哈潑週刊》（*Harper's Weekly*）刊登了〈狗王國的君主〉這篇文章，主角是一位時尚的年輕女性；文章裡用了「可愛」這個詞來形容哈巴狗的臉。[8]

這個詞的現代含義的出現並非偶然。當時，流行文化中的可愛元素越來越明顯。

二十世紀初期，可愛美學以前所未有的方式蓬勃發展。

兒童的世紀

伊莉莎・李・福倫（Eliza Lee Follen）的詩〈（弄丟手套的）三隻小貓〉（Three Little Kittens (who lost their mittens)），以及莉迪亞・西格尼的〈關於你的貓〉（Concerning ye Catte），讓我們看到在十九世紀就有可愛的貓咪。[9] 接下來，可愛的貓咪越來越多。由於人們越來越能容忍調皮搗蛋，使得貓的正面形象在後來與兒童連結在一起。

十九世紀末，這個變化已經出現。維多利亞時代嚴肅的道德氛圍，開始演變成對童年的重視。在蒙田反對把兒童視為表演猴子的三個世紀後，兒童開始被認為是閒暇時光的重要角色，享受這種新型娛樂的方式也隨之增加。

費尼爾司・泰勒・巴納姆所推出的另一個噱頭，是拇指將軍湯姆（General Tom Thumb，本名為查爾斯・斯特拉頓〔Charles Stratton〕）和拉維尼婭・沃倫（Lavinia Warren）這兩位侏儒成親。這場婚禮於一八六三年舉行，引起了整個國家的關注。婚禮隔天，林肯總統接見了這對新婚夫婦。[10]《紐約時報》一篇關於該活動的文章，列出了群眾（估計約兩萬名女性）的讚美之詞。這場婚禮被形容為漂亮、優雅、美麗、女王般、迷人、親愛和美好，但其中並沒有用到「可愛」這個詞，但接下來發生的事情顯示，在流行文化中已經越來越習慣使用這個新詞來描述類似的場面。

過不久，美國各地城鎮開始舉辦各自的「拇指」婚禮，讓兩個孩子結婚。這些「拇指」婚禮非常繁瑣，一直到二十世紀都還有。一場活動中，可能有多達五十名兒童扮演不同角色，而成年人則在場邊觀看。[11] 關於婚禮所需的服裝和新人誓詞，還出版了指南。通常誓詞都是諷刺的反話，例如要新郎承諾做一些家務事。[12] 就像嬰兒秀，「拇指」婚禮給予成年人，尤其是女性，在公開場合也可以享受可愛的空間。[13]

從一八七〇年代開始，專為兒童表演的舞臺劇在大人間也流行起來。[14] 戲劇評論經常用一句話來形容：這類表演「適合所有年齡層的兒童」，這句話也是巴納姆的名言之一。[15] 嬰兒秀、「拇指」婚禮、舞臺上越來越多兒童角色等等，成年人把兒童視為值得欣賞的對象，既有娛樂效果又讓人懷念起童年。[16]

正如安潔拉·索比所說，擁抱兒童的可愛，讓成年人享受「新奇、情感釋放和公共娛樂」。[17] 然而，我們稍後會看到，要等到孩子的頑皮得到公開的讚賞，可愛美學才會正式起飛。[18]

一八八〇年至一九二〇年間，兒童占據了跨大西洋大眾文化的版面，讓作家把這種現象稱為「兒童崇拜」，並宣稱二十世紀是「兒童的世紀」。[19] 兒童這麼流行，部分反映了當時社會因消費主義而日益緊張的階級和種族關係，成年人為此焦慮之虞，認為童年遠離這樣的現實，兒童角色便成為了可以淡化這些緊張情勢的人物，在書本中或舞臺上讓大家一團和氣。[20]

新出現的美式可愛美學有種混亂的特質，把感傷與俏皮結合在一起。在「acute」（靈巧、敏銳）縮寫成「cute」（可愛）之後，所出現的一種柔和特質，成為其表達的關鍵。文學學者瑪拉・古巴爾（Marah Gubar）說，到了十九世紀末，兒童已被視為「集吸引力與魅力於一身，讓全世界駐足」。[21] 可愛的孩子被認為有能力成為溝通兩個世界的橋梁：大人和小孩之間、男女之間、貧富之間、黑人和白人之間。[22]

壓倒性的可愛可以融化人心，超脫社會既有的界線。這樣的想法在當時已經很普遍。在十九世紀和二十世紀初的種族議題上，「可愛」這種特質可以挑戰大眾觀念，也可以鞏固社會既有觀念，全憑運用的人如何操作。

哪個「種族」比較可愛？

許多人模仿巴納姆的嬰兒秀，而且明目張膽地展露種族歧視的態度。在巴納姆的規則中，明言嬰兒的評判標準，是看他們有沒有具備「真正美國最頂尖的原種」。他不允許黑人、亞洲人或美洲原住民嬰兒參賽。儘管他允許愛爾蘭和德國嬰兒參賽，但報紙文章的評論常常把這些嬰兒挑出來，用負面字眼評論他們濃重的口音和糟糕的衛生習慣。[23]

並非所有報紙都支持巴納姆。《紐約論壇報》（*New York Tribune*）刊登了一位讀者和巴納姆之間激烈的書信往來，最後以該報的一篇社論作結：「全國有一大部分人被排除在外，真的可以稱為全國嬰兒秀嗎？」事實上，巴納姆的競爭對手推出了「有色人種嬰兒秀」，有時故意與巴納姆的比賽同時進行。然而，有鑑於那個時代的種族歧視態度，非白人嬰兒的比賽往往被視為新鮮，但參賽者本身沒得到多少讚美。[24]

儘管如此，這些「有色人種嬰兒秀」，讓白人觀眾有機會觀察真正的嬰兒，而不是刻板的虛構人物。非裔美國人知道把孩子當作公共娛樂展示品的問題，但許多人仍歡迎這樣的機會，告訴大眾，他們的孩子也是中產階級家庭文化的一部分。[25]

這並不代表可愛一定可以化解種族主義。一八九〇年代晚期，有一場「有色人種嬰兒秀」的印刷傳單上，描述這些嬰兒為「little coons」（小黑人）和「piccaninnies」（小黑鬼）。黑人母親組成了一個代表團，向《洛杉磯時報》（*Los Angeles Times*）寫了一封抗議信，[26]但主辦單位仍然拒絕撤下種族歧視的廣告，幾乎所有母親都帶著孩子退出比賽。[27]儘管她們將比賽視為展示非裔美國人家庭生活的機會，但也敏銳地意識到，孩子的可愛可能瞬間被敵人拿來利用。

「piccaninnies」（小黑鬼）一詞是稱呼黑人兒童的刻板種族歧視蔑語；「pick」取自「picking cotton」（採摘棉花）。這個名詞最初出現在白人塗上黑臉妝、取笑非裔美國人的滑稽歌舞劇（blackface minstrel shows）中。[28]這種獨特的美國娛樂形式，始於十九世紀初，一直持續到二十世紀初，白人表演者除了化妝成黑人之外，同時也呈現刻板的故事以及滑稽的歌曲和舞蹈。這個風潮長達一個世紀，受歡迎的程度甚至讓很多表演者跨越大西洋，到歐洲巡迴演出。

那些塗黑臉的白人，盜用非裔美國人的說話方式、手勢和歌曲，也故意以滑稽舉動來取悅白人觀眾。如此的種族歧視，應該受到譴責。這樣的表演把之前的奴隸制度當作好玩、公正和自然的事。[29]

表演者在外表和行為上都運用了對非裔美國人的刻板印象：誇張的大眼睛和嘴巴；肢體鬆垮、拖著腳的舞蹈風格；滑稽摔屁股和暴力；一堆把戲。最後這一點，同時強化也削弱關於種族關係的一般社會觀念。這些刻板印象全都融入當時的美國可愛文化；可愛的「小黑鬼」兒童也是其中之一。到了十九世紀中葉，這類塗黑臉的表演中常有許多兒童演員，並被宣傳為適合闔家觀賞。評論指出，兒童觀眾看到舞臺上的成年人舉動像小孩一樣，大多覺得這些表演很好玩。[30]

塗黑臉的兒童演員開朗、充滿青春活力，通常扮演奇幻角色，不屬於童年的純真。[31]後來，他們給了米老鼠等動畫角色靈感，其中一個角色可以向我們展示這是如何發生的。

「黑人托普西」這個角色帶來的影響

哈里特・比徹・斯托（Harriet Beecher Stowe）反奴隸制的小說《湯姆叔叔的小屋》（*Uncle Tom's Cabin*）於一八五二年出版，立即引起轟動。這部小說巧妙地將童年的兩種概念一分為二：純真的白人伊娃（Eva）和鬼靈精怪的黑人托普西（Topsy）。無私的伊娃照顧周圍所有的成年人，而托普西則做出一堆滑稽、可愛的惡作劇；當小說改編成舞臺劇時，這一點尤其明顯。後來，在十九世紀後半，這兩種特徵融合在一起，形成了新的美國可愛美學。

雖然《湯姆叔叔的小屋》以書本形式受到歡迎，但快速問世的舞臺劇版本更是成功。美國各地的劇場紛紛演出此劇，風潮甚至延燒到歐洲。第一個版本在小說出版的那一年首次亮相；一直注意最新潮流的巴納姆，也在隔年推出了自己的版本。這些舞臺劇常以白人兒童塗黑臉來扮演托普西為特色，把這個刻板的角色變成全國的熱門人物。[32]

在舞臺上，托普西呈現無禮黑人小孩的喜劇刻板印象。哈里特・比徹・斯托原先的設定，是要傳達被奴役的孩子也很純真，但這些舞臺表演完全忽略這一點。當劇場特意凸顯托普西的滑稽時，任何關於她純真與否的討論都變得毫無意義。[33]

托普西成為《湯姆叔叔的小屋》劇場版的明星，扮演該角色的兒童演員經常獲得最高評價。隨著舞臺劇版本的增加，有時舞臺上會同時出現兩個托普西。[34] 托普西純粹只是被拿出來展示的笑點，而非一個角色人物：

「你太可愛了——你比我還可愛；而我已經叫可愛，本質上也很可愛。」

——岡普遜・科特（Gumption Cute）對托普西說，《湯姆叔叔的小屋》，第五幕，第二場，喬治・艾肯（George L. Aiken）的版本，一八五三年首演

劇作家喬治・艾肯的舞臺劇版本中，融入了許多塗黑臉滑稽歌舞劇的元素，其中包括一個名為「岡普遜・科特」（註：意譯為「精明・可愛」）的新角色。科特是一名白人無賴，其快速對話的風格取自塗黑臉滑稽歌舞劇。[35] 前面那段是科特與托普西發生口角爭辯後，托普西占了上風，科特認輸的說詞。一個鬼靈機怪的年輕黑人女孩（由塗黑臉

的白人飾演），在「可愛」這個詞仍多用於形容行為而不是外表時，把聰明和可愛結合在一起，逗白人觀眾笑。

托普西這個角色在塗黑臉表演中特別受歡迎，其他表演形式跟著模仿；[36]有一整齣歌舞雜耍（vaudeville）節目裡，全都是形象與她類似的「小黑鬼」。[37]這樣的刻板黑人兒童形象出現在眾多消費品上，從調味料罐到餐廳菜單。直到民權運動真正啟動時，這些東西才被丟到閣樓和舊貨店。

藉由塗黑臉的滑稽歌舞劇，讓十九世紀大眾文化持續將非裔美國人描繪成滑稽、無能、孩子氣。[38]雖然這類表演在二十世紀初不再那麼興盛，但影響了接下來的各個可愛的偶像，包括米老鼠、秀蘭．鄧波爾、《綠野仙蹤》電影中的稻草人、拉基德．安（Raggedly Ann）娃娃（註：Raggedly 為衣衫襤褸之意）。[39]此外，這類表演熱潮的退去，剛好與動畫的到來重疊。在動畫中，新的可愛角色能以戲劇舞臺上不可能的方式拉伸、變形，甚至被傷害和虐待。

動畫中塗黑臉的滑稽又狡猾男孩

米老鼠、兔寶寶（Bugs Bunny）、菲力貓（Felix the Cat）和其他早期動畫角色的設計，明顯受到塗黑臉滑稽歌舞劇傳統的影響。[40]黑色的頭和身體、白邊闊嘴、圓圓的白色大眼睛，以及讓爪子看起來像人手的白色手套，全部直接取自塗黑臉的白人演員。[41]這種影響也延伸到了角色在銀幕上的滑稽動作。動畫角色花招百出，吸引了一大堆觀眾，尤其是兒童，但也同時引起許多家長的擔憂。[42]

早期的動畫角色不僅挪用塗黑臉滑稽歌舞劇。低俗胡鬧喜劇（slapstick comedy）的歷史也很悠久。一九〇〇年，五歲的巴斯特・基頓（Buster Keaton）首次在歌舞雜耍表演登臺，與家人一同演出「不會被弄壞的小男孩」（The Little Boy Who Can't Be Damaged）。他打扮成父親喬（Joe）的縮小版，對父親惡作劇，直到父親耐心耗盡，把小男孩扔到側舞臺、舞臺前方的樂隊中，甚至是觀眾席。男孩報復的方式，是用掃帚追打父親，喬則把巴斯特當作「人肉拖把」來拖舞臺。[43]

基頓家族在美國非常受歡迎。在演出結束後，小學生會湧上舞臺，搶巴斯特發放的糖果。然而，當他們到倫敦巡迴演出時，觀眾看到小孩被扔下臺，嚇了一跳。[44]劇院經理阿弗雷德．巴特（Alfred Butt）懷疑巴斯特是否是這個家庭真正的兒子，他說：「從你把他扔來扔去的方式來看，我認為他一定是被收養的，而且你根本不在乎他。」[45]想當然爾，巴斯特的父親不太高興。但我們從這件事也能看出，基頓家庭行為的暴力，顯示正在發展的美國可愛美學，融合了兩種看待兒童的不同方式：一邊是純粹的童年純真，另一邊則是早期將兒童視為需要馴服的獸性生物。

可愛的造型：「新小子」和丘比娃娃

蓋瑞．克羅斯（Gary Cross）是最早研究美國文化中「可愛」現象興起的學者之一。透過他的研究，我明白了只有當調皮搗蛋的小孩被視為有趣，再與兒童的純真結合時，可愛才會在流行文化中爆發。當成年人開始接受小孩可以頑皮也同時良善，「cute」（可愛）這個詞就不再只是代表「clever」（機敏）了。克羅斯說，當小孩的任性，甚至是不正當的行為，在成人眼中可以被他們的善良彌補，「機敏」的小孩就變成了受歡迎的「可愛」小孩。[46]

這種改變發生在孩子的欲望逐漸被視為天生自然的時代。父母被告知要縱容他們。即使孩子開始搗蛋，他們的任性也慢慢被視為值得珍惜，而不是應該受到懲罰的東西。頑皮的角色代表了一種新的可愛形式。[47]

十九世紀末，以前用大人來代言廣告的公司，開始以兒童取代。廣泛的社會變革促成了這個轉變。自一八八〇年代以來，嬰兒死亡率迅速下降。童工率穩定下降，入學率上升。一連串食品內容不純淨的醜聞，加上人們越來越知道營養的重要性，促使成年人關注兒童的健康和活力。隨著消費的成長和女性在公領域有越來越大的影響力，各家公司開始銷售更多以兒童為導向的產品，並在廣告中使用更多的兒童。[48]

這些廣告中的兒童被統稱為「新小子」（New Kid）。他們代表理想的童年：散發青春的自信、主動、有個性、聰明和機智。[49]他們通常有圓圓的臉蛋、胖胖的臉頰和大眼睛，這些特徵符合康拉德．勞倫茲的嬰兒圖式，會對人激發可愛的感受。新小子大多是白人，有著紅臉頰又充滿活力，例如烏內達（Uneeda）餅乾女孩和金寶湯（Campbell Soup）小孩。也有公司使用「小黑鬼」角色，例如金塵洗衣粉（Gold Dust）的雙胞胎兄弟和梨牌香皂

（Pears Soap）。[50] 梨牌香皂有一支很有名的廣告：一個黑人孩子用香皂洗澡後皮膚變白了。新小子的形象反映了當時美國所謂的幸福；至少對那些沒有被種族主義刻板印象嚇到的人來說是如此。[51]

新小子不僅出現在廣告中。十九世紀結束之際，半色調網版印刷的發明，提高了雜誌和廣告圖像的解析度。出版業蓬勃發展，報紙若無法吸引讀者，只好停刊。一八九四年，《紐約世界》（*New York World*）推出週日彩色漫畫副刊，廣受歡迎，並迅速被模仿。編輯和漫畫家發現，他們的讀者喜歡這種新的視覺效果，於是捨棄了諷刺漫畫和幽默寫作，讓報紙不再是用來「讀」，而是變成「看」報紙。[52]

週日副刊很快就又多聘了一名編輯，負責提供大眾想要的內容。每個提案都經過考慮，無論是來自編輯團隊、藝術家或讀者提出的想法。如果銷量上升，新的漫畫就會一直繼續，直到大眾厭倦為止。另一方面，就像一位評論員在一九〇五年指出，「如果它沒能引起迴響，馬上就會像燙手的馬鈴薯被丟到一旁。」[53]

在這段狂熱的實驗時期，漫畫家開始圍繞著一種新的視覺風格創作。他們從新小子的形象中汲取靈感，年輕、有朝氣的特徵開始占據版面。漫畫家和編輯也意識到，必須讓讀者「習慣」固定購買週日報紙，以閱讀最新一期的漫畫。[54] 因此，漫畫越來越遵循康拉德．勞倫茲的嬰兒圖式；可愛元素吸引了讀者，並讓他們對反覆出現的角色產生依戀，這反過來又推動了報紙的銷量。[55] 第一道可愛化程序，就是給角色一雙又大又圓的眼睛。

「布朗尼」一族（The Brownies）是大腹便便、四肢細長的生物，眼睛很大，很容易流露出驚訝和喜悅的表情。它們出現在帕默．考克斯（Palmer Cox）的系列作品中，首度於一八七九年在《聖尼可拉斯》雜誌亮相；隨後，相關玩偶、玩具和新奇物品跟著問世。這些角色通常呈現了與中國人、阿拉伯人或愛爾蘭人有關的種族刻板印象，但角色們藉由一同冒險和行善，相處愉快。[56] 視覺上，布朗尼一族代表了新可愛美學發展的過渡期。它們的棍狀腿讓人想起早期漫畫中的瘦弱人物，但它們也有一顆大頭和碟子般的大眼睛。[57]

新小子風格的巔峰，是羅絲．歐尼爾（Rosie O'Neill）創造的丘比（Kewpie）。在米老鼠出現之前，丘比是世界上最著名的角色。當時，愛神丘比特經常出現在雜誌插圖邊緣，為其增添浪漫氣氛，但歐尼爾發想了完全不同的東西。[58] 儘管丘比有白色的小翅膀，

▲圖 6.1：一張一九一四年的明信片上，丘比要求給予女性投票權。

但看起來更像是人類嬰兒。[59] 丘比有大眼睛和小鈕扣鼻，看起來很調皮，可以說是把勞倫茲之嬰兒圖式的特徵發揮得淋漓盡致。事實上，康拉德．勞倫茲本人表示，如果設計再誇張下去，丘比會從令人愉悅的可愛變成詭異的怪誕。[60]

丘比於一九〇九年在《女士家庭雜誌》（*Ladies' Home Journal*）出現。[61] 雖然在羅絲．歐尼爾的故事中，丘比以陽性代名詞稱呼，但這個角色傳達了明確的女權主義價值。丘比相信，「給一點愛」，就能幫助城市貧民窟被忽視的兒童，就能讓女性擁有投票權，就能抗衡反對聲浪，也可以讓民權議題得到關注。[62]當歐尼爾在《好管家》（*Good Housekeeping*）雜誌上介紹丘比時，她寫道：「愛神丘比特總是帶給人們麻煩，但丘比幫忙把麻煩趕出去。」[63]

丘比是個很受歡迎的卡通人物，而當羅絲．歐尼爾開始用無釉瓷器來製作丘比娃娃時，更是讓它在全世界竄紅。丘比娃娃於一九一三年推出後，德國需要三十家工廠同時運作，才能滿足龐大的需求；並且在第一年就賣出五百萬個丘比娃娃。[64]這些娃娃的吸引力跨越國界。日本的丘比美乃滋於一九二五年採用了這個角色作為其品牌形象，一直保留至今。

丘比出現在雜誌上時，會參與社會活動，藉由與周遭的互動，建立起自己的身分。[65]然而，它變成娃娃後，政治被拋在腦後，把愛當作一種什麼都可以治癒的解藥。第一次世界大戰期間，美國對德國製造的產品實施禁運，但四艘滿載丘比娃娃的船被允許通過。[66]我不知道背後的原因為何，或許即使在戰爭時期，這些娃娃作為天真可愛的象徵，讓「它在哪裡製造」這件事變得沒有意義。事實上，在戰爭期間，丘比娃娃以身著軍裝、攜帶武器的造型出現，但人們一直強調丘比不會自相殘殺，而是反對戰爭。[67]

▲圖 6.2：一九二五年丘比美乃滋的玻璃罐。

不過，丘比娃娃經常以一種刻板的女性化方式擺姿勢，像是害羞地側著臉。[68] 隨著可愛變得越來越普遍，它也被貼上了性別標籤。男孩被認為有不守規矩的野性，馴化後就會變得可愛。而當可愛放到女孩身上時，淘氣則和風騷連結在一起。

在那個時候，小孩的頑皮行為已經被認為是自然的，但對於女孩來說，經常被聯想成調情。當「新小子」形象出現時，美國的各式玩偶有了巨大的變化。維多利亞時代的瓷娃娃有其別緻的特殊風格，嘴唇和眼睛都很小；德國娃娃製造商則重視較為自然的外表和充滿矛盾的表情。[69] 相比之下，美國製造商帶著幽默，推出口味重一點的產品。[70]

外表誘人的女孩娃娃被命名為「惡作劇小姐」（Miss Mischief）、「淘氣瑪麗塔」（Naughty Marietta）、「風騷小姐」（Miss Coquette）和「芙洛西調情女郎」（Flossie Flirt）等。蓋瑞・克羅斯指出，這些娃娃是「有個性，甚至有點控制欲，還有以自我為中心的孩子，吸引了成年人的喜愛」。成人世界的性愛被認為和兒童不相關，所以這些娃娃眼神挑逗，左顧右盼，看起來反倒有趣又迷人。[71]

到了十九世紀末，北美洲基本上已經沒人在管原罪。兒童被認為未受污染。在媒體的女孩形象中，尤其可以看出童年與性純潔這種新觀念。[72]一個早期使用「cute」（可愛）一詞的例子出現在一九〇九年，當時《哈潑週刊》刊登了一篇故事，其中有一句是：「**我喜歡可愛的小女孩，她們會抬頭看著你，牽你的手，依偎在你身上。**」[73]

這個時代，女兒還是「爸爸的心肝寶貝」，這一點在有史以來最著名的童星秀蘭・鄧波爾的電影中尤其明顯。

可愛的秀蘭・鄧波爾融化人心

秀蘭・鄧波爾在六歲時成名，是一九三五年至一九三八年間，全球最受歡迎的明星。在此期間，她的票房收入超過了凱瑟琳・赫本（Katharine Hepburn）、瑪琳・黛德麗（Marlene Dietrich）和葛麗泰・嘉寶（Greta Garbo）。[74] 根據《時代》（*Time*）雜誌報導，她是一九三六年世界上被拍照最多次的人。[75] 秀蘭・鄧波爾是全球模範寶貝，粉絲俱樂部在世界各地擁有三百八十多個分支，擁有三百八十萬名會員。[76] 她獨特的風格影響了全世界的可愛。

從內衣到外套，從肥皂到書籍，秀蘭・鄧波爾出現在任何可以販賣的東西上。一九三五年，秀蘭・鄧波爾娃娃幾乎占美國娃娃銷售總量的三分之一。這些娃娃由推出泰迪熊的理想新奇玩具公司（Ideal Novelty and Toy Company）製造，即使是最小的尺寸也要三美元，在大蕭條時期並不便宜。一八五〇年代，巴納姆的嬰兒秀證明了兒童具有娛樂價值。在一九三〇年代，秀蘭・鄧波爾的走紅不僅讓眾多父母按照她的形象來塑造女兒，還影響了女孩對自己的想像。[77]

秀蘭・鄧波爾著名的金色捲髮，使她成為主流白人的可愛偶像。她的形象由二十世紀福斯公司（Twentieth Century Fox）精心管理。她那小孩般的特徵，包括了寬廣的額頭、小鼻子和下巴、豐潤的身材和短短的四肢。福斯公司有意識地透過服裝和攝影來強調這些特徵。她母親每天晚上特地為她上髮捲的一頭金髮，放大了她的頭部。正面特寫則放大了她的額頭，縮短了她的鼻子。讓她與那些比一般人略高的演員一起演出，來凸顯她的嬌小。她的身高一直被低估。公司也刻意減少銀幕上生日蛋糕的蠟燭數量，誇大她的年輕。[78]

秀蘭・鄧波爾的角色，大多走新小子潮流中的調情路線，事實上很多都充滿了性暗示。二十世紀福斯公司的達瑞爾・扎納克（Darryl Zanuck）要求：「裙子短一些。只要有可能，就讓其他演員把她抱起來，盡量拍攝這個受到歡迎的畫面。讓她繼續當寶貝。」[79]一定會拍到小女孩內褲的照片和她的純真，都是行銷策略的一部分。事實上，她對年長男性的「誘惑」，在今天看來似乎不合適。在《可憐的小富家女》（*The Poor Rich Girl*）中，秀蘭一邊唱著她想嫁給父親的願望，一邊依偎在他的大腿上，愛撫著他。在《亮眼睛》（*Bright Eyes*）中，她在一架飛機上唱著知名歌曲〈好船棒棒糖號〉（The Good Ship

Lollipop），周圍都是男人，他們把她高高舉起並且傳來傳去。[80]

由秀蘭．鄧波爾演出的電影中，通常設定她是孤兒，並在劇終獲得一個新的家庭。但秀蘭．鄧波爾不只是演無助、女性化的小寶貝角色。她也演過淘氣的女孩，負責解決大人之間的爭端，彌合裂痕，表現勇氣。

作為女孩英雄，秀蘭．鄧波爾展現了通常和男孩連結在一起的淘氣。在《小捲毛》（*Curly Top*）中，她帶著自己的寵物鴨和馬進孤兒院；在《日光溪農場的麗蓓嘉》（*Rebecca of Sunnybrook Farm*）中，她背著姨媽開了一個廣播節目；在《小叛逆》（*The Little Rebel*）中，她向一名北方軍官發射彈弓。她有自己專屬的可愛，既輕浮又調皮，融合天真魅力和頑皮狡猾。秀蘭．鄧波爾的銀幕形象，透過外表和動作將人們聚集在一起，成為可愛的最佳代言人。她讓大家看到可以突破社會界線，儘管故事情節經常濫情，掩蓋了真正的社會問題。

秀蘭．鄧波爾能在媒體取得大幅版面，與她年幼的外表有關。她不僅要表現得像個孩子，而是她必須是個孩子。二十世紀福斯公司命令她的母親，不能讓女兒知道自己多有名，好讓她在銀幕上保持純真。[81]

有關「小女孩終究會長大」的焦慮，一直存在於她的演員生涯中。[82]媒體對於秀蘭・鄧波爾的生日派對的報導，實際上是在倒數計時，每年都在猜她何時會失去人氣。一九三七年，《波士頓環球報》（*Boston Globe*）大聲質疑著：「**好萊塢在問：秀蘭・鄧波爾還能當多久的明星？**」[83]那時，這位童星剛過她的八歲生日。

當可愛文化在二十世紀興起時，於背後推動的是這些因子：大家越來越喜歡在報紙漫畫、廣告和電影演員身上，看到小孩般的特質。我們從秀蘭・鄧波爾熱潮所看到的是，伴隨此現象一起出現的，是意識到這些魅力很快就會消失。日本長期以來一直重視其藝術和文學中的短暫及瞬逝。相比之下，歐洲則喜歡持久和永恆的事物。當美國文化轉向可愛時，可能受到了日本藝術和設計中長達數百年歷史的價值觀所影響。

雖然可愛現象有時看似現代，但如果其根源在於人類的生物機制上，那麼一定會一直伴隨著我們。不久前，我在可愛研討會上發表論文，其中提及我最喜歡的一尊日本雕塑，它是有八百年歷史的木製小狗雕像，為佛教僧侶明惠（1173-1232）最喜歡的物品，他也曾擁有《鳥獸人物戲圖》。那隻小狗呈現坐姿，但背部的曲線讓牠看起來好像要跳起來開始玩耍。對我來說，這尊木雕捕捉到小狗頑皮的本質。

我的阿姨和姨丈住在離我一萬一千公里之外的美國佛蒙特州，他們透過 Zoom 觀看我發表論文。當小狗木雕出現在他們的電腦螢幕上時，他們的狗戴爾跳了起來，並且開始吠叫。當我展示小狗臉部的特寫時，戴爾又叫了。八個世紀的鴻溝在一瞬間消失，就像穿越時空一樣。

戴爾在電視上看到狗的時候也會吠叫，但這是牠第一次對著狗的雕像吠叫。更有趣的是，牠從一開始就坐在我阿姨的大腿上。狼是怎麼變成狗的？更重要的是，可愛在多大程度上影響了馴化過程？

Chapter 07

可愛的演化基礎

科學已經解開了許多有關人類演化史的問題。例如，我們知道許多人都有少量的尼安德塔人之DNA，顯示我們能夠與他們混種，就像今天的狼和狗一樣。然而，若要弄清楚數千年前人類的行為，可能同時需要科學與揣測。狗的馴化起源一直備受科學爭論，非常適合拿來當作例子。

我們之前看到，馴化動物在長大後會比較溫順，並且喜歡玩耍。牠們的臉部變寬，下巴變短，牙齒變小，身體和四肢變得短小，可能會出現軟垂的耳朵和白色的毛。此外，馴化動物可以與其他物種建立關係，甚至在成年後也是如此。然而，對大多數人來說，科學家所說的幼態延續，看起來就是可愛而已。

我們也發現，神經嵴細胞可能是馴化的一個因素。有些物種中比較友善的個體，似乎擁有導致神經嵴細胞緩慢遷移到身體其他部位的基因，進而讓幼態延續出現在外表和行為上。

六十年前，德米特里．別利亞耶夫選擇了最友善的狐狸在西伯利亞繁殖，但幾千年前，到底是什麼觸發了馴化過程呢？有些物種或許剛好因其特定的生態位置而變得溫順，像是鳥類在抵達紐西蘭後，發現當地沒有天敵，於是變得冷靜、無所畏懼，其中一些甚至失去了翅膀。在世界其他地方，可能是人類喜歡溫順友善的動物，使得選擇性育種的馴化得以實現。

在本章，我們先來看為什麼某些物種可以被馴服，有些則沒有辦法。我們把重點放在第一種被馴養的動物：狗。可愛可能是其演化路徑的其中一個因素。許多科學家認為，從兇猛的狼變成可愛的狗，背後有一個認知框架。

被雁子跟隨的人：銘印與社會化時期

康拉德．勞倫茲的嬰兒圖式提供了有關可愛的符號，而他針對動物社會銘印機制（imprinting mechanism，讓剛出生的動物與自己的物種建立聯繫的本能）的研究，則為他贏得了諾貝爾獎。勞倫茲相信，小雁子出生時，腦子裡並沒有母親的形象，而是本能地跟隨著牠們看到的第一個移動物體。他稱之為本能反應，由本能釋放了某種行為。

為了驗證這個理論，勞倫茲飼養了一些小灰雁，並且讓自己成為孵化後的雁子第一個看到的物體。的確，小雁子不再理睬母親，而是緊跟著勞倫茲。這位著名科學家與小雁子一起在田野散步或在湖裡游泳的照片，出現在許多生物學教科書中。

勞倫茲的雁子，就跟鵝一樣，已經被馴化了。但是，許多小動物無論是馴養的還是野生的，都會有一段感知敏銳的時期，牠會無畏地探索周圍的環境，並形成持久的連結。當小動物睜開眼睛時，這個社會化的過程就會開始；而當牠變得會害怕未知時，這個過程就結束了。

馴化延長了這段時期。溫順的西伯利亞狐狸表現出長達四個月（而不是四十五天）的社會化時期和延遲的恐懼反應。[1] 為了測試這一點，俄羅斯科學家測量了動物的壓力荷爾蒙，看看馴化幼狐的平均壓力荷爾蒙濃度是否較低。儘管隨著這個社會化過程結束，所有狐狸的壓力荷爾蒙濃度都會上升，但馴化狐狸的壓力荷爾蒙高峰出現得比較晚，也沒有那麼高，比其他狐狸低了整整五十％。[2]

人們通常認為，由於新生嬰兒需要不間斷的照顧，才會觸發了我們覺得他們很可愛的感受。然而，研究顯示，人們通常認為，當年幼生物（無論是人類還是動物）長大到足以探索他人並與他人建立連結時，才是最可愛的時候。[3] 任何養過小狗、小貓或孩子的人都知道，那些睜大眼睛、滾來翻去的小寶貝，會讓我們在前一秒喜愛他們的可愛，下一秒又擔心他們的生命安全。幼年生物在社會化時期發展的社會連結和認知技能，有助於他們以後的生存能力。換句話說，可愛有助於讓嬰兒融入家庭。

愛的基因讓狗與人類在一起

在其他馴化物種出現之前，人類就有狗來當作狩獵夥伴和守衛，幫忙拉雪橇。然而，狗是人類的朋友嗎？還是在人類讓狗工作之後，才出現這樣的連結？

犬類行為學家克萊夫．韋恩（Clive Wynne）使用了那些只看數據的科學家很少使用的一個詞彙，來回答這個問題。他寫道：「狗的本質是愛。」[4]韋恩把犬類的愛，定義為一種極端的超社交性，若是發生在人類身上則看起來不正常。[5]他指出，與人互動會活化狗兒大腦中的獎賞機制，食物也有相同的作用。[6]雖然狗的大腦擁有了準備與人類建立關係的結構，但仍然需要與人接觸，才能建立一段有深刻情感的持久關係。[7]因此，狗對人類的愛既來自遺傳，也是後天形塑的。

有一項研究給受試者看不同年齡層的狗的照片，最後的結果顯示，人們認為八週大的小狗最可愛。八週大的狗，恰巧是被母親趕出狗窩的年齡。研究人員認為，小狗越可愛，就越有可能被人類收養，進而將基因傳給下一代。[8]愛可能是狗的天性，但要好好表現這種特質，也需要人的育養。

加州聖地牙哥市的新幾內亞唱犬，第一次見到我時，就興奮到幾乎站不起來。[9]相比之下，西伯利亞狐狸則具有一定的矜持。這些唱犬充滿了愛，因為牠們從小就被犬科動物教育和保護中心的艾咪與戴夫養大。韋恩認為，狗兒「愛人的基因」，一定要經過社會化時期的銘印，才能使其變成「一隻真正愛人的狗」。[10]如果我們能夠利用這些「愛的基因」，也許可以讓任何動物同樣變得溫順可愛。想像一下，一隻馴服的熊在早上為你遞上拖鞋，或是一隻友善的獅子讓你的孩子騎在背上。

如果我可以選擇任何動物來馴服，我會選斑馬。你可能以為馴服斑馬並不那麼困難。畢竟，斑馬與馬關係密切，兩者甚至可以交配，即使牠們生出來的後代無法生育，而且不是特別溫順。如果我們可以找到幾隻冷靜的斑馬，繁衍牠們的後代，並重複這個過程，最終肯定會得到跟我們相親相愛的斑馬吧？畢竟，這種馴服選擇在西伯利亞狐狸實驗中發揮了作用。

不幸的是，這項技術似乎並不適用於所有動物。在南非，來自歐洲的養馬人，從十七世紀以來一直試圖馴服斑馬，但沒有成功。馬對歐洲殖民主義至關重要，但在非洲，許多馬死於那些斑馬免疫的疾病。那麼，為什麼所有斑馬後代都會像其祖先一樣狂野呢？賈德·戴蒙德（Jared Diamond）給出了兩個原因。首先，斑馬的攻擊性很強。比起老虎，斑馬傷害過更多動物園管理員。其次，斑馬寬廣的周邊視野和甩頭反射能力，讓牠們善於逃避馴服的嘗試。例如，人們無法用繩索套住斑馬。[11]

這可能解釋了為什麼地球上一百四十八種大型哺乳動物中，只有十四種被馴服。如果把西伯利亞狐狸也算進去，則是十五種。[12] 這並不是因為缺乏嘗試，而是因為有些物種似乎在演化過程中，出現了牢不可破的特徵，阻礙了馴化。

人之所以有嘗試馴服斑馬的想法，是因為其他動物已經被馴服了，那麼史前人類如何在沒有範例的情況下，決定馴服狼呢？達爾文關於馴化動物最偉大的發現是「無意識選擇」，這是他在自然界中觀察到的情況。他說，人類只是選擇飼養個體動物，將之留在身邊，賦予其一些價值或優勢，而沒有考慮以繁衍來讓整個物種進步。[13] 換句話說，達爾文相信，某些狼一定對史前人類有特殊的吸引力。但對我們來說，很難看出把兇猛的狼放在身邊有什麼好處。

達爾文的無意識選擇只適用於某些物種，狗就是最好的例子。然而，狼既好鬥又害羞，這兩者都是會阻撓人工選擇的特質，那麼牠們是如何變成狗的呢？

狗兒的狼祖先源自伊特魯里亞狼（Canis etruscus）。這是一種肉食動物，出現於一百七十萬年到一百九十萬年前的冰河時期，遍布在歐洲、非洲和亞洲，然後從大陸相連之處來到北美洲，這個爆炸性擴張被稱為「狼事件」（the Wolf Event）。[14] 當時，智人剛開始離開非洲，後來才發生人口擴張到全球每個角落的情況；然而，經過一萬五千年，人類幾乎把所有大型肉食動物都逼到了滅絕的邊緣，除了狼之外。[15]

事實上，狼和早期人類彼此競爭激烈，而自然選擇會把兩者拉得更遠。馬、豬和牛的野生祖先，或許也一樣害羞且具有攻擊性，但都不是肉食掠食者。這樣看來，狼肯定最不可能是成功馴化的候選者吧？

然而，我們要記得，圈養的野生動物個體可能會習慣人類，就像藏王狐狸村裡坐在我腿上的那隻平靜但冷淡的狐狸一樣。馬戲團的獅子和老虎，也是這樣的例子。這些個體在經過訓練後，不僅可以容忍人類，也會聽人類的命令。關鍵是，要在動物很小的時候就飼養牠們。如果要讓動物接受人類，並和人類當朋友，就必須在康拉德・勞倫茲所說的社會化過程中，和牠們有所互動。

但是，野生動物永遠不可能真正溫順，兇猛的本性可能會突然顯現出來，帶來悲劇。德裔美國雙人魔術師組合「齊格菲與羅伊」（Siegfried and Roy）一直以白老虎秀聞名，但在二〇〇三年，這隻他們一手養大的白老虎，突然在驚恐的觀眾面前，襲擊了羅伊，使得他身受重傷。受過訓練的野生動物，其後代仍然有野性；若要牠們接受人類，每一代都必須人工飼養。但就算如此，野性與否仍不可預測。另一方面，馴化動物從出生起就比野生動物冷靜沉著。溫順是牠們遺傳的一部分。

解開動物如何從野生轉變為馴化的謎團，可以讓我們了解可愛在寵物身上的重要性。在某個時間點，幼狼在成長過程中不再兇猛多疑，而是保持友善、頑皮和相對溫順。當這些特質以遺傳方式融入該物種的基因，狼就變成了狗。達爾文的無意識選擇概念並沒有描述這是如何發生的，但有兩種可能的理論：寵物收養理論和垃圾場理論。

寵物收養理論

狗之所以變成人類的夥伴，其中一種解釋是「寵物收養」理論。根據這個長期以來被接受的假設，大約在四萬年到一萬五千年前，人們開始把狼寶寶帶回家養，一起玩耍，最終培育出了寵物中最友善的物種。長時間下來，創造了狗，這是世界上第一種馴化的動物。

若要讓狼適應人類，就需要在幼狼閉著眼睛的時候，把牠們與母親分開。這是因為社會化時期（小狼會接受陌生人的時期）只存在於牠們生命最初的幾週內。但飼養小狼是一項艱鉅的任務。比方說，史前人類如何餵養還無法吃固體食物的狼寶寶呢？一些科學家認為，極有可能是飼養者親餵小狼喝奶。

演化生物學家凱瑟琳・洛德（Katheryn Lord）不同意這個觀點，她表示：「對我來說，這是個可怕的想法。狼的牙齒極其銳利。小狼要是沒有得到足夠的奶水，會用力咬人。」[16]她為了研究狗和狼如何演化，曾親手養育了四十多隻狼寶寶，睡在牠們旁邊，隨時注意牠們是不是餓了。凱瑟琳・洛德的描述很生動，讓我不禁在想：到底為什麼女性曾親餵幼狼喝奶的觀點，竟然得到了生物學家大力支持。事實證明，狼寶寶的餵食方式，是討論狼如何變成狗的關鍵問題。

我第一次聽到寵物收養理論時，推想人類之所以收養小狼，是因為牠們可愛得令人無法抗拒，因此我很高興發現有一些科學家的想法與我類似。[17] 也就是說，對可愛的渴望，驅使人們飼養狗兒這種一輩子都會可愛的動物。

當凱瑟琳·洛德提出不可能由人類親餵母乳時，我的觀點應該就站不住腳了。不過，還是有許多科學家支持寵物收養理論。在我們討論狼馴化的第二種解釋之前，讓我們更仔細研究寵物收養假說，同時牢記狼寶寶銳利的牙齒。

第一個提出動物馴化始於寵物收養的人是法蘭西斯·高爾頓（Francis Galton），[18] 他是達爾文的遠房表弟，著迷於世界各地飼養野生動物作為寵物的原住民。他在一八六五年寫道：「這是所有旅行者都熟悉的事實，野蠻人經常捕捉各種幼小的動物，當作最愛的寶貝來養，然後拿出去賣或展示給別人看。」[19] 他認為，讓可愛的動物寶寶變得溫順是一種人性，[20] 以此解釋動物最初是如何被馴服的。他在闡述自己的觀點時，指出溫順是馴化的首要選擇標準。[21]

這可以解釋為什麼人類會把可愛動物當成寵物來養。史前人類偶然發現了一頭死去或垂死的母狼，並愛上了她可愛的寶寶，所以把小狼接回家，和自己一起生活。支持寵物收養理論的科學家指出，許多原住民社會收養各種野生小動物作為全村的寵物，通常是因為小動物很可愛。松鼠、猴子、水獺、浣熊、巨嘴鳥、鸚鵡、負鼠，甚至小熊，全世界各地都有小動物從野外被帶回村莊飼養的例子。早期人類學家指稱，很多屬於全村的寵物都是由婦女以母乳餵養，但這些通常是軼事，而不是有據可查的記載。[22]

但也有照片證實，在太平洋某些島嶼上，婦女以母乳餵養小豬，這讓我非常驚訝。[23]不過，凱瑟琳．洛德指出，小豬和狼寶寶之間還是存在很大差異。狼銳利的牙齒仍然是寵物收養理論的問題所在。

垃圾場理論

第二種狼馴化理論是由康拉德．勞倫茲提出的。一九五三年，他出版了《和動物說話的男人》（*Man Meets Dog*）。在書中，他首先想像了一個史前場景。勞倫茲寫道，大約五萬年前，遊牧狩獵採集者在狩獵方面取得成功，以至於食腐動物開始跟隨他們，希望能找到剩餘的食物。長期下來，狩獵採集者注意到這些動物有些用處：每當牠們聞到附近其他掠食者的氣味時，就會嚎叫或吠叫。最終，這些動物中最溫順、最聰明的個體，開始陪伴人類狩獵探險，並分享戰利品。就這樣，狗誕生了。[24]

康拉德·勞倫茲的構想被稱為「清道夫理論」或「垃圾場理論」，但科學家過了半個世紀才認真看待這個想法。二十一世紀初，雷·考賓哲和蘿娜·考賓哲（Ray and Lorna Coppinger）以生活在垃圾堆的犬隻為例，延伸了勞倫茲的理論。[25]世界上估計有十億隻狗，其中大多數是自由放養的「村犬」，不屬於任何人，[26]主要以垃圾和人類糞便為食而存活下來。考賓哲夫婦說，以人類垃圾為食，為野生動物提供了一個機會，能以食腐動物之姿在食物鏈中尋得一個位置。在這樣的環境中繁衍生息的動物，逃跑的反射反應略低，對人類存在的耐受度略高，就像最初被選來繁殖下一代的西伯利亞狐狸幼崽一樣。

在德米特里·別利亞耶夫的實驗中，只有大約十%的原始狐狸，比較不怕人類。如果狼群中也有類似的比例，那麼每一代的食腐狼，都會有幾隻稍微接納陌生人的個體。這些狼能夠在新的食物來源附近停留更長的時間，而不是人類一出現就逃跑。同時，因為牠們成群結隊，便會相互交配繁殖。

這是凱瑟琳．洛德比較同意的理論。她表示：「與人類保持近距離，成為一個關鍵的演化發展，這些狼可以在競爭中擊敗野狼，因為牠們對近距離的耐受度較高。」[27] 以人類垃圾維生的半野生個體，雖然沒有經過社會化，但只要人類不靠得太近，牠們就習慣人類的存在；這種情況有點像公園裡的鴿子。

在美學層面上，垃圾場理論缺乏寵物收養假說的吸引力。這個理論不覺得狗來自人類收養的可愛幼狼，而是認為以人類垃圾維生的狼，演化成了我們的犬類夥伴。但是，這個理論除了解決幼狼銳利牙齒帶來的難題之外，還解決了寵物收養假說的另一個問題。即使早期人類確實收養了幼狼，一窩典型的狼寶寶也只有四隻。這個數量不足以讓飼養者選擇最友善的個體，除非極度近親繁殖。

根據垃圾場理論，無需人類干預，友好的狼就能形成一個可自行繁殖的族群。狐狸實驗告訴我們，只要幾個世代，馴化症候群就會開始顯現。儘管狼要花更長的時間才能變成狗，但吃人類的剩菜可能是牠們開始走上這條路的起點。

隨著時間進展，史前人類會注意到垃圾堆周圍的動物產生了變化，有更可愛的外表，也有較為友善的舉止。起初，這些原型狗會被忽視，但不會排斥人類的接觸。一旦人類有所回應，一種新的關係就會開始。垃圾場理論最有趣的一點是，狼可能有效地馴服了自己。[28]如果這是正確的，那麼是動物先變得可愛，再讓人類喜歡上牠的可愛，進而引起更多可愛的演化。

史前人類如何餵養狼？

儘管垃圾場理論很有吸引力，但支持寵物收養理論的科學家，引用了最近的研究，來指出垃圾場理論的問題。考賓哲夫婦估算，需要兩百八十人的群體，才能產生足夠的廢物來養活一群狼。[29]考賓哲夫婦認為，狼的馴化發生在大約八千年前，但目前的想法仍是把狼馴化的時間點定在約一萬五千年前，甚至可能更早。[30]當時，人類以小群體生活，經常遷徙。考慮到一隻狼每天需要六到七磅的高蛋白食物，在數學上理論無法成立。[31]

然而，有一個新的假設為人類如何餵養狼提供了解釋。芬蘭食品管理局的瑪麗亞·

拉蒂寧（Maria Lahtinen）和一群研究人員指出，狼在冰河時期後期被馴化。當時冰川覆蓋了歐亞大陸西半部大部分地區。生長季節的短暫，意味著該地區的人們依賴狩獵，但攝入過多的蛋白質會導致人類出現一連串健康問題。[32]

相較之下，狼完全適應高蛋白飲食。拉蒂寧和她的團隊發現，尤其在冬季，人類獲取太多蛋白質，無法吃完。他們剩下的肉可以變成狼群的食物。這對兩個物種都有好處。狼得到了食物，人類則收到了其他掠食者靠近時的警告。[33]

不過，拉蒂寧的團隊支持寵物收養理論，而不是垃圾場理論；他們認為，人類故意捕獲並餵養狼崽。[34]然而，這並沒有解決凱瑟琳．洛德點出的問題，即在幼狼能夠消化肉之前，不可能餵牠們吃肉。這是真正的癥結所在。

寵物收養理論還有一個證據，讓我們可以進一步揣測人類與狼之間的關係。但首先，我想解決一個揮之不去的問題。西伯利亞狐狸實驗的成功顯示，犬科動物可以被馴服，但為什麼只有狼被馴服了？為什麼我腳邊現在沒有一隻可愛的豺狼呢？

在前幾段，我們看到康拉德．勞倫茲是第一個提出垃圾場理論來解釋馴化過程的人。事實上，他認為狗不是從狼演化而來，而是從黃金豺狼。黃金豺狼本來就是食腐動物。[35]

勞倫茲認為，狼太獨立，無法解釋狗對人類不分青紅皂白的友好。[36]不過，後來他收回了這個想法。因為狗可以與狼雜交，卻無法與豺狼雜交，而且豺狼行為的其他細節與狗並不相符。

到底是什麼讓狼獲得了優勢呢？約翰·布萊蕭（John Bradshaw）在《狗感知》（*Dog Sense*）一書中寫道：「**犬科動物基因就像一把瑞士刀，這個萬能的工具包不容易因為演化而出現變化，可用於應對各種情況。**」[37]布萊蕭的犬科動物工具包，包括了良好的嗅覺和狩獵技巧，但最重要的是靈活的社交能力。他認為，狼之所以被馴服，是因為對陪伴的渴望。關鍵在於狼建立跨物種連結的能力；換句話說，就是把其他動物視為家人。

對布萊蕭來說，「狼隻成群結隊」是牠們與豺狼或狐狸等其他犬科動物的區別。在養育後代上，狼隻會合作，年輕的狼群成員經常幫忙撫養自己的弟妹。因此，狼群不是由某個單一個體主導，而是合作的家庭單位。人類透過將自己融入這種靈活的家庭結構中，就能夠馴化牠們。也就是說，我們利用了狼正常的親屬識別機制，就像康拉德·勞倫茲對他的小雁子所做的那樣。[39]

布萊蕭認為，狼的馴化可能是遺傳的意外。某些狼的一種突變，讓某些個體減少了對陌生人的恐懼，能夠與另一物種建立聯繫。這種突變可能一直處於休眠狀態，直到透過接觸人類而甦醒。換句話說，一小部分的狼可能在基因上就有可以和人類共存的能力。[40]西伯利亞狐狸實驗顯示，一小部分狐狸也有這種天生的適應力，這可能也是其他物種一部分的基因組。

在大多數環境中，這種「友善基因」不會帶來生存優勢。但有時候，如果整體環境變得更加平和，友善的個體就容易被自然選擇。這就是垃圾場理論和寵物收養理論的共同點。[41]無論狼如何被餵養，都可能是那一小部分願意跨物種依戀的狼，最終變成了狗。

然而，仍然存在一個問題：那些較友善的狼，如何在短暫的社會化時期就適應人類呢？一七七〇年代初期，英國探險家塞繆爾．赫恩（Samuel Hearne）出版了一本關於他在哈德遜灣地區（即現在的加拿大）旅行的日記。根據赫恩的說法，狼「總是在地底下生育幼狼。儘管人們很自然地覺得狼在那個時候會非常凶猛，但我經常看到印第安人去狼的巢穴，把幼崽帶出來一起玩」。[42]

當我第一次讀到赫恩的描述時，很想知道是誰開始這樣做的。第一個把手伸進狼窩的誰？正當我想把赫恩的說法視為無稽之談時，我讀到狼行為專家班森．金斯伯格

（Benson Ginsburg）的這段話：「根據我的經驗，如果你把手伸進有剛出生的狼的圍欄裡，有一定比例的狼會立刻出現，而且不會想要你離開……其他幼崽會逃跑，還有一些一開始就會閃得遠遠的。長大後，一開始就比較願意接近的狼，會與人類有比較多的互動。」[43]

事實上，人類與動物互動專家詹姆斯．瑟佩爾（James Serpell）引用了塞繆爾．赫恩的說法，作為寵物收養理論的證據。他指出，雖然這種被親手撫摸的狼崽只有少數，但在成年後會留在人類身邊徘徊，而且可能會相互交配、繁殖，並在最終成為狗。[44]

對於許多狩獵採集者和半遊牧部落群體來說，狼有精神上的意義，他們認為狼是重要的圖騰神靈、導師，甚至是靈魂上的手足。[45] 所有美洲原住民部落都相信，狼有很多東西可以教導人類。[46] 更引人注意的是，各種原住民口述歷史中，都有關於餵養狼或是與狼分享食物的故事。[47] 這種態度在幾千年前就存在嗎？如果是這樣，也許人類與成年狼互敬互重的關係，會發展成與可愛小狗之間的親密。令人著迷的是，人類和幼狼一起玩耍，可能是解釋狼如何變成狗的最後一塊拼圖。

「玩耍」深植於日本的萬物有靈論，擬人化的動物頻繁地出現在日本藝術中。當代日本文化也熱愛活生生的動物。最近，當我在東京街頭看到嬰兒車時，載的不一定是嬰兒，有可能是狗。

有一隻狗特別代表了日本人對可愛與犬類美德的依戀。牠的名字叫「八公」。

Chapter 08

當代日本的卡哇伊文化

▲圖 8.1：澀谷區的八公巴士。

八公是日本最有名的狗。一九二四年，八公還是小狗時，每天早上都會跟著主人上野秀三郎教授一起步行到澀谷車站。傍晚，八公會獨自回到車站，迎接返家的教授。有一天，他的主人沒有回來。這位教授在演講中因腦溢血去世了。八公當晚獨自回家，但在接下來九年多的時間裡，每天晚上都會回到車站，直到牠逝去。八公的舉動被視為忠誠和愛心的體現，觸動了日本人的心。牠聞名全國，澀谷站前有一尊八公的雕像，一旁的出口就叫八公剪票口。

八公真的期待主人回來嗎？還是

▲圖 8.2：人氣忠犬八公的墓。

只是遵循一種習慣？我們無法確定，但牠在世時就大受歡迎。那時，帝國主義政府把這隻狗當作堅定不移的忠誠典範。一九三四年，八公的故事出現在小學教科書中，成為整個日本帝國兒童的必讀讀物。[1]

現在，八公仍然是深受人們喜愛的偶像。牠的骨灰被葬在青山靈園裡上野教授墳墓的一角，並有一個小型石造神龕，上面立著一尊小秋田犬像，讓大家瞻仰。人們仍然為八公獻上鮮花和小玩具。忠犬八公巴士是一輛為澀谷站附近的社區提供服務的小巴士，上面繪著可愛的卡通版小狗。

在前一章中，我們看到狗和其他動物在馴化後變得更加可愛。我認為，八公持續受人歡迎，是因為牠體現了「健気」（勇敢），這個日語詞彙經常用來形容小東西如何盡其最大的努力，克服障礙。回顧「かわいい」（卡哇伊）一詞的歷史，我們可以看到這一點和可愛的關係。正如「cute」（可愛）源自「acute」（靈巧、敏銳）一樣，「かわいい」最初的含義有所不同，這個詞的演變給了我們線索，來探討日本卡哇伊和美國可愛之間的區別。

卡哇伊的字源

「かわいい」（卡哇伊／kawaii）這個字源自於古詞「顔映し」（かわはゆし，讀音為kawahayushi），是「かお」（讀音為kao，臉之意）和「はゆし」（讀音為hayushi，臉紅或眼花撩亂之意）的複合字。直接意譯的話，是指臉部因興奮或尷尬而變紅。[2] 現代的「かわいい」（卡哇伊）仍帶有這個原始的意思。漫畫和動畫中的角色，一看到卡哇伊的東西，通常會臉紅。有證據證明這種視覺反應；最近，一項跨文化研究發現，日本人和

義大利人看到可愛圖像時，臉部溫度都會升高。[3]

在中世紀，「顔映し」一詞有了縮寫，其意思從「尷尬」轉變為「讓人覺得可憐」。縮寫後的「かわゆい」（讀音為 kawayui）這個詞，被用來表示對社會弱勢成員的同情。我在這一點看到了它與八公的連結。儘管現在日文中有另一個表示「可憐」的詞：かわいそう（讀音為 kawaisoo），但「かわいい」（卡哇伊）仍然會用在需要照顧和關注的小事情上，例如一隻孤獨的小狗盡力與人類夥伴團聚。我想，這就是八公的故事至今仍為大家津津樂道的原因。[4]

學者四方田犬彥將「かわいい」（卡哇伊）一詞的首次出現，追溯到一六〇三年，當時「cauaij」一詞出現在長崎耶穌會編撰的日文—葡萄牙文詞典中。[5]我們在前文已經看到，可愛在藝術中越來越普遍，但這個詞卻很少出現在書寫裡。

由於可愛的感覺似乎具有人類生物學的基礎，因此，英文和日文可以用相同的方式發揮作用，也就不足為奇了。當你看到某樣東西並驚呼「cute!」時，你的感受與其他人說「かわいい！」的感覺是一樣的。但是，英文的「cute」有一點語意上的幽微性，因為它源自「acute」（靈巧、敏銳），所以可以表達反諷的漠然或懷疑自己被操弄了。「かわいい」（卡哇伊）比較直接，其中的情緒沒有過濾；就只是一種感覺。[6] 也許這就是這個詞在當代日本文化中那麼流行的原因。

在日本，可愛無所不在，而且不只是年輕人的專利。[7] 帶有可愛角色的銀行信用卡，不是給小孩使用的；微笑的擬人保險套也不是。有皮卡丘彩繪班機，也有凱蒂貓新幹線列車。原宿警察局外，矗立著一百二十公分高的Q版警察。日本軍隊的招募活動也使用動漫人物，紅十字會則使用動漫人物來呼籲大家去捐血。

日本各地一千多個地方都有宣

▲圖 8.3：在二〇一八年地方吉祥物的大阪大獎賽上，一個小女孩與一隻吉祥物的相遇。

傳在地的吉祥物，每一個都很可愛。在城市街道上，道路施工路障上有可愛的青蛙、凱蒂貓或穿和服的公主。甚至神社和寺廟也販賣可愛的御守（護身符），祝福大家逢凶化吉。[8]我在寫這本書時，注意到東京附近的人孔蓋已經換成來自附近流行動漫的可愛設計。[9]

可愛的爆炸性擴張是如何發生的呢？我們已經看到，一千多年來，可愛一直是日本文學和藝術的主題，但直到二十世紀初，卡哇伊文化才真正開始蓬勃發展。這大致與美國可愛文化的興起相對應，背後的一些原因也很相似：新的印刷技術、對童年的重視，以及大眾消費文化的發展。但其他方面就不同了。

在十九世紀末和二十世紀初的美國，可愛之所以崛起，原因是迪士尼、丘比娃娃、報紙漫畫和新小子廣告的受眾是每一個人。雖然日本也有這類可愛的東西，但卡哇伊文化還是與同時發展中的女孩文化（少女文化）有著更緊密的連結。一代又一代的女學生在卡哇伊世界長大，「卡哇伊」成為一種視覺和情感語言，而她們比任何人都更懂得這種語言。

然而，到了二十世紀末，這種情況開始改變。年輕男性對卡哇伊產生了興趣，並在其影響下創造了一種新的、比較柔和的男性形象。對男孩和男人來說，從女孩文化中借用卡哇伊元素，可以從僵化的性別期望中退場，這也是大環境變革速度太過緩慢的結果。然而，在這個可愛漩渦的中心，仍然是女學生。

可愛震盪

一九六〇年代，世界各地發生了各種文化和社會動盪情況。學生積極參與學運，嬉皮離開校園，披頭四（The Beatles）和滾石合唱團（The Rolling Stones）統治了音樂界。迷你裙問世了，年輕女性開始穿著色彩大膽的衣服。崔姬（Twiggy）是一位著名模特兒，以短髮、大眼、身材纖細走紅，引領那時候年輕人的流行。《Vogue》雜誌編輯黛安娜・佛里蘭（Diana Vreeland）在倫敦觀察這一波文化潮流，將其稱為「青年震盪」（Youthquake）。

在美國，人們相信學生抗議有助於結束越戰，加劇了這場青年震盪。隨著嬰兒潮世代獲得社會和政治權力，一九六〇年代的反主流文化演變成「自我世代」。然而，在日本，學生抗議活動的重點，放在終止《日美安保條約》。當這項訴求失敗時，左翼派系變得越來越極端。抗議活動難以產生影響，失望的學生背棄了成人世界。時尚學者托比．史萊德（Toby Slade）說，日本沒有青年震盪，只有「可愛震盪」。[10]

隨著嬉皮風格演變為一九七〇年代的華麗搖滾，青年震盪仍然專注在成人的性感。另一方面，在日本，對卡哇伊美學的追求，成為一種自我表達形式，不僅象徵對大人世界價值的拒絕，也拒絕成熟。卡哇伊文化不同於學生抗議運動，並不是一種公開的反叛行為。年輕人採取了像小孩一樣純真的風格，以拒絕老一輩所重視的大人權威。青年震盪要求認真對待年輕人，而日本的可愛震盪則用卡哇伊來完全拒絕成熟。[11]

可愛震盪對日本時尚產生了顯著的影響。一九七〇年代，專打褶邊、多層次的卡哇伊女裝品牌，像是 Milk 和 Shirley Temple，開啟了蘿莉塔時尚次文化。在這種文化中，女孩（現在還有一些男孩）穿著誇張的卡哇伊服裝。由於卡哇伊已經成為女孩文化的重要元素，因此它出現在女性時尚中並不足為奇。然而，男性時尚也開始擁抱較為柔和中性的外表，強調苗條而不是肌肉。

這樣的男性造型並非日本獨有，但這個國家長期以來一直有兩種男性氣質：藝術表現與武士精神同受讚揚。平安時代名著《源氏物語》出現的時間比《枕草子》略晚，男主角光源氏不是一名武士，而是一位敏感複雜的詩人。平安時代賦予文學和美學特殊地位，創造了一種不同於陽剛傳統的男性氣質，至今仍持續存在於日本文化中。[12]

從一九七〇年代開始，日本女性的日益獨立，也對男性的造型和表現產生了影響。男人試著善解人意，因為這是許多女人喜歡的。他們會模仿許多男孩團體的打扮，讓自己擁有跟偶像一樣乾淨的娃娃臉，也穿起明亮可愛的服裝。這些流行明星就算年齡增長，仍常被形容為「卡哇伊」，為成年男性提供了模仿的對象。前男團成員木村拓哉經常出現在媒體上，照顧孩子、做飯並分享自己的感受。一九九六年，口紅製造商嘉麗寶（Kanebo）推出一支非常紅的廣告，木村拓哉留著長髮，上了妝，塗著口紅。在該系列的另一支廣告中，一個女人幫他塗口紅。[13]

雖然男性的卡哇伊自我表達是輕鬆有趣的，但也被視為勇敢，因為這背離了傳統的社會規範。[14]卡哇伊男性氣質的發展，反映了日本社會整體的變化，而這種變化的背後是社會賦予女性在社會趨勢上更多的影響力。[15]

由年輕女性引領生活方式

在一九六〇年代，日本女性的受教機會增加，但全職工作機會仍大多由男性獲得。很大程度上，女性仍被社會定位為妻子和母親。[16]由於職場女性幾乎無法在企業內發展個人職涯，通常在畢業後、找到丈夫前工作數年（最好丈夫是同一家公司的員工）。儘管這些社會期望僵化且具有性別歧視，但為女性提供了男性所沒有的、短暫但重要的自由。在工作的那幾年，女性有較多的閒暇時間，可以五點下班，而不必加班。她們通常住在家裡，因此有許多可支配的收入，並且願意將錢花在她們喜歡的事情上。在一九七〇年代，年輕職業女性成為可愛文化的主要生產者和消費者。她們的消費習慣很快就被企業和媒體注意到了。[17]

媒體開始把年輕女性視為消費者，而且意識到她們正在引領潮流。卡哇伊元素的能見度提升，涵蓋範圍逐步變廣。二十多歲的女性成為關鍵族群，這個趨勢持續了數十年。[18]廣告商把年輕女性視為主要消費客群，向日本其他地區推銷她們自由生活、自由花費的生活方式。這些生活方式展現在國內旅遊活動，以及巴而可（Parco）等百貨公司的廣告中。巴而可百貨公司非常受歡迎，讓東京澀谷搖身一變，從無聊的通勤轉運中心變成了購物和娛樂商圈。[19]

到了一九八〇年代末期，年輕女性已經成為時尚領袖和「消費社會的催化劑」。[20] 在一九九〇年代日本全國經濟衰退期間，她們仍是有最多錢可花用，並且渴望自由消費的消費者群體。[21] 大眾媒體聚焦於女孩文化，將其塑造成自由的理想模式。年輕女性創造的可愛文化潮流逐漸成形，最終影響了整個日本社會，甚至全球。

日本女學生與表情圖案的誕生

一直以來，日本女孩喜歡互相通信。二十世紀初，竹久夢二就已經在他的店裡販賣可愛的文具組。一九七〇年代，精緻化商品產業推出了帶有可愛設計（例如凱蒂貓）的筆記本和信紙，大受歡迎。自動鉛筆能夠寫出精細均勻的線條，也進入了市場。這些創新非常適合女孩寫信給彼此；在女學生筆下，舊的書寫方式（日本傳統文化的支柱），徹底改頭換面。

所有日本學生在學校都被教導了要強調美麗和優雅的書法風格，並且垂直書寫日文。但女學生受到新信紙的啟發，開始由左至右水平書寫，就像英文和其他歐洲語文一樣。她們用自動鉛筆畫出心形、星星和臉（這些是最初的表情圖案），來強調語氣，並時常添加「love」和「friend」等英文單字來顯示格調。當她們被問到為什麼會發展這種新風格時，答案總是：「因為這很卡哇伊。」[22]

然而，新風格最大的不同在於文字本身。女孩不使用漢字，而是大多使用平假名這種日本本土的拼音，也就是一千多年前清少納言在《枕草子》中列出可愛事物時所用的文字。為了使其與時俱進，並成為自己的特色，女學生把每個字「可愛」化，創造出圓潤版的平假名。這種獨特風格的寫法很難模仿，也不易閱讀。閱讀沒有漢字的日文，就像閱讀單字之間沒有空格的英文一樣。這也讓老師發狂，有些學校完全禁止這種可愛的書寫風格。[23]

這種書寫風格，融合了圖畫和英文單字，也是對日本傳統文化的反叛。年輕人發明這種新的卡哇伊文字，用它來表達自我，並建立親密關係。[24] 後來，許多男孩也開始使用它們。[25]

一九八〇年代，這種文字展現了無遠弗屆的影響力。從雜誌、廣告和包裝產業都看得到，而且蘋果公司還為它增添了一組字型。[26]少女漫畫也大大擁抱卡哇伊書寫風格；漫畫家在頁面邊緣中畫上繽紛的星星和花朵，進一步發展了這種風格。[27]這種可愛的書寫風格，顯示卡哇伊如何透過跨媒體平臺（從廣告到文學），滲透到大眾消費和服務，進而主導了一九八〇年代的流行文化。[28]

一九九〇年代中期，新電信技術出現，手寫信件不再流行。具有簡訊功能的傳呼機（BB Call）首先出現，再來是行動電話。在這場通訊革命中，日本少女總是站在最前線。在設計最初，傳呼機主打的客群是值班醫師和公司業務，但後來受到日本年輕女性歡迎。一九九六年已有一千萬名用戶，其中大多數是十幾歲的女孩。那時，這些設備上的訊息傳遞功能，已經包括了心形和笑臉等原始表情圖案，接續了一九七〇年代的卡哇伊書寫風格。[29]

「絵文字」（讀音為 emoji，中譯為「表情圖案」）這個詞，組合了日文中指稱「圖片」和「文字」的字詞。表情圖案於一九九〇年代末期出現在行動電話上，並迅速成為不可或缺的溝通工具。年輕女性成為最早且最投入的使用者。但有一個問題：當時，每家電信公司都有自己的表情圖案，與其他公司不相容。將表情圖案傳送到不同的行動電話，會變成一串隨機字元。於是，各種各樣的表情圖案很快就成為行動電話的一個重要賣點。如果男朋友和丈夫想要理解她們的簡訊，就必須選擇與女性伴侶相同的電信業者。任何不受女性歡迎的新款行動電話型號，很快就會從市場上消失。[30]

iPhone於二〇〇七年上市時，在全球大受歡迎，但在日本卻慘敗。原因是？它無法在簡訊中發送表情圖案。當蘋果公司意識到自己的錯誤後，他們與谷歌合作，建立了一個國際標準，並於二〇一一年推出。[31] 結果，現在世界上有許多人很高興透過小巧可愛的圖像，來表達他們的感受。這場溝通革命最初始於日本女學生，她們利用卡哇伊元素作為媒介，與彼此分享感受。

日本女學生沒有發明表情圖案，但如果沒有她們的影響，表情圖案就不會存在。如今，年輕女性不僅引領時尚潮流和風格，也是最精通科技發展的族群。漫畫，這個日本的全球文化影響力的核心支柱，在全球青年文化中廣受歡迎的媒介，也受到日本年輕女孩大大影響，變得「可愛」。

漫畫：關鍵在於眼睛

京都國際漫畫博物館從前是小學校舍。來訪者在此瀏覽三十萬冊館藏時，唯一的聲音是舊木頭地板發出的吱吱聲。儘管這只是已出版漫畫總數的一小部分，但這家博物館仍擁有全世界最豐富的漫畫館藏。

在主要的展間裡，高高的書架靠著牆，漫畫按照時間順序排列。第一個架子展示的是二十世紀初，現代漫畫首次出現的時期。這些漫畫的繪畫風格可以追溯到《鳥獸人物戲圖》，但也受到英國諷刺漫畫和美國可愛漫畫等西方風格的影響。[32]

第二次世界大戰後，深受女孩歡迎的插圖雜誌，幾乎完全被漫畫取代。[33] 在漫畫博物館中，以十年為一個單位，所以隨著越來越多漫畫出現，二十世紀後期的書架數量明顯較多。《大力水手》（*Popeye*）、《超人》、《米老鼠》和《唐老鴨》等大量美國漫畫在一九五〇年代被譯為日文並開始流行。不過，手塚治虫的作品早已開啟了戰後漫畫熱潮。[34]

手塚治虫的作品，提高了漫畫的社會地位，使漫畫被視為一種藝術形式，而且成年人也會閱讀。這位「漫畫之神」在漫畫中借用了電影技巧，例如特寫鏡頭和變換視角，也創造了更複雜的角色和百轉千折的故事情節。[35] 之前，我們看到手塚治虫把卡哇伊變得比迪士尼的可愛更加稚氣年輕。他放大了人物的眼睛，增加眼白而讓人物在頁面上脫穎而出。從生物學的角度來說，人類傾向於關注眼睛所發出的信號，注意眼睛的白色鞏膜。

然而，手塚治虫所畫的眼睛瞳孔是漆黑的，與當今漫畫和動漫人物標準的誇張眼睛有很大的不同。漫畫家高橋真琴於一九五七年開始出版漫畫，他的角色之眼睛出現閃光和星星，開啟了變化。這種趨勢已經出現在中原淳一的插圖；畫中的女孩直視讀者，眼睛閃閃發光。藉由調整這些亮點的數量、形狀和排列，高橋真琴能夠在不使用對話的情況下，傳達人物的情感並推進故事。[36] 他的閃亮風格很快就被其他漫畫家模仿。到了一九七〇年代，有些角色的眼睛大到可以占半張臉。[37] 如今，少女漫畫中的主角往往擁有最大的眼睛。她的情緒狀態是推動故事發展的關鍵，而眼睛是靈魂之窗。[38]

我在網路上和書中都看過高橋真琴的作品，也接觸過一些受其技巧影響的畫家的作品。我在其中看得出他們的專業技術，但不知道為什麼，我從未真正感受到自己與角色之間的連結。在漫畫博物館裡，這些作品排列在牆上，我拿了一本又一本的少女漫畫，用大拇指把對話框遮住，隨意翻看幾頁，結果讓我相當驚訝。在此之前，我習慣看到的，是高解析度的複製品，角色的眼睛裡每顆星星和閃光都精確無比。但在博物館裡，我看到漫畫家在創作時預期了這些角色呈現的樣子，也就是廉價印刷的灰階圖像。所以，這些漫畫家利用了媒材的限制，以他們的技巧來增強效果。女孩的眼睛是如此深邃，看起來就像是立體的；即使不看對話，我也能了解她們的感受。這個女孩被朋友背叛了；那個人決心戰鬥；第三個人意識到她戀愛了。

這個時期的少年漫畫中也出現了可愛的角色，但保留了手塚治虫大而扁平的黑眼睛。這似乎適合以動作為主的運動或冒險故事。雖然少女漫畫深入人類情感的細枝末節，但漫畫家幾乎都是男性。

到了一九六〇年代，漫畫的大流行讓出版社急需新的漫畫家。為此，他們舉辦了各種比賽，向男女讀者徵求稿件。得獎者不僅可以獲得獎金，還有出版作品的機會。這樣的比賽讓女性能夠進入以前由男性主導的行業。此外，出版社藉由在讀者群中尋找新銳，經常讓選中的年輕人從高中一畢業就出道，在創作者和消費者之間建立了更緊密的連結。與男性前輩不同，成為漫畫家的女性都是喜歡看漫畫的女孩。她們知道女孩想要什麼。[39]

一九七二年，池田理代子推出了十一卷巨作《凡爾賽玫瑰》。一千七百頁左右的漫畫，以波旁王朝凡爾賽宮為舞臺，透過瑪麗・安東妮德和一位名叫奧斯卡的英俊衛兵指揮官的視角，講述了法國大革命前的宮廷史詩故事。奧斯卡實際上是一位從小就被當作男孩養的女孩。這部作品結合了歷史小說和流動的性別，引起了巨大的轟動，幾乎每個日本女孩都讀過。[40] 據報導，當奧斯卡被殺時，全國各地的老師被迫取消課程，因為所有女孩都無法自已地啜泣。[41]

就跟一九七〇年代的其他少女漫畫一樣，在《凡爾賽玫瑰》中，卡哇伊並不是簡單地透過充滿星星的眼睛來表達，而是以複雜的方式添加到敘事中。池田理代子在關鍵的情感時刻，會用鮮花圍繞她的角色，並放棄了傳統的頁面布局，以展示臉部的大特寫。當瑪麗公主意識到自己成為太子妃時，展現的是她的全身肖像，沐浴在月光下，玫瑰簇擁著。

巨大的眼睛、臉部和身體特寫、非線性的頁面設計、對人際關係的微妙探索，對於習慣少年漫畫的動作驅動敘事和簡單布局的人來說，這些元素很難理解。就好像少女漫畫使用了一種密碼，必須破解該密碼才能進入其複雜的愛情、友誼和時尚的世界。[42]

《凡爾賽玫瑰》不只是羅曼史。其複雜的故事也聚焦於法國大革命前的政治動亂，頁緣的註釋提供了詳細的歷史資訊。《凡爾賽玫瑰》成為有史以來最暢銷的少女漫畫之一，故事被改編成電視動畫、真人電影和好幾部音樂劇。

儘管《凡爾賽玫瑰》大受歡迎，但很少受到男性評論家的關注。他們把注意力集中在自己熟悉的少年漫畫上。[43]然而，漫畫界的另一位巨匠萩尾望都，不僅受到好評，也受到許多男性讀者的關注。一九七〇年代女性漫畫家的作品，展現了跨界的吸引力，是卡哇伊能夠在女孩文化以外傳播開來的因素之一。

萩尾望都的成功之作是《第十一人》。這是一部一九七五年的科幻漫畫，講述了十名年輕學員，在一艘退役太空船上接受現場考試的故事。到達後，他們發現總共有十一個人，而不是十個，但沒有人知道多出來的人是誰，也不知道那個人為什麼在那裡。然後，幾顆炸彈神祕地爆炸，太空船慢慢開始升溫。為了生存，學員必須共同努力，同時也知道在他們之中有一名在暗中搞破壞的人。

萩尾望都的科幻故事，大人小孩都喜歡。《第十一人》的故事精彩絕倫，我好希望自己在青少年時期就有機會讀到。然而，一開始我確實發現少女漫畫的慣例很難解讀。當學員第一次進入太空船並摘下頭盔時，大家才發現，原來成員中有一名女性，名叫弗洛爾。弗洛爾身材修長，有一頭長長的金色捲髮，但在故事的過程中，我們發現他是雙性人，但自認是男性。我對萩尾望都創造了一個雙性人角色並不驚訝；她受到娥蘇拉．勒瑰恩（Ursula K. Le Guin）等美國科幻小說作家的影響。但最初，我以為其中的主角有一半是女性。萩尾望都習慣把男性角色描繪成雌雄同體，留著長髮，有著我看起來較為陰性的五官。

這樣的性別流動，是少女漫畫的典型特徵。[44] 那些不滿日本嚴格的男性標準，也對社會上的異性戀推定感到疏遠的年輕男性，越來越受到日本漫畫的吸引。[45] 結果，越來越多成年女性和男性，接觸了少女漫畫獨特的可愛風格。[46]

卡哇伊不僅是一種視覺風格，也是一種促進人際關係的溝通工具。少年漫畫通常重視力量，而少女漫畫則強調適應力、靈活和合作。[47] 最新的趨勢是融合兩者。武內直子的《美少女戰士》是有史以來最成功的動畫系列。[48] 其可愛的女孩角色（美少女）會變身，她們在白天是女學生，而當轉變成另一個自我時，就會成為強大的戰士。

《美少女戰士》將動作與純真結合起來，呈現出一種「陰性的戰鬥方式」。[49] 這部作品也以同性戀情侶和變性戰士的故事為特色，這種性／性別的流動引起了世界各地粉絲的共鳴。萩尾說：「女孩的概念現在不僅存在於日本，而且遍布世界各地。女孩的敏感與男孩不同，但我相信男性也有這種敏感，使得少女漫畫作品具有普世的吸引力。」[50]

就跟一百多年前一樣，日本政府大力推廣卡哇伊的吸引力，但不再是藉由展示折扇和掛軸，而是在現今國際間的文化博覽會上，贊助卡哇伊展覽和活動。在巴黎的日本博覽會就是這樣的展覽，每年吸引二十五萬人前來參觀。二〇二二年，吸引了十萬人（包括我）的西雅圖翡翠城動漫展（Emerald City Comic Con）中，日本領事館和全日空航空公司都設有攤位。

但日本政府所做的不只是派代表參加這些活動。二〇〇九年，日本外務省指定三名二十多歲的女性為「卡哇伊大使」。時裝模特兒木村優代表了原宿風格，這個街區通常被稱為卡哇伊中心。青木美沙子被選為蘿莉塔時尚的代表，而演員兼造型師藤岡靜香則代表女學生時尚。[51]

如果卡哇伊文化所表達的價值觀（在少女漫畫中如此明顯）沒有引起廣泛的共鳴，那麼卡哇伊文化就不會流傳得這麼遠，也不會那麼快就流行起來。少女漫畫中，合作和交流的理想源自對可愛的重視，這種特質讓人在弱小、易碎、孩子氣和不具威脅的事物中，找到力量。然而，儘管可愛似乎已存在於人類的基因中，但人類卻也帶來了暴力、戰爭和衝突。可愛似乎在我們的演化過程中發揮了作用，但到底發揮了多大的作用？可愛有多重要？

Chapter

09

人類把自己馴化了嗎？

美國可愛美學主導了二十世紀，但二十一世紀很可能屬於卡哇伊。少女漫畫的傳播尤其顯示出，卡哇伊不僅在視覺上吸引了全球的目光，還影響了相關的價值觀和行為，例如同理心和對合作的欣賞。是因為人類演化成可以感受到可愛，所以這些卡哇伊的特質才會發展出來嗎？

提出這個問題很危險。一個世紀以來，西方的刻板印象認為，日本「全國都是小孩」，而卡哇伊的流行很容易再次傳播這種印象。可愛研究學者兼坂艾莉卡指出，卡哇伊在美國已經被視為一種特別孩子氣的可愛形式，這助長了亞裔美國女性天生順從的錯誤刻板印象。[1]

儘管演化生物學家史蒂芬・傑伊・古爾德認為，幼態延續讓成年智人變成了永久的兒童，但他小心翼翼地指出，我們對可愛特徵的依戀不僅有基因上的因素，也同時有後天習得的層面。[2] 要是忘了這個提醒，我們可能會得出不準確的結論，以為日本人是因為演化，才會比其他種族族群「可愛」。

可愛研究之父康拉德・勞倫茲就犯了這樣的錯誤。雖然他沒有專寫日本人，但他確實認為，有些人種比其他人種更容易被馴化。如果真的如人類自我馴化假說所暗示的那樣，我們藉由演化變得馴服，那麼我相信這種變化在很久以前就發生了，而且是在整個物種都產生了這種變化。接下來，我們將仔細檢視勞倫茲的想法。

可愛讓我們成爲人類嗎？

最近，人類自我馴化假說引起了人們極大的興趣，但對於它是如何發生的，仍然爭論不休。與狼不同，沒有人收留或餵養人類，讓人類走上馴化之路。此外，人類仍然有能力造成可怕的暴力。那麼，人類在演化初始是否更加暴力呢？如果是這樣，人類如何去除那些具有高度攻擊性的個體，讓更友善的個體可以將基因傳給後代？

西伯利亞狐狸實驗顯示，溫順（透過對其他物種的友善來表達）是馴化中最重要的因素。在研究狗的馴化過程中，我們發現，當狼變成狗時，牠們似乎獲得了將人類視為親族的能力，並且與實驗中的狐狸不同，狗可能是自己參與了馴化過程。

幼態延續與馴化密切相關。狗就像永遠不會長大的狼；[3] 事實上，狗似乎停留在幼年階段。狗在成年後也可以互相交朋友，這是狼所缺乏的特質。[4] 許多動物缺乏這種靈活的社會性，但人類完全展現了這種社交能力。或許人類找到了一種方法，讓溫順成為一種生存優勢。

史蒂芬．傑伊．古爾德解釋，人類在成熟時藉由保有年幼特質，來表現出「逆向成長」。他認為，這種幼態延續在各個方面出現，是因為人們發現它的可愛。[5]現在，許多著名的演化生物學家在探討自我馴化時，都認為「可愛」是最重要的特徵。[6]與年少相關的特質，例如學習新事物的能力，是人類重要的特點，而我們終生愛玩的傾向，讓這些特質得以表達。

如果人類是馴化物種，那麼我們喜歡幼態延續所帶來的可愛，可能至少在十萬年前，就讓我們的行為和外表上出現了變化。換句話說，可愛不僅僅是一種偏好；可能還是我們演化為智人的原因。不過，我們又回到了先有雞還是先有蛋的問題。可愛可能影響了人類的演化，但人類是因為馴化而可愛，還是因為可愛而馴化？

勞倫茲的嬰兒圖式與納粹

康拉德．勞倫茲曾說過，尼安德塔人滅絕的原因是他們覺得智人（現代人類）「更可愛」，所以捨棄自己，留下智人。[7] 那時，沒有人認真看待這個想法，因為大家認為人類要不是在競爭中擊敗了尼安德塔人，就是以暴力滅絕了尼安德塔人。不過，馬克斯普朗克研究所（Max Planck Institute）的科學家發現，現代人類的基因組中包含了尼安德塔人的DNA，讓勞倫茲的論點有了不同的意義。[8] 尼安德塔人不是現代人類的直系祖先；狗則是一種已滅絕的狼的後代。然而，智人能夠與尼安德塔人交配並繁衍後代，就像狗與現代的狼一樣。

智人比尼安德塔人可愛嗎？尼安德塔人有厚重的眉脊、斜傾的前額和突出的下巴。智人的頭比較小、比較圓，臉比較短，也扁平一些。[9] 智人的牙齒、下巴和鼻子比較小，而這些特徵也區別了狗與其野狼祖先。[10] 也許康拉德．勞倫茲是對的：尼安德塔人確實比較喜歡智人。可是，當勞倫茲把自己關於可愛的知識應用到現代人類身上時，就非常有問題。

康拉德・勞倫茲在一九四三年創建的嬰兒圖式，列出了大多數人認為可愛的幼態特徵，為數十年來對可愛本質的研究提供了依據。我一開始就知道這是可愛研究的關鍵。然而，當我開始深入研究他的工作和人生時，發現這位傑出的科學家竟然是納粹黨的正式黨員，也是納粹政府種族政策辦公室的成員，積極支持著直接導致大規模屠殺的「種族科學」。[11]

就像其他參與納粹的知識分子，康拉德・勞倫茲在戰後悔悟，無損其聲譽。一九七三年，他與反納粹的同事一同獲得諾貝爾獎。他的同事也相信勞倫茲真誠地後悔自己以前的政治選擇。[12]

現今，大多數可愛研究相關學者，如果曉得康拉德・勞倫茲的納粹背景，都認為他的嬰兒圖式與其納粹過去無關。[13]但真的是這樣嗎？人類自我馴化是他在人類生物學的研究和著作中的一個關鍵概念。他對於可愛的想法（包括嬰兒圖式）與他對此主題的思考緊密相連。在進行更多研究之後，我發現勞倫茲從未放棄自己關於可愛的基本原則，也就是他在戰爭期間提出的、與納粹意識形態一致的想法。我認為，這危及了整個可愛研究領域，便決定仔細檢視，看看最初影響其想法的種族主義，是否可以輕易地與可愛研究切割開來。

人類比較像是馴化動物，而不是野生動物，也就是說，我們馴服了自己。這個理論有悠久的歷史。主要的爭論點有兩個：第一，馴化只發生在某些族群還是適用於所有人？第二，這是好是壞？

關於馴化是否適用所有人類的爭論，可以追溯到古希臘人。亞里斯多德（Aristotle）認為，只有定居的農民、村莊和城市居民才可以被馴化，而其他哲學家則不同意。泰奧弗拉斯托斯（Theophrastus）認為，馴化是人類的普遍現象，而且人類是馴化程度最高的物種。[14]

這兩位古希臘哲學家都認為人類馴化是一種正面的發展，但在十九世紀末和二十世紀初，人們從負面的角度看待人類馴化，而這正是康拉德．勞倫茲之論點的框架。當時，許多德國知識分子相信雅利安人（Aryan）在種族上最為優越，但勞倫茲和其他人認為，所謂的美學和道德美德之所以產生，是因為雅利安人是沒有被馴化的人種。[15]

康拉德．勞倫茲一生都相信，本能驅使著人類的行動。他認為，馴化改變了這些本能及其引發的行為，特別是與「家庭凝聚、父母關懷和後代保護」相關的行為。換句話說，他認為，若我們把自家嬰兒以外的事物視為可愛，代表我們為人父母的本能已經減弱了。[16]

勞倫茲認為，當本能變得較弱時，更容易被觸發並導致他所謂的「錯置反應」（misplaced responses）。例如，小狗「被沒有孩子的女性養育、代行照顧」時，這些女性對寵物傾注的愛，代表至關重要的父母本能已經失靈。勞倫茲接著斷言，可愛的狗、娃娃和其他引發我們感情的「假人」，導致了「社會行為的粗野」。[17]

第二次世界大戰後，康拉德．勞倫茲的觀點受到許多科學家挑戰，[18]但他從未放棄自己的觀點，認為本能驅動著我們的情感和價值判斷。[19]因此，他認為對可愛的反應是一種揮霍，我們太常覺得嬰兒、動物和其他物體很可愛；而這是一件壞事。他的嬰兒圖式旨在說明這個想法。[20]

根據康拉德．勞倫茲的說法，如果一種本能因為馴化的影響而搞錯方向，那麼人類就會做出「不正確的」美學判斷。但是，由誰來決定哪一種反應才是正確的呢？不是誰，正是勞倫茲本人，而這就是他的想法之所以危險的地方。可愛感受可能是對某些刺激的生物反應，而這些刺激是人類DNA的一部分，但在把生物學的見解應用於文化美學判斷時，應該更為謹慎。太過直接的推測，經常導致種族刻板印象和歧視，進而認為有些人種演化的程度較低、較不「適合」生存。

目前的研究認為，在有意識的思考出現之前，可愛就吸引了我們的注意力，讓大腦為社交和尋找歸屬做好準備。然而，接下來是一個「認知評估」階段，我們會思考所看到的東西。每個人的成長經驗和文化背景，會影響後續的感受和行為。因此，對可愛事物的生物反應，並不完全指揮了我們對可愛所做出的行為。

我認為，人類覺得娃娃或小狗可愛，是演化帶來的正向特質，而非康拉德·勞倫茲所認為的缺陷。對可愛的偏好，可能透過適應和選擇塑造了人類的演化，甚至導致我們被馴化。另一方面，我們並不總是溫順可愛。如果十萬年前，真的有未馴化的惡霸跑來跑去，那麼溫順的個體是如何擺脫這些惡霸，將自己的基因傳下來呢？

有關惡霸男的神話

關於人類自我馴化的爭論，關鍵在於：如何讓社會上具有高度攻擊性的個體減少，而給予較友善、比較懂得合作的成員生存和演化的空間？沒有人知道確切答案。古代人類的DNA也沒有透露太多關於生活在十萬年或二十萬年前的人們的動機。

黑猩猩是人類現存的近親，但其社會的暴力程度，至少比任何人類社會高出數百倍。[21]如果我們最初像猿類一樣具有高度攻擊性，那麼我們如何排除那些惡霸男（alpha males，又音譯為「阿爾法男」），也就是那些為了維持地位而激烈戰鬥的暴君？如果這樣的雄性領袖殺死了性對手，以確保自己的基因得以傳承，那麼那些不那麼好鬥的個體是如何擊敗他的呢？

哈佛大學生物人類學教授理查．蘭厄姆（Richard Wrangham）提出，協同處置是解決這個問題的一個方法。在他看來，人類語言的發展，幫助除去了雄性領袖。一旦人類具有交談的能力，地位較低的男性群體就可以聚在一起祕密地計畫，然後為了共同利益，殺死一個具有威脅性的暴君。這群比較懂得接納、彼此合作的男人，就有機會留下他們的基因。在理查・蘭厄姆看來，這種協同處置啟動了自我馴化。最終，透過系統性地消滅具有攻擊性的雄性，人類成為現今相對冷靜且互相合作的物種。[22]

理查・蘭厄姆的理論認為，自我控制能力較強的男性，會對那些讓其他人生活悲慘的好鬥惡霸，發動致命攻擊。他想像的是一個狗咬狗的世界，裡面沒有可愛。另一方面，有些科學家對人類狀況抱持較正面的看法。靈長類動物學家法蘭斯・德瓦爾（Frans de Waal）寫道：「我不敢相信我們仍然遵循佛洛伊德和勞倫茲的想法。唯有遏止人類生物機制才能實現最佳社會性，這樣的想法已經過時了。」[23]

法蘭斯・德瓦爾並不認為好鬥是人類的主要特徵。他在研究過程中，親身接觸了許多黑猩猩族群中的優勢雄性，發現大多數都與殘酷的惡霸形象完全相反。原因是，這些優勢雄性是藉由群體中其他成員的幫助而崛起。德瓦爾寫道：「如果有對的支持者，最小的雄性也可能站上高位。」[24]這與理查・蘭厄姆的主張相去甚遠。蘭厄姆認為，身體最強壯、最具攻擊性的雄性總是獲勝。

一群從屬男性處決暴君，這可能是人類自我馴化的其中一個因素，但不太可能是唯一的因素。理查・蘭厄姆的敘述以男性為中心，並假設史前人類社會都是父權與獨裁體制。[25]他不認為女性在人類自我馴化過程中有任何作用，因為她們的體力較弱。[26]畢竟，在靈長類群體中，高位雌性的地位仍低於雄性領袖。在這種情況下，女性如何行使任何程度的權力呢？

二〇一六年，一隻名叫「嬤嬤」（Mama）的黑猩猩死後，在網路上聲名大噪。當時，她在荷蘭的一家動物園，臨終前深情告別長期飼養員揚．範霍夫（Jan van Hooff）的影片，在網路上瘋傳。嬤嬤活到五十九歲，在漫長的一生中，學會了如何利用其雌性角色，在雄性主導的靈長類動物社會中行使權力。法蘭斯．德瓦爾也認識嬤嬤。他寫道：「嬤嬤是雄性權力鬥爭的積極參與者。她會為某位雄猩猩爭取雌猩猩的支持。如果他成功登上頂峰，就欠她一份情。然而，這隻雄猩猩最好留在她身邊，因為如果遭到嬤嬤的背棄，他的生涯可能就這麼結束了。」[27]

雖然法蘭斯．德瓦爾承認，在野外尚未觀察到雌性有這種行為，但在圈養下有這種行為，顯示這樣的能力的確存在。

薩波斯基的狒狒

在圈養環境中，動物在野外受到抑制的天性，有得到表達的機會。然而，在適當條件下，即使是野生靈長類動物族群，也能發展本性中較溫和的一面。

一九七八年，靈長類動物學家羅伯特・薩波斯基（Robert Sapolsky）研究了塞倫蓋提（Serengeti）稀樹草原狒狒的社會和心理壓力。他選擇的群體有充分的機會享受輕鬆的生活方式。食物充足，掠食者稀少，但群體成員之間的互相攻擊卻十分常見。薩波斯基寫道：「基本上，狒狒白天大約有六個小時都在互毆。」[28]

在一九八〇年代初期，災難降臨。這些狒狒在距離一家旅社約〇・八公里的地方睡覺。近來，該旅社開始把垃圾倒在沒有掩蓋的坑裡。垃圾場的食物比森林裡更加豐富，但已經被另一群狒狒發現，所以薩波斯基觀察的那一群狒狒，只有最具攻擊性的雄性才敢去那裡覓食。然而，一九八三年，由於人類丟棄的肉類受到病菌感染，爆發了牛結核病，前去垃圾場尋找食物的狒狒都死了。薩波斯基觀察的群體中，四十六％的雄性死亡，只留下攻擊性較弱的雄性。[29]

到了一九八六年，群體的行為發生了顯著的變化。雄狒狒與雌性之間的互動增加了，像是相互梳理等等，階級統治相對寬鬆，較少暴力。[30] 隨著地位較高的雄狒狒較為接納異己，地位較低的雄狒狒承受較少壓力，對雌性的攻擊也減少了。此外，當新的青春期雄狒狒加入這個群體時，牠們也採取這種較溫和的社會風格。薩波斯基的研究認為，之所以會出現這樣的狀況，是因為群體中的雌性對待新加入雄狒狒的親和態度，與對待既有雄狒狒相同。[31]

法蘭斯．德瓦爾觀察的黑猩猩孃孃和薩波斯基的狒狒都顯示，雌性可以減少雄性的攻擊性，但這些例子都是單一動物群體。把自我馴化擴展到整個物種，需要一個沒有捕食者的棲息地，讓接受和包容有機會蓬勃發展的環境，並且需要數千年的時間才能實現。除了動物園的圍欄，或恰巧疾病爆發，殺死所有具攻擊性的雄性之外，還可以怎樣滿足這些條件呢？

動物的自我馴化

當動物生活在沒有掠食者的島嶼時，外觀會逐漸改變。鳥類可能會失去翅膀；大型動物會變小。有一種史前大象，最後身高不到一百公分。其他變化還包括了性成熟延遲和雌雄之間的差異縮小。

新環境也會影響行為。島上的動物比較不會互相攻擊，也可能不再畏懼陌生，變得幾乎溫順，像是紐西蘭不會飛的鳥。生物學家將這一系列的變化稱為「島嶼法則」（Island Rule），是馴化症候群的一部分。遷徙到孤島的動物族群能夠馴服自己嗎？若要檢驗這個假設，我們必須比較島嶼族群與大陸族群。可惜，矮象很早就滅絕了，無法進行這項研究。[32]但有類似黑猩猩的倭黑猩猩，或許可以提供一些答案。

一、兩百萬年前，倭黑猩猩的類似黑猩猩的祖先，被孤立在剛果河以南。不同於河對岸的族群，這些靈長類動物有個絕對的優勢：這裡沒有大猩猩。黑猩猩和大猩猩這兩個物種，在沒有水果的情況下，會競奪草食。[33]島嶼規則在此是否適用呢？

黑猩猩和倭黑猩猩，都是人類現存的近親，皆有九十八％的 DNA 排序與人類相同。

然而，由於倭黑猩猩棲地偏遠，一直以來人類對其所知甚少。其實，倭黑猩猩與黑猩猩非常不同。牠們的頭部較小，前額較高，嘴唇為粉紅色，犬齒較小，還有扁平敞開的臉。[34] 倭黑猩猩尾巴上的白色斑塊，黑猩猩在小時候也有，但成年後就會不見。[35]

馴化症候群不僅表現在倭黑猩猩的外表上。演化人類學家布萊恩・黑爾表示：「就像倭黑猩猩一樣，黑猩猩在小時候來者不拒，與他者和平共處，但一進入青春期就會改變。青春期的倭黑猩猩又是如何呢？什麼都沒發生！牠們不會改變。倭黑猩猩照樣嬉戲、彼此分享、交配，一切都繼續。就像彼得潘。」[36]

與黑猩猩相較，倭黑猩猩社會中的攻擊行為相對較少。[37] 不同於雄性主導的黑猩猩社會，雌性在倭黑猩猩群體中擁有主導權，一位雌性首領處於頂端。由於雌性在生理上不如雄性強壯，因此在群體內需要合作以懲罰過度暴力的雄性。

野生雄性倭黑猩猩的攻擊性比不上雄性黑猩猩，但雌性倭黑猩猩卻比雌性黑猩猩有較強的攻擊性。透過合作來控制雄性的行為，使得雌性倭黑猩猩能夠自由選擇伴侶，而且牠們傾向選擇較溫和、不鬥狠的雄性。長時間下來，這種偏好可能創造出一個較友善的社會。[38]

總而言之，倭黑猩猩似乎是自我馴化物種的典型例子。我越研究，就越想親眼看看這個母系社會。但是剛果太遙遠了，我決定去一趟動物園。

自一九六〇年開始，聖地牙哥動物園就擁有一群倭黑猩猩。畢竟牠們是稀有動物，我原本以為動物園會把牠們放在顯眼的地方，結果倭黑猩猩區藏在一角。要先走過大猩猩區，然後走下沒有標記的樓梯，就可以前往鳥舍，或是循著指標，去看某種不明靈長類動物。沿著後面的這條小路往前走，倭黑猩猩就會出現在眼前。

就算是要走這麼一段路，聖地牙哥動物園的倭黑猩猩熱血粉絲還不少。[39] 其中有一些粉絲對倭黑猩猩的了解，得要主動攀談才有機會探知，而另一些則是只要有人願意聽，就會自動分享。我一到那裡，有幾隻倭黑猩猩已經跑向前，隔著厚厚的玻璃對著遊客，其中幾隻看起來特別活潑。我請一位健談的粉絲幫我拍了一段我和倭黑猩猩互動的影片。她說：「沒問題！靠過去，坐在牠們旁邊。你的相機開著嗎？」

那位女士一拿起相機，就開始發出某種猿類的叫聲。倭黑猩猩隔著厚厚的玻璃，不可能聽到她的聲音。所以我想，她是在教我怎麼和猩猩一起玩，要我放開一點，動作大一點。真的有用。我的動作大了一些，還對倭黑猩猩微笑，結果牠們也對我做了手勢。

倭黑猩猩是聖地牙哥動物園的稀世珍寶。為什麼牠們這麼不容易找到呢？我想知道，這是否與美國清教徒主義有關，因為倭黑猩猩從早到晚都有性相關的行為。

大多數哺乳動物只在可能受孕的期間對性感興趣。然而，倭黑猩猩將性接觸用於其他非生殖目的。[40] 當然，人類也是如此，只是我們會揀選伴侶。倭黑猩猩的性不一樣。若兩隻或兩隻以上的倭黑猩猩，因為利益衝突而出現緊張氣氛，一種緩解的方法就是性，無論是同性和異性之間，各種姿勢都有可能。[41] 有時，當倭黑猩猩之間確實出現攻擊時，也可能會利用性接觸做為和解的一種形式，或者旁觀者會提供性接觸來撫慰落敗的一方。[42]

我在聖地牙哥動物園只目睹了一次性互動。在那個當下，現場的倭黑猩猩粉絲熱情鼓譟，而偶然發現這一幕的一個家庭則幾乎歇斯底里。隨著天氣越來越熱，倭黑猩猩對玻璃另一邊的人類感到厭倦，跑到圍欄遠端的一個小洞穴裡，尋找遮蔽，躲避陽光。從遊客站的地方，幾乎看不到洞穴，但看起來倭黑猩猩在裡面彼此擁抱、觸摸甚至親吻。

語言是一種馴化力量

史前人類是否曾經用性接觸而不是握手來打招呼？女性領袖是否透過聯盟的力量統治男性？無論是哪種方式，我們都沒有確切的證據。關於約束雄性個體的攻擊性，還有其他方式。畢竟，人類有語言，而這是猿類所缺乏的優勢。

達爾文對孔雀尾巴的擔憂是出了名的，因為他不明白自然選擇如何在沒有生存優勢的情況下，產生如此誇張的特徵。最終，他認為雄孔雀之所以演化出這樣的尾巴，是因為雌性喜歡。達爾文在第二本著作《人類的由來》（*The Descent of Man*），提出了性選擇理論，認為美學對於擇偶很重要。換句話說，如果雌性喜歡有更多眼點的尾羽，那麼雄孔雀就可能會長出越來越多浮誇的尾巴。

根據達爾文的性選擇理論，女性可能會透過與她們喜歡的男性交配，來影響人類的自我馴化。語言的發展可能有助於這個過程，因為語言提供了另一種新方法來評估潛在伴侶。[43]

如果較無攻擊性的男性願意幫忙照顧孩子，他們會更具有吸引力。康拉德·勞倫茲不贊成人類把娃娃和動物視為可愛，因為他認為我們最初的本能，只有關心自己的孩子。但如果照顧別人的孩子成為演化優勢呢？也許對可愛的反應之所以如此容易被觸發，是因為照顧孩子的好處大於壞處。即使這樣的反應延伸到其他動物和物體，額外的精力也是值得的。

我們無法比較早期智人和人類已滅絕的祖先的育兒方式。但可以看看其他靈長類動物如何照顧寶寶。大多數靈長類動物出生時，看起來與成年動物不同。除了符合勞倫茲之嬰兒圖式的特徵，還會出現一些格外吸引人的地方，例如耳朵、腳和臀部周圍出現亮粉色皮膚，讓牠們特別顯眼。小猿越幼態，看起來就越可愛；至少在人類看來是這樣。但猿類也有同樣的感覺嗎？[44]

事實上，大多數靈長類動物都對嬰孩著迷，而且越小越好。社會生物學家莎拉・赫迪（Sarah Hrdy）認為，嬰兒圖式的腦神經基礎，在猿類身上就已經存在。換句話說，牠們也可能會覺得小猿可愛。[45]

話雖如此，無論幼崽被認為可愛與否，靈長類社會中對幼獸的照顧方式，仍然存在很大的差異。母猿的占有欲是出了名的強烈，不允許其他猿隻抱自己的孩子，[46]而黑猩猩母親在孩子出生後的最初幾年裡，一直與孩子保持接觸。康拉德．勞倫茲會認為這是對可愛的純粹生物性反應。在他看來，小黑猩猩可愛的外表和行為，會引起母親強烈的照顧衝動，以至於母猩猩無法允許其他猩猩來幫忙。

相比之下，人類母親願意與他人分擔對嬰兒的照顧，而這可能始於我們早期的演化階段。莎拉．赫迪和其他生物學家認為，父親、祖父母、兄姊和其他照顧者，在合作養育小孩的過程中，增強合作與協同的技能。這些能力的發展，使得人類和其他靈長類動物有所區別。[47]

為什麼人類的祖先母親與猿類的行為不同，會允許其他人幫忙照顧珍貴的嬰兒呢？隨著原始人類變得更加聰明並開始使用工具，他們的後代需要更長的時間才能成熟，並且需要更多的能量來維持更大的大腦。結構緊密的群體共同努力尋找更高熱量的食物，增加了內部成員之間彼此的信任，並促成了合作育兒的契機。[48]一開始就選擇攻擊性較低的雄性作為伴侶，可能可以加速這個過程。

剛出生的嬰兒可愛嗎？

與猿猴嬰兒不同，人類嬰兒出生時往往不像六個月後那麼可愛。[49] 然而，母親大腦中的化學變化，例如催產素（oxytocin，或稱「擁抱激素」）和催乳素（prolactin，與分泌母乳有關）的增加，讓人類母親對新生的孩子產生強烈的依戀。[50] 這就引出了一個問題：那麼父親、小孩的手足和祖父母呢？合作育兒的理論需要這些人也對新生兒產生依戀，甚至要在新生兒達到最可愛之前。

事實證明，父親和其他與新生兒關係密切的人，體內催產素（甚至催乳素）的濃度都會升高，儘管濃度低於母親。[51] 此外，新手父親接受核磁共振掃描時，在有關依附、同理心和照顧的大腦區域，也出現了變化。[52]

如此一來，新生兒在達到最可愛的狀態之前，就可以從母親和其他家庭成員那裡，得到所需要的照顧。儘管如此，新生兒已經展現了兩個顯著的可愛特徵，如勞倫茲的嬰兒圖式所指出的：圓圓的大腦袋和討人開心的圓滾滾身材。

其他靈長類動物並沒有像人類這樣有胖嘟嘟的嬰兒。這個特徵可能是在我們與猿類共享最後一個祖先之後，才演化出來的。[53]「bonny babe」一詞，本來的意思是胖嘟嘟、健康的樣子。[54]巴納姆的嬰兒秀有一個類別是「最胖」的嬰兒。即使在今天，出生報告中也會記錄新生兒的體重。額外的脂肪有助於在出生後立即餵養貪婪的大腦，也可以增強嬰兒面對疾病的抵抗力。一旦父母注意到這一點，很可能開始喜歡胖嘟嘟的嬰兒。

胖嘟嘟是新生兒能夠吸引成年人的其中一種可愛特徵。其他特徵還有他們的圓頭，以及新生兒在四、五週出現社會性微笑之前，會一閃而逝的「反射性微笑」。[55]然而，可愛的真正力量要到後來才會發揮作用。當這種情況發生時，可愛的嬰兒不僅會引發照顧行為，還會激起範圍較廣的社交參與。例如，四個月大左右，嬰兒的笑聲會促使催產素分泌，即使聽者並非其父母。[56]研究發現，五到六個月大的嬰兒是最可愛的時期（儘管他們的可愛會持續數年）。在這個年齡層，嬰兒開始牙牙學語，與其他可愛的特徵（例如笑聲），一同吸引更多關注，並促使成年人開始把他們視為獨立、有個人意識的主體。[57]

正向的循環迴路強化了這個過程。一旦具有攻擊性的成年人逐漸從基因庫中被淘汰，且馴化開始，較為可愛的嬰兒就會得到更多的照顧，進而加速了這個過程。如果嬰兒主動尋求社會化，更會促進這樣的循環。但嬰兒能夠辨識那些願意幫助他們的人嗎？

嬰兒如何發揮自己的可愛？

耶魯大學嬰兒認知中心進行了一個有史以來最可愛的實驗，探討嬰兒有多了解自己與他人的關係。研究人員給六個月和十個月大的嬰兒看了兩段簡單的影片。第一段中，一個長著圓眼睛的紅色木製圓柱體，想爬上一座綠色的山丘，但它失敗了，後來，一個有圓眼睛的黃色三角柱體跑出來，幫它爬了上去。[58]第二段出現一個戲劇性轉折：當紅色圓柱體努力爬上山時，一個藍色方塊突然出現在山頂，把它推下山坡。

看完這兩段影片後，嬰兒會收到一個托盤，托盤上有剛剛看過的黃色三角柱體和藍色方塊。幾乎所有嬰兒都立即伸手去拿友善的黃色三角柱體。[59]這顯示，即使是嬰兒也具備評估他人行為的能力，能決定誰可能會幫助他們。[60]

在實驗的第二個部分，耶魯大學的團隊讓嬰兒看另一支影片：紅色圓柱體要選黃色三角柱體，還是藍色方塊。當紅色圓柱體接近藍色方塊時，十個月大的嬰兒表現出驚訝，而六個月大的嬰兒則沒有。年齡較大的群體可以理解他人也有自己的目的，而這種變化是一系列相關能力的一部分，發生在嬰兒九個月大左右。[61] 在這個年齡時，嬰兒開始理解其他人有目標和計畫；而且這些目標和計畫可能包含嬰兒自己，所以他們開始關心那些是否實現。他們會不遺餘力地提供幫助，當他們的行為得到認可時，會表現出自豪；失敗時，會表現出尷尬。[62]

嬰兒發展這些能力時，剛好是他們最可愛的時候，這絕非偶然。莎拉·赫迪寫道：「人類嬰兒是社運人士和推銷員，想方設法維持自己的生存。」[63] 她堅信，這是因為我們的祖先偏愛可愛嬰兒的行為和外表。[64] 在演化過程中，那些善於找出誰可以幫助自己的嬰兒，能夠獲得擁有多位照顧者的優勢，就更有可能存活到長大成年，並繁衍後代。[65] 然而，若赫迪的理論正確，可愛影響了人類數百萬年的演化，包括尼安德塔人在內的所有人屬。因此，我們沒有成為馴化物種，但已經讓自己變得溫順了嗎？

先有可愛，才有馴化

有關人類自我馴化假說的證據越來越多，但尚未被證實。一些科學家不認為馴化症候群存在，因為在不同物種之間的運作方式並不一致。[66]其他人則質疑神經嵴和馴化之間的關係。[67]也有人認為，是其他原因讓人類的攻擊性獲得控制，同時出現社會意識，例如共同創作音樂。[68]

可愛可能透過兩條途徑使我們成為人類：女性偏好較平和、懂得接納的伴侶，或照顧者偏好較可愛、比較外向的嬰兒。這兩條路徑都同時考慮了行為與外表。語言學家史蒂芬．萊文森（Stephen Levinson）說，這兩個過程很可能是同時進行的，並稱之為「可愛選擇」的雙重運作。[69]

自我馴化假說認為，當人類演化成智人時，就開始變得溫順。然而，史蒂芬．萊文森認為，即使人類沒有馴化，幼態延續的外表和同理心本質，也可能透過可愛選擇而發展出來，儘管要花比較長的時間。他認為，對可愛、友善和合作的偏好，使人類成為「讀心師」，能夠反射性地掌握他人的意圖，這就是語言成為關鍵的原因。

之前，我提出了一個先有雞還是先有蛋的難題：人類是因為馴化而可愛，還是因為可愛而馴化？即使人類沒有像雞一樣被馴養，但我認為我們已經解決了這個難題。無論是時間悠長還是快速的串聯反應，是透過適應還是選擇，我相信人類始終選擇與群體之中，較為開放、好奇、願意交際的個體在一起。這些特質越來越會出現在看起來年輕、有幼態延續特徵之外表的人身上。於是，在可愛及其相關特質的引導下，人類演化了。所以，是先有蛋，也就是先有可愛。

Chapter 10

可愛文化的未來

看完可愛在人類演化過程中的重要性，讓我們把焦點從遙遠的過去，拉到不久的將來，看看可愛如何影響科技和社群。可愛只是一時的趨勢，還是會產生持久的影響呢？

米老鼠越來越可愛、越來越年輕。這個變化與人類從靈長類祖先演化的過程雷同。然而，變年輕的不僅是米老鼠。按照史蒂芬．傑伊．古爾德測量顱顏比例的方法，研究人員發現，從一九三二年到二〇一六年，大約有兩百三十個北美卡通人物，經歷了相同的年輕化過程，越來越符合康拉德．勞倫茲之嬰兒圖式的特徵。[1]

這段時期，兒童成為營利公司的目標族群，這些公司越來越了解哪些設計能夠吸引這些新受眾。這些孩子長大後，並不想放棄他們童年曾喜歡的角色，使得懷舊市場蓬勃發展。[2] 鑲有珠寶的凱蒂貓娃娃和米老鼠勞力士手錶，並不是為兒童設計的。世界各地的粉絲大會，讓成年人可以表達他們對超級英雄、電子遊戲和動畫的持續熱愛。曾經，這些東西都被認為是幼稚的消遣。

可愛的力量

擁有穩定的工作和結婚生子，是傳統上成年人必經的人生階段，但對許多人來說，世界已經改變了。在這個全球化時代，工作不穩定。隨著越來越多成年人延長青春年華，結婚和組建家庭的時間往往被推遲。隨著兒童和成人之間的界線變得模糊，這些願望反映在周圍的文化中。拒絕邁入中年的成年人，追求著讓生理和心理都維持年輕的方法，不僅要外表看起來年輕，也要活得像年輕人一樣。[3] 大學生穿著睡衣去上課，老年人結伴去迪士尼玩。《紐約時報》針對「如何在旅行時快速結交朋友？」這個問題，所給的建議是「玩匹克球」——我記得這是我求學時流行的運動。[4]

大人世界的可愛，似乎也以其他方式表現。最近我回西雅圖時，驚訝地發現，在我不在的時候，那些沒有生命的物體似乎變得栩栩如生。在我入住的飯店裡，水槽下方的一個天鵝絨袋子上，貼著標籤：「噓！吹風機正在睡覺。」外面，共享汽車停車場的標誌寫著：「Zipcars 住在這裡。」一列火車駛進車站，上面寫著：「我右邊的車門會開啟。」把物體視為有意識，看作是值得同理的生物，這對我來說並不陌生，因為這是日本的長期傳統。現在，這樣的潮流似乎蔓延到美國。

就像可愛一樣，擬人化是一種文化趨勢，如果我們無法將物體或其他生物視為能夠思考甚至激發同理心，那麼擬人化從一開始就不會存在。在世界各地，可愛與不成熟連結在一起，但也連結到可塑性。年幼的孩子很可愛，但他們以後會變成什麼樣子還不清楚。而未成熟時的可塑性卻是一種力量。由於人類需要更長的時間才能成熟，因此我們保留了年輕時的適應能力，並且能夠在一生中學習新事物。

由於可愛與這些年輕特質的連結，對成年人來說，這提供了一種方法，讓他們表現出自己仍然有能力在不穩定的經濟中獲得成功。然而，可愛的物體往往很小、沒有威脅性、稚嫩且脆弱。當成年人擁抱可愛時，就有可能被指責為退回嬰兒狀態。[5]

獸迷的世界

粉絲大會中，經常有人把自己打扮成最喜歡的虛擬人物。「cosplay」（角色扮演）這個詞，是「costume」（服裝）和「play」（遊戲）的組合詞，最初是在日本使用，現在已經全世界通用了。然而，那些自稱「獸迷」（furries）的年輕人，從頭到腳都穿著與特定角色無關的動物服裝。這些服裝無關乎任何商標系列。獨一無二，而且非常可愛。

獸迷在媒體上的名聲很差，幾乎總是被說幼稚，或者被視為對毛皮有怪癖的性戀物癖者。然而，我對後面這種說法持保留態度。我的表妹莎拉從十三歲起就是個獸迷。不是什麼性癖好，而是她喜歡動物和藝術，讓她成了獸迷。

莎拉想要設計並製作名為「獸裝」（fursuits）的全身動物服裝，便與七位獸迷藝術家一起搬到辛辛那提市的郊區。在他們前往匹茲堡市參加名為Anthrocon的大型獸迷大會之前，我拜訪了他們。

抵達之後，我發現莎拉家的牆上掛滿了毛皮藝術品，客廳裡還有一個動漫角色的人形圖板。到處都是魚缸和鼠籠。在地下室的工作室裡，牆壁的架子上排列著不同顏色的毛皮，配有縫紉機的工作檯與擺滿繪畫和手工用品的桌子交錯擺放。天花板上懸掛著處於不同製作階段的獸裝。

我花了幾個下午與這群人談論他們的可愛世界。他們自我定位為藝術家，所以想當然爾他們的興趣源自於藝術作品。他們一開始是在社群媒體上發現粉絲群，在那裡觀察了擬人化動物的藝術，並開始關注其他藝術家。在網路上，每個人都取了另一個名字，莎拉自稱為「米爾基」。大多數都會有自己的擬人化動物角色，他們稱為「獸設」（fursona，註：指獸人設定，由 furry 和 Persona 所組成）。

獸設可以是任何動物，例如狗、狐狸或兩者的結合。幾乎所有獸迷都有一個或多個獸設，而且大多數都會請人幫忙製作個人圖像，用於網路上的個人頭像或是粉絲大會上佩戴的徽章。[6] 莎拉首次在大會上見到朋友時，就是透過徽章上的圖像來認出對方，並用獸名稱呼彼此。

我很好奇大家怎麼選定自己的獸設，便詢問了莎拉和她的朋友。原來，大多數獸迷並不會以某個既定角色、著名動物甚至寵物為基礎。靈感通常來自個人，是一種自我塑造。儘管大多數獸迷承認自己與獸設有共同的特徵，但他們通常不覺得自己是被困在人體中的動物。[7]

無論是自己製作服裝還是向其他藝術家購買，大部分獸裝都由獸迷親手打造，而非媒體衍生的產物。二十五％的獸迷是藝術家或作家，所以有非常多設計師可以讓他人想像的獸設成真。[8] 許多必須訂製的獸裝，價值高達數千美元。[9] 經濟分析師森永卓郎認為，這已經是一種「區塊經濟」（block economy）。

在東京的秋葉原，有許多小商店和娛樂場所的目的，是滿足那些被稱為「御宅族」的漫畫和動漫粉絲。這些小型供應商的經營者通常也是粉絲，源源不絕地推出新產品，同時利用利潤來供給自己的迷戀。森永卓郎表示，「資金在一個狹窄、封閉的市場中，從一個地方流通到另一個地方，沒有人真正獲利。如果沒有人賺錢，為什麼還要生產東西呢？答案是愛。製作者也是御宅族，他們希望為其他欣賞自己作品的御宅族製作。他們正在追求自己熱愛的事情。」[10]

我拜訪莎拉和她的朋友時，他們正在趕工，以便及時完成獸裝和藝術品，穿去參加在匹茲堡市舉行的Anthrocon獸迷大會（世界上數一數二的獸迷大會）。到了大會現場後，他們會直接去藝術家巷：一個巨大的大廳，裡面擠滿了獸迷藝術家，很類似剛剛提到的日本區塊經濟。莎拉和她的朋友會向喜歡的藝術家購買作品；藝術家自己也會休息一下，參觀其他攤位。正如森永卓郎所說的，這些人追求的不是金錢，而是愛，而他們愛的東西就是可愛。

他們甚至有自己的行話。當我給莎拉等人觀看我與西伯利亞馴化狐狸會面的影片時，他們說：「那太寶寶了！」（That's so baby!）這句話反映了一個有趣的觀點。可愛與童趣的連結已融入人類的基因，但成年人也越來越沉迷於可愛，正如獸迷的例子所示。我要親自嘗試一下，還有什麼地方比吸引九千位獸迷的 Anthrocon 大會更合適呢？

充滿可愛毛獸的大廳

匹茲堡市的大衛勞倫斯會議中心空間寬敞，可以輕鬆容納數千人。有一個人站在上層的看臺，從遠處指揮大家，他慢慢地說，指示很精確，以便讓每個人都能明白：「請站在黃線上。」每個人都低頭看了自己的腳。那個聲音再次響起：「真是太可愛了！」這不是人類的聚會。這裡總共有兩千一百三十二個人，穿著毛皮動物服裝，其中包括了我。我從莎拉的朋友那裡借了一套獸裝，打扮成一隻可愛的狗，有淺藍色的鼻子和爪子。我已經變成了大會上其他七千位獸迷前來觀看的其中一隻盛裝動物。

現場擠滿了狗、龍、狐狸和獨角獸，但每位都有同樣的問題：穿著獸裝，很難看到外面的世界，也很難移動。若要確定自己是否站在黃線上，需要一直低頭，移來移去。

▲圖 10.1：在 Anthrocon 獸迷大會上穿著獸裝的作者。

這些誇張的動作，在表面上看起來很可愛，但身在裡面卻是另一番折騰——被厚厚的毛皮包裹著，讓人熱到出汗。大多數獸裝的鼻子處，都有一個小風扇，可以將空氣吹向穿著者的臉部，但這並不能阻止汗水流下。

我們排好隊，拍了一張超多人的大合照，然後在七月悶熱的陽光下，走上城市的街道遊行。成千上萬的匹茲堡人，正在等著看毛茸茸的可愛動物遊行。這些人可能不完全理解獸迷，但喜歡觀看。

在 Anthrocon 大會期間，動物服裝隨處可見，在街上、酒吧和餐廳裡（儘管沒有人戴著頭套吃飯）。獸迷入住會場周邊的飯店時，會將獸裝的頭套放在窗邊，以顯示有獸迷入住。從飯店附近的街道抬頭往上張望，很容易看到各式各樣的動物正靜靜地凝視著你。

我和其他兩千隻毛茸茸動物在會議廳裡轉來轉去，根本不知道獸裝裡面的人長什麼樣子，也無法判斷一個人有多高：那隻長頸鹿裡面，是個一百八十公分的高個兒，還是一百五十公分的矮個兒？但這很重要嗎？獸裝為現實生活提供了另一種通常只能在網路上擁有的匿名方式。獸迷利用毛皮展現自我，獸裝的設計、顏色和圖案都是自己獨特的聲明。我們排隊合影，默默地擺了個姿勢，因為獸迷穿上獸裝後是不會說話的。遊行開始了，我們往門口走去。

我在飯店裡試穿獸裝時照了鏡子，看到自己變成了一隻有尖耳朵和藍色鼻子的可愛邊境牧羊犬。不知道為什麼，我以為穿上這套獸裝，就會立刻讓我變身。我以為自己會毫不猶豫地走出飯店房間，被成千上萬的人包圍，因為參加遊行的那隻動物不是我。

但事實並非如此。即使我穿著全身毛皮，在一大群人面前行走時，還是感覺很暴露。我正常地行走並揮手，就像很多獸迷一樣，但我馬上意識到這不是最好的方式。我身後傳來笑聲和掌聲，那些特別受歡迎的獸迷正活蹦亂跳，賣力取悅觀眾。這讓我意識到，僅僅穿上獸裝是不夠的。為了充分發揮成為毛茸茸動物的潛力，必須跟著「表演」。

僅僅穿上獸裝，無法讓我知道獸迷的腦袋在想什麼，所以我想知道大家一開始為什麼想要加入這個粉絲群體。幸運的是，我在會議大廳登記處找到了這個問題的答案。一群穿著實驗袍的研究人員正在分發問卷。「毛獸科學」（Furscience）的正式名稱為「國際擬人化研究計畫」（International Anthropomorphic Research Project），由一群社會科學家組成。他們收集了數萬份獸迷數據，期望藉由統計來了解這個獨特粉絲群的動機。

從「毛獸科學」的數據來看，絕大多數獸迷穿上獸裝後會比較有自信，也比較容易跟不認識的人互動，並覺得可以展示自己的另一面，同時被他人接受。[11] 顯然，獸裝可以幫助穿著者與人交流。

我們已經討論過，可愛是一種鼓勵社交參與的機制。獸裝把人變成可愛的動物，似乎是理解這些人為什麼想要穿上獸裝的關鍵原因。但是，「毛獸科學」並沒有探討可愛對獸迷的重要性。[12] 這很奇怪，因為可愛在這裡是主流美學。我和幾名穿著獸裝的獸迷一起在大會現場搭乘電梯，當電梯門一打開時，有些沒穿獸裝的與會者走進來，其中一位說：「電梯裡滿是可愛！」獸迷在心中想著可愛，並把動物變得跟人一樣。可惜「毛獸科學」的數據在這一點幫不上忙。

在獸迷大會上，每個人都別著大徽章，顯示自己的獸設。儘管這些肖像可以自製，但許多人都是委託獸迷藝術家訂製圖像，既可以用作徽章，也可以用在網路上。人們認出朋友，互相打招呼時，會盯著彼此的獸設徽章或獸裝，而不是人臉。然而，對我來說，最大的樂趣在於欣賞獸裝：這裡根本是毛皮藝術的極致。

我在會議中心待了很長的時間，光是看著毛茸茸的人走來走去，就讓人覺得平靜，就像徜徉在可愛的河流裡。獸裝的品質非常高。為了製作出最可愛的外觀，有很多複雜的設計，細節讓人驚歎。

大會中也有論壇和工作坊，供大家討論粉絲圈的各個層面。關於自己迷戀擬人化動物的源由和本質，大家大方分享，現場氣氛融洽。但獸迷大會與其他粉絲聚會有很大的不同，因為他們喜歡的東西大多是由獸迷自己製作的。獸迷現象很分散，各自獨立運作；內容幾乎完全是使用者自己生成的。[13] 這就是為什麼藝術家是此社群的核心。

我和莎拉等人交談時，意識到他們的世界正在改變。以前的獸裝往往看起來像是變形的迪士尼角色，就像一隻叫聲搞笑的狼。然而，最近的獸裝卻有著日本動漫人物的大眼睛和友善的表情。美國的可愛和日本的卡哇伊美學，在獸迷世界裡融為一體。在Anthrocon大會上，可以明顯看出獸迷對這兩種審美觀都非常熟悉。

透過這種結合，獸迷形成了一種以可愛為中心的溝通方式。藉由隱藏穿著者的性別、種族、體型和其他差異，獸裝提供了一個等高的立足點，讓獸迷之間的互動變得好玩，而不是為了爭奪階級統治地位。隱藏自己的人類型態，讓獸迷能夠表達自己的人性。

日本的獸迷產業規模雖小，但活力十足。更重要的是，在日本，可愛持續翻新中，而且融合高科技。在一個寵物空間有限且出生率下降的國家，卡哇伊的未來很可能屬於提供陪伴和娛樂的機器人。

索尼公司的機器狗

當工業機器人於一九七〇年代出現在日本時，日產汽車（Nissan）發生了問題。這不是因為工人心懷不滿；當時，日本經濟快速擴張，工作機會並沒有因為自動化而減少。困難在於每個機器人看起來都一樣。當其中一臺巨大的機器發生故障時，趕去修理的工人得要浪費許多時間來找出是哪一臺需要修理。為了解決這個問題，工作人員將女演員或女藝人的照片貼在機器上，並用她們的名字來稱呼。「三號壞了！」可能會讓工人困惑，但「惠子壞了！」可以讓他直接找到受影響的機器人。經濟學家竹內宏表示：「**為機器人取了可愛的小名，讓它好像變成人類的同事一樣，可以和工人一起工作。**」[14]

長期以來，日本人對所有機械抱持良好的態度。在江戶時代，機關人偶（からくり人形）會表演倒茶之類的技巧。把一杯茶放到人偶雙手托著的茶碟中，人偶就會為桌子另一端的客人禮貌地低頭奉茶。

一九五一年出現的《原子小金剛》，不僅可愛，也讓大家看到機器人的好處。小金剛與其人類朋友和機器人家族，倡導了人類和機器人可以共存、和睦相處的理念。[15]在小金剛之後，漫畫和動畫中出現非常多可愛友善的機器人。這些機器人極受歡迎，所以日本與西方不同，並不擔心機器人末日。[16]日本在發展真正的機器人方面，也處於領先地方。如今，機器人不只會端茶。

索尼公司（Sony）於一九九九年推出了機器狗：AIBO。這個名字是「Artificial Intelligence Robot」（人工智慧機器人）的縮寫，但「あいぼ」（讀音為aibo）這個詞，在日文中也是「夥伴」的意思。索尼公司的 AIBO 不僅僅是一隻會開燈或告知天氣如何的數位助理，真正的目的是當寵物。然而，養過真狗或真貓的人都知道，動物有個性，而且不總是聽話。索尼公司試圖將這些特徵融入 AIBO 中，理由是偶爾的阻力會讓 AIBO 成為一名更有趣的伙伴。例如，機器狗用藍光表示「高興」，並會伸出爪子握手，但有時會變成紅光，拒絕握手。機器狗在設計和行銷上，不是作為一個可愛的玩具，而是一種會與主人交流的高科技產品。[17]

儘管要價二十五萬日圓（當時為兩千一百美元），首批三千隻 AIBO 在開賣二十五分鐘後完售，接下來六個月又賣出四萬五千隻。[18] 在 AIBO 量產的七年期間，全球總共賣出十五萬隻。[19] 但與索尼公司的預期相反，技術並不是其主要吸引力；人們喜歡 AIBO 是因為機器狗很可愛，而這個賣點引發了意想不到的問題。新主人喜歡看著 AIBO 左右「跳來跳去」，但頻繁運轉會導致馬達無法負荷。為機器狗穿上可愛衣服的熱潮也產生問題，因為衣服會卡住那些負責移動的零件而導致故障。[20]

不少人把他們的 AIBO 視為家庭成員。它不只是一臺機器，而是某種介於機械和生物之間的神祕存在。AIBO 可愛的行為，讓人們從讚歎其高科技智慧，轉向了其他特點。

例如，有一次在AIBO的粉絲見面會上，一隻機器狗徘徊到日本家庭常見的紙門前，頭就這麼戳了進去。這麼可愛的景象，讓每個人都笑了，儘管弄壞別人家的紙門非常失禮。[21]現場的人之所以笑，是因為機器狗的動作讓他們覺得就像真的小狗會做的事情，但實際上這是機械故障引起的，AIBO的感測器沒有注意到門。

索尼公司於二〇〇六年停止銷售AIBO，並於二〇一四年停止生產替換零件。隨著AIBO老化並開始出現故障，主人哀悼機器狗的死亡。或許可以略感安慰的是，二〇一五年，一座佛教寺廟為十九隻AIBO舉行了正式葬禮。截至二〇一八年，廟方已舉辦了八百場類似的儀式。[22]

日本有個悠久的傳統，會把破舊的居家用品存放在佛教寺廟中，以感謝它們的長期服務。玩偶有自己的紀念碑，這樣人們就可以為「逝者」祈福。[23]一位主持AIBO葬禮的住持說：「萬物都有靈魂。」[24]這種古老的萬物有靈論，反映了日本「情感科技」的力量，其設計目的是為了連結機器和人類。[25]

二〇一八年，索尼公司發布了新版機器狗，更名為「aibo」。新版機器狗可以連結雲端，使它們能夠互相學習。舊版機器狗的設計是一步步「學習」並發展出獨特的個性，但最初舊版AIBO的主人並沒有注意到機器狗的眾多變化。這次，索尼公司加入了AI神經網路。每天，新版aibo的體驗都會上傳雲端，經過深度學習，在aibo充電時（或用索尼公司的話來說，「睡覺」時），資料會傳輸回到機器狗身上。[26]新版aibo採用這種「情感技術」來記錄主人的感覺，以產生情感反應。aibo會成功嗎？

我不確定自己是否會「愛」機器狗。有個擁有AIBO的朋友說，一段時間後，他就厭倦了AIBO，這讓我開始思考機器寵物（無論多麼吸引人）和真實寵物之間的差異。我有一隻貓（托比）。什麼時候要玩由牠決定；偏偏，我要工作的時候，牠經常要我陪牠。就算我是逼自己休息一下來跟托比玩耍，也會莫名地放鬆下來，覺得神清氣爽。活生生的寵物很煩人，但也因此讓人很有成就感。照顧動物並滿足其需求，即使是清理嘔吐物或處理被刮傷的家具，也會讓玩樂時光變得獨具意義。

為了讓aibo表現得更像一隻活生生的狗，例如知道什麼時候有人在搔它的肚子，索尼公司運用了各式各樣新科技。新版aibo有兩個攝影機、四個麥克風和十八個感應器，不僅能夠更好地與主人溝通，還知道房間的配置，可以辨識多達十張臉孔，以及使用前置鏡頭拍照。aibo的麥克風總是在錄音。在「巡邏模式」下，這隻機器狗可以被派去尋找、拍攝和記錄任何人。

托比應該比任何一隻 aibo 更了解我的公寓，但牠沒有無線上網功能，無法持續將資料傳輸到雲端。索尼公司創造了一臺具有無與倫比的監控能力的機器。如果 aibo 的聰明可愛讓它就像特洛伊木馬一樣，溜過了我們的防線，那麼後果可能就不是我們所能控制的了。而且，aibo 只是其中一種。新一代機器人中，有許多都是主打可愛來吸引人。

「最新型家庭機器人，點燃你愛的本能。」[27]

毛茸茸的機器人翻了身，眨著發光的眼睛，伸出了小手臂。我把它抱了起來，它縮回輪子，睡眼惺忪地眨著眼睛。我的懷裡有一團溫暖柔軟的東西。當我觸摸它的鼻子，它唔唔叫。

LOVOT，這個名字是「love」（愛）和「robot」（機器人）的組合；它高約四十公分，約四公斤重，就和嬰兒差不多。正如該網站所說，這個設計就是要「給你可愛」。[28]但與索尼公司的機器狗不同，LOVOT 不會跳舞或玩把戲，賣點純粹就是可愛。

因此，LOVOT 的設計團隊有一個「卡哇伊開發小組」，致力於創造可愛的外觀和行為。[29] LOVOT 的眼睛是 OLED 螢幕，就像 aibo 的眼睛一樣，但更大、更複雜，有六層光源，可以追蹤運動、眨眼、放大瞳孔。LOVOT 全身有超過五十個感應器，包括觸控感應器。LOVOT 在被擁抱時會唔唔叫，搔癢時會發出笑聲：這些聲音模擬了聲帶在內腔產生的共鳴，就像真實的嘴巴發出聲音時會有一點回音。LOVOT 可能不像 aibo 會表演各種把戲，但主人可以為 LOVOT 穿上各種服裝和配件，賦予不同個性。與索尼公司的機器狗一樣，LOVOT 的製造商想讓你把它當成家庭的一員。

就跟 aibo 一樣，LOVOT 可以掃描整個房間並找到主人。LOVOT 也有「日記」功能，可以記錄睡眠和擁抱時間。產品網站上有一段影片建議，如果收到電話通知，您年邁的父親最近沒有擁抱機器人，可能需要打電話給他，確定他是否安好。然而，這種安全感是有代價的，LOVOT 的售價為五十萬日圓（三千九百美元），每個月還要支付一萬日圓的雲端連線費用（七十八美元）。

人類學家丹尼爾・懷特（Daniel White）指出，aibo 和 LOVOT 連接雲端，意味著機器人的「靈魂」駐留在身體以外。換句話說，如果它壞了，修不好了，可以換一隻，重新下載資料即可。[30]因此，它再也不需要葬禮服務，因為這些可愛的機器人現在可以永遠活著。當時，懷特在一場研討會上提及這個論點，一位日本教授表示這讓她覺得欣慰。如果她有一隻LOVOT，就會擔心如果自己無法繼續照看，LOVOT該何去何從。我們對這一點的反應，取決於每個人如何看待「生命」。LOVOT和aibo沒有生命，但也不只是零件組合在一起的東西。

關鍵不在於機器，而在我們自身。心理學家斷言，我們會因為一個物體可愛，就以它好像有意識似的態度來對待它。[31]賦予聰明的aibo思考能力，我們讓它成為更好的玩伴。另一方面，LOVOT向我們索取情感。這些機器人富有表現力的眼睛和聲音，還有溫暖、毛茸茸的身體，都是要來顫動我們的心弦。

aibo既聰明又可愛，讓我想起美國的可愛美學最初源於「acute」（敏銳）或狡猾。另一方面，LOVOT似乎更卡哇伊，直接訴諸可愛的情感。

除了機器人，科技似乎也要人們把自己變得可愛。藉由在背後控制虛擬角色，可愛為人類實現了一種新的自我表達方式。

虛擬線上直播主和可愛的動漫虛擬化身

一九七〇年代，閱讀少女漫畫的日本男性能夠認同可愛的女孩角色，甚至想像自己變成她們。[32]一九九〇年代和二十一世紀，可愛少女的角色越來越普遍，出現在各式各樣的漫畫、動漫和電玩遊戲中，她們的外表也越來越可愛。[33]

可愛的男孩角色也越來越受歡迎。二十一世紀，角色扮演快速發展，粉絲開始打扮成自己最喜歡的角色，參加同人會，互相拍照。雖然角色扮演文化力求包容，但人類的立體身體畢竟與漫畫和動漫的平面世界不同。體型或膚色與動漫角色不匹配的人，有時會在粉絲群中面臨歧視。

針對這些爭議，同人界取得了一些進展。用立體身體來表現平面角色這個基本問題，已經有了各種解決方法。其中之一是二〇一〇年代晚期，隨著數位頭像的出現，隨之而起的虛擬線上直播主（VTuber）。

虛擬線上直播主，或虛擬 YouTuber，是線上影片創作者在電腦繪圖的幫助下，製造數位分身。第一位叫作「絆愛」（キズナアイ；英文為 Kizuna AI），二〇一六年在

YouTube開始活動。她看起來像是一個可愛的動漫人物，但並非平面，而是3D虛擬少女偶像，可以與人即時互動。絆愛吸引了數百萬名粉絲，在二〇一八年為日本國家觀光局宣傳活動。[34]

絆愛由一群匿名的專業人士打造。之所以匿名，是為了讓絆愛看起來更「真實」，消弭大家的懷疑。[35]他們使用好萊塢等級的動作捕捉設備，請專業女演員配音。然而，絆愛首次亮相之後，成千上萬名業餘和專業的虛擬線上直播主也加入行列，在YouTube、Twitch和TikTok等平臺上直播內容。許多人使用特殊軟體，利用智慧型手機或網路攝影機捕捉自己的臉部動作，來創建2D虛擬頭像。電動遊戲玩家只需要按一下控制器的按鈕，即可將預先編程的動作，添加到自己的化身中。化身的長髮還可能會前後擺動，以配合操作者的動作。化身的嘴巴也會或張或閉，像是真的在講話一樣。還有一些按鈕會連動臉部表情。[36]

什麼東西都可以拿來當虛擬線上直播主的化身，包括擬人化的動物或物體，但其中許多都是基於可愛的動漫角色。這些虛擬人物開直播，玩電動遊戲、唱歌，或與粉絲聊天。[37]隨著虛擬線上直播主在日本走紅，經紀公司紛紛成立，來管理和宣傳這群旗下藝人。經紀公司也開始設計虛擬化身，然後進行試鏡，尋找配音員和動畫製作者。一項調查發現，二〇一八年初，YouTube 上有一千名虛擬線上直播主；三年後，這個數字增加了十六倍。[38]

起初，語言障礙讓這些虛擬線上直播主無法在日本之外流行，但虛擬化身的粉絲很快就開始為直播的精彩片段添加字幕。當日本的虛擬線上直播主開始使用即時中文字幕進行串流直播時，中國就成為一個重要市場。[39] 當虛擬線上直播主經紀公司 Hololive Productions，在二〇二〇年增加了五名說英文的「藝人」時，這個現象席捲了全球。其他公司很快就跟進。可愛的動漫虛擬化身現在擁有數百萬名粉絲。二〇二一年，當網飛公司（Netflix）為其動漫部門推出虛擬吉祥物時，各大企業也跟著投入。[40]

虛擬人物主要吸引日本漫畫、動漫和電動遊戲的粉絲。[41] 對這些人來說，他們希望不只是閱讀和觀看可愛角色，也希望可以即時互動。虛擬線上直播主為他們實現夢想。一位粉絲表示：「**虛擬線上直播只是動漫的最新類型。……你知道它是假的，但還是可愛到讓你被征服。**」[42]

大多數虛擬線上直播主的性別，與自己的虛擬化身相同，但在業餘直播主中，有一些女性使用男性化身，也有一些男性化身為女性。在日本，男性化身為動畫可愛女性的現象尤其明顯。就像一九七〇年代許多開始閱讀少女漫畫的男性讀者一樣，這些數位變裝者常說，化身為可愛的女孩，可以讓他們輕鬆地擺脫作為日本成年男性的社會壓力。這些男人通常不是跨性別者。他們想要扮演一個外表和行為都很可愛的角色，但不是在現實世界，而是在動漫的虛構世界中。[43]

化身為可愛女孩的男性虛擬線上直播主，需要知道如何以一種可以讓觀眾配合的方式移動和說話。他們的頭部動作、臉部表情、聲音變化和語氣，都經過精心設計及練習，以求好看。也就是說，他們在表演可愛。[44]

他們是在欺騙觀眾嗎？大多數不是，也有人在表演時開玩笑地暗示自己有男性身體。他們偶爾會使用日語中的男性代名詞，並放下電子變聲器，用自己原本的聲音說話。他們很像日本傳統戲劇中的偶師，穿著黑袍、戴著頭巾出現在舞臺上。觀眾可以無視他們的存在，把木偶當成真人來欣賞，不去計較木偶師到底是誰。[45]

近年來，誰在控制虛擬化身的這個問題變得複雜。生成式人工智慧（Generative AI）一開始是聊天機器人背後的技術，可以進行對話、回答問題，以及生成原始圖像。現在，

AI虛擬線上直播主「誕生」。人工智慧生成的可愛化身，無論是人類還是動物，全天二十四小時與人互動，提供娛樂和陪伴。當然，這些化身也可能看起來像殭屍或烤麵包機。這就衍生出了一個問題：在媒體飽和的世界中，可愛的化身在吸引我們的注意力時，可能有哪些優勢？

可愛是特洛伊木馬

神經科學家莫滕·克林格爾巴赫（Morten Kringelbach）的研究主題是，感知到可愛的物體，會讓人類的大腦產生變化。他認為，可愛觸動人類所有的感官，並讓大腦快速運轉，讓注意力迅速集中，以至於沒有時間辨清正在遇到的事情。任何具有嬰兒圖式特徵的東西，都會「插隊」，刺激大腦中與快樂和獎賞相關的區域，例如眼窩額葉皮質（orbitofrontal cortex）。[46]

一旦可愛元素吸引了我們的注意，它就會刺激有關同理心和同情心的大腦網絡，也會觸動大腦管控複雜社會行為（像是照顧和玩樂）等區域。藉由這種方式，可愛啟動了我們的感官，讓我們把其他人和物體視為「人」。[47] 根據莫滕・克林格爾巴赫的說法，可愛元素就像特洛伊木馬，打開了大腦中原本關起來的門。[48]

用這種方式來比喻可愛元素，看似正面，但是要記得，對特洛伊城來說，木馬是一場災難。如今，機器人、人工智慧、虛擬實境等技術，越來越借助可愛的力量。追求可愛的我們，最終是希臘人還是特洛伊人？

獸迷、aibo、LOVOT 和虛擬化身，都希望透過可愛為媒介，與他人接觸和建立連結。可愛的東西所啟動的腦神經運作，轉化成社交、玩樂、同理。友善的個體因此有機會茁壯成長，挑戰適者生存的理論。

腦神經實驗畢竟是實驗，是在孤立環境中進行的。實驗結果是可能的運作方式，而不是一個完全如真的世界。同時，可愛世界並不盡善盡美。獸迷也有流言蜚語和在背後中傷的情況。女性虛擬線上直播主在網路上經歷到厭女情況，遭到經紀公司剝削。[49] 網路上的偏見，讓有些人工智慧虛擬化身自動產生帶有性別歧視和種族歧視的反應。[50]

當可愛被用來製造刻板印象時，陰暗面也會顯現。例如，亞裔美國女性被刻板地視為可愛，被當成嬰兒看待。[51] 日本女權主義者批評卡哇伊是一把雙面刃；為女性贏得認可，同時也讓她們在男性主導的社會中處於從屬地位。[52]

儘管並非所有社會都像日本那樣父權化，但大部分地區確實劃分了階級。社會對可愛的期望，阻礙了女性賦權，但哲學家賽門·梅（Simon May）認為，可愛也可以是入侵「權力城堡的微型特洛伊木馬」，產生相反的效果。[53] 可愛提供了另一種我們可以與周遭互動的方式。可愛是基於情感而不是邏輯，基於友善而不是專制，因此帶來某種平等。[54] 可愛對男性和女性都有吸引力，使得卡哇伊文化在日本產生巨大的影響力，以及在全世界如此流行。[55]

日本卡哇伊文化的興起，顯示可愛跨越了性別界限，也銜接了兒童與成人之間的鴻溝，成為社會的黏著劑。因為可愛是由照顧和培育兒童的本能演化而生，選擇可愛作為一種自我表達方式，透露出一種相互依賴，而不是個人主義的價值觀。[56] 我們可以說，卡哇伊表達了一種力量，與日本社會群體導向的價值觀相符。

另一方面，在美國，可愛可能融合了聰明。與日本相比，自力更生和個人主義在美國社會被視為更正向的特質。

美國人的可愛美學，同時隱含了不從眾、狡猾、叛逆等個性，反映了美國民族性格。

這也可能代表了一種力量，超越了通常與可愛相關的嬰兒特徵。

可愛文化的未來是什麼呢？心理學家入戶野宏的研究，讓我意識到科學在理解可愛文化的重要性。他曾經對我說，他認為日本人被卡哇伊文化過度刺激了。如果他是對的，那麼從一九七〇年代凱蒂貓出現時，一直持續延燒到二十一世紀的日本可愛熱潮，可能要退流行了。

然而，就算入戶野宏沒錯，我認為，在世界其他地方，可愛才剛要興起。美國的可愛和日本的卡哇伊美學，現在強大地結合在一起，觸動了讓我們作為「人」的情感。儘管可愛可能會產生負面影響，但可以打破障礙，讓我們有機會體驗另一種存在。在此經驗中，我們保護自己少一點，敞開心胸多一些。在一個日益偏激的世界中，這是一件壞事嗎？

謝辭

我非常感謝 Nick Humphrey 和 Ed Lake 這兩位出色的編輯，他們的指導和建言在我漫長的寫作過程中非常重要。我還要感謝 Georgina Difford 讓手稿成功出版。也謝謝 Jon Petre 的大力幫忙，才能獲許使用書中的各圖片。我也要感謝 Mandy Greenfield 的仔細編輯。

我要感謝戶田由希子為每一章繪製了迷人的插圖，並分享她作為時裝設計師和藝術家的專業知識。在日本藝術史上，末永幸步給了我珍貴的協助。我非常感謝 Shelley Volsche、賽門．梅和 Ellen Cone Maddrey 閱讀手稿，提供了他們的智慧和見解。蓋瑞．克羅斯、安潔拉．索比、Mio Bryce、兼坂艾利卡、Kate Taylor-Jones、Dor Shilton、Julia Leyda 和史蒂芬妮．霍華德．史密斯也對不同章節提出了寶貴的意見和建議。Neil Steinberg 給了我寫作的建議。入戶野宏的對話和專業知識給了我許多靈感。

感謝 JAB 犬科動物教育和保護中心的艾咪和戴夫．巴塞特慷慨抽出時間，讓我見到了他們的西伯利亞狐狸。大英博物館的 Lucia Rinolfi 和 Michela Bonardi 提供了包羅萬象的虛擬導覽，帶我見識了博物館收藏的可愛物品。華盛頓大學圖書館善本館長 Sandra

Kroupa非常慷慨地提供了時間和專業知識。最後，我要感謝莎拉和她的朋友，盛情邀請我進入獸迷的粉絲世界。

支持本書的研究，部分由日本學術振興會科學研究費資助，編號為JP20K00145。本資料中所表達的任何意見、發現、結論或建議，均為作者個人觀點，不代表日本中央大學、日本學術振興會或文部省。

圖片說明與出處

前言

圖0.1：發亮的皮卡丘：夜晚的「皮卡丘大量發生！」遊行。由作者提供。

圖0.2：康拉德．勞倫茲的嬰兒圖式。

（出自 *Studies in Human and Animal Behavior: Volume II*, by Konrad Lorenz, trans. Robert Martin, Cambridge, Mass. Harvard University Press, Copyright ©1971.by Konrad Lorenz. Used by permission. All rights reserved.）

第1章　古代日本的可愛事物

圖1.1：東京豪德寺的招財貓雕像。由作者提供。

圖1.2：東京鳩森神社折成鴿子模樣的御神籤。由作者提供。

第2章　野性和馴化的界線

圖2.1：和服上的狐狸婚禮圖案。由作者提供。

圖2.2：近距離接觸馴化的西伯利亞狐狸。由作者提供。

第3章　西方世界的可愛事物

圖3.1：拉斐爾的〈西斯汀聖母〉中的小天使。

出自〈西斯汀聖母的天使〉（The Angels from the Sistine Madonna），銅版畫，查爾斯．戈特弗里德．舒爾茨（Charles Gottfried Schultz），約一八九〇年。照片：CC0 A. Wagner／維基共享資料。

第4章 從鎖國到開放時期的日本卡哇伊文化

圖4·1：長澤蘆雪畫在扇子上的小狗。由日本的本間美術館提供。

圖4·2：圓山應舉所描繪的小狗。由日本的府中市博物館提供。

圖4·3：圓山應舉所描繪的小狗特寫。由日本的府中市博物館提供。

圖4·4：松木文恭的《日本藝術品型錄》的封面，一九〇四年。

圖4·5：松木文恭的波士頓商店的白兔標誌。出自《日本藝術品型錄》，一九〇四年。

圖4·6：中原淳一在一九四一年為《少女之友》雜誌繪製的封面插圖中，一位身穿傳統浴衣、留著西式髮型、打著蝴蝶結、表情夢幻的年輕女孩。（©中原淳一／Himawariya）

圖4·7：內藤RUNE在一九七一年設計的RUNE熊貓。（©R.S.H/RUNE）

第5章 逆向生長：幼態延續和神經嵴細胞

圖5·1：「泰迪女孩」是一隻一九〇四年的絨毛熊，與後來的熊相比，外表較為成熟。由日本的伊豆泰迪熊博物館提供。

第6章 可愛有了現代意義

圖6·1：一張一九一四年的明信片上，丘比要求給予女性投票權。由Alamy圖庫提供。

圖6・2：一九二五年丘比美乃滋的玻璃罐。由丘比公司（キユーピー株式会社）提供。

第8章　當代日本的卡哇伊文化

圖8・1：澀谷區的八公巴士。由作者提供。
圖8・2：人氣忠犬八公的墓。由作者提供。
圖8・3：在二〇一八年地方吉祥物的大阪大獎賽上，一個小女孩與一隻吉祥物的相遇。由作者提供。

第10章　可愛文化的未來

圖10・1：在Anthrocon獸迷大會上，穿著獸裝的作者。由作者提供。

附註

• 前言　凱蒂貓擋在路上

1.Hiroshi Nittono et al., 'English and Spanish Adjectives That Describe the Japanese Concept of Kawaii', *SAGE Open* (January-March 2023), pp. 1-12, doi.10.1177/21582440231152415.

2.Toby Slade, 'Cute men in contemporary Japan', ed. Ben Barry and Andrew Reilly, *Crossing Gender Boundaries: Fashion to Create, Disrupt and Transcend* (London: Intellect Books, 2019), p. 79.

3.Takashi Murakami, Little Boy: The Arts of *Japan's Exploding Subculture* (New Haven, CT: Yale University Press, 2005).

4.Sharalyn Orbaugh, 'Busty Battlin' Babes: The Evolution of the Shōjo in 1990s Visual Culture', in J. Mostow et al., eds, *Gender and Power in the Japanese Visual Field* (Honolulu: University of Hawai'i Press, 2003), pp. 213-14.

5.Inuhiko Yomota, *Essay on 'Kawaii' (Kawaii Ron)*, (Tokyo: Chikuma Shobo, 2006).

6.Matt Alt, *Pure Invention: How Japan's Pop Culture Conquered the World* (New York: Random House, 2020), p. 122.

7.Konrad Lorenz, 'Die angeborenen Formen möglicher Erfahrung (The innate forms of possible experience)', *Zeitschrift für Tierpsychologie* 5 (1943), pp. 235-409. See also Konrad Lorenz, Studies in Animal and Human Behavior, Vol. 2, trans. Robert Martin (Cambridge, MA: Harvard UP, 1971), p. 154.

8.Ibid. (1971), pp. 146, 160.

9.Hiroshi Nittono, 'The Two-Layer Model of "Kawaii": A Behavioural Science Framework for Understanding Kawaii and Cuteness', *East Asian Journal of Popular Culture* 2, 1 (2016), pp. 85-91.

10.Ibid., p. 87.

• 第 1 章　古代日本的可愛事物

1.Gergana Ivanova, *Unbinding the Pillow Book: The Many Lives of a Japanese Classic* (New York: Columbia University Press, 2018), pp. 14-62.

2.Donald Keene, *Appreciations of Japanese Culture* (Tokyo: Kodansha International, 1981), p. 38.

3.Sei Shōnagon, *The Pillow Book*, trans. Meredith McKinney (London: Penguin Classics, 2007), pp. xiv-xv.

4.Haruko Wakita, *Women in Medieval Japan: Motherhood, Household Management and Sexuality*, trans. Alison Tokita (Tokyo: University of Tokyo Press, 2006), pp. 78-9.

5.Keene, *Appreciations of Japanese Culture*, p. 38.

6.Ibid., p. 12.

7.Ibid., pp. 28-9.

8.Ibid., p. 29.

9.Ibid., p. 31.

10.Ibid., p. 12.

11. 中國唐代詩人李商隱在詩集《義山雜記》中，也有列一些清單，但在清少納言那個時代，日本人還不知道這部作品。Donald Keene, *Seeds in the Heart: Japanese Literature from Earliest Times to the Late Sixteenth Century* (New York: Henry Holt and Co., 1993), p. 418.

12. うつくしい最早出現在《竹取物語》（九世紀末／十世紀初）中，這也是日本最早的物語。故事中的女主角身材嬌小，只有三寸高，是老翁在一根竹子中找到的。うつくしい就是用來形容她。她歷經了許多冒險，最後升天，回到月亮。這個迷人的故事仍然廣受歡迎。吉卜力工作室於二〇一三年的動畫《輝耀姬物語》即是以此為藍本。

13. 例如，「先輩」（通常翻譯為「學長」，但「指導者」更合適）可能會用「卡哇伊」來形容「後輩」或「門生」。「卡哇伊後輩」一詞出現在吉卜力工作室二〇一一年的電影《來自紅花坂》。

14.Ivan Morris, ed., *The Pillow Book of Sei Shonagon*, Vol. 2 (New York: Columbia University Press, 1967), p. 125 n.711.

15.*Dictionary of the Japanese Language*, 2nd edition, Vol. 2 (日本国語大辞典，第二版，第二卷) (Tokyo: Shogakukan, 1972), pp. 405-7.

16.Nittono, 'The Two-Layer Model of "Kawaii"', p. 85.

17.David Huron, 'The Plural Pleasures of Music', *Proceedings of the 2004 Music and Music Science Conference*, Johan Sundberg and William Brunson, eds (Stockholm: Kungliga Musikhögskolan & KTH, 2005),p. 6.

18.Shiri Lieber-Milo, 'Pink purchasing: Interrogating the soft power of Japan's kawaii consumption', *Journal of Consumer Culture*22, 3 (2022),p. 7, doi:10.1177/14695405211013849. See also Yuko Hasegawa, 'Post-identity Kawaii: Commerce, Gender and Contemporary Japanese Art', in Fran Lloyd, ed., Consuming Bodies: Sex and Contemporary Japanese Art (London: Reaktion Books, 1991), p. 127.

19. 一直以來，日本在世界經濟論壇的全球性別差距報告中，排名並不高。

20.Gergana E. Ivanova, 'The many lives of The Pillow Book', lecture delivered for *The Japan Foundation* (Toronto: 17 January 2020).

21.Keene, *Appreciations of Japanese Culture*, p. 34.

22.Ibid., p. 12.

23.Ibid., p. 28.

24.Michal Daliot-Bul, *License to Play: The Ludic in Japanese Culture* (Honolulu: University of Hawai'i Press, 2014), p. 24.

25.O-Young Lee, *Smaller is Better: Japan's Mastery* of the Miniature, trans. by Robert N. Huey (New York: Kodansha International, 1984), pp. 24, 32.

26.Ibid., p. 34. 折扇或許是第一個流行於全世界的日本產品，從十二世紀開始就出口到中國，然後再由中國出口到歐洲。Ibid., pp. 38-9.

27.Ibid., p. 36.

28.Donald Richie, *A Tractate on Japanese Aesthetics* (Berkeley, CA: Stone Bridge Press, 2007), p. 18.

29.Keene, *Appreciations of Japanese Culture*, p. 23. 在西方藝術裡，「萬物終究會消滅」這一點，往往不是那麼正面呈現。例如，在荷蘭的靜物畫中，每件描繪的物品都預示接下來的消亡：昂貴的水果注定會腐爛，花朵會枯萎等等。

30.Keene, *Seeds in the Heart*, p. 421.

31.Shōnagon, *The Pillow Book*, trans. McKinney, p. xvii. おかし最初源自於一個動詞，意思是「歡迎某人、邀請某人、引誘某人」，這讓人想起李御寧關於為什麼日本重視「小」的研究。Tzvetana Kristeva, 'The Pillow Hook: *The Pillow Book* as an"open book"', *Nichibunken Japan Review: Bulletin of the International Research Center for Japanese Studies* 5 (1994), p. 21.

32.G. Y. Nenkov and M. L. Scott, '"So cute I could eat it up": Priming effects of cute products on indulgent consumption', *Journal of Consumer Research* 41, 2, pp. 326-41, doi.org10.1086/676581.

33.Johan Huizinga, Homo Ludens: *A Study of the Play-Element in Culture* (London: Routledge & Kegan Paul, 1949), p. 179.

34.Hunter Oatman-Stanford, 'Naughty Nuns, Flatulent Monks, and Other Surprises of Sacred Medieval Manuscripts', *Collector's Weekly* (24 July 2014), www.collectorsweekly.com/articles/naughty-nuns- flatulent-monks-and-other-surprises-of-sacred-medieval-manuscripts/.

35.Daliot-Bul, *License to Play*, p. 23.

36.Keene, *Appreciations of Japanese Culture*, p. 12.

37.Debra J. Occhi, 'Wobbly Aesthetics, Performance, and Message Comparing Japanese Kyara with their Anthropomorphic Forebears', *Asian Ethnology* 71, 1 (2012), p. 114.

38.Nam-lin Hur, *Prayer and Play in Late Tokugawa Japan: Asakusa Sensoji and Edo Society* (Cambridge, MA: Harvard University Press, 2000), p. 83. 日本最古老的歷史書籍《古事記》(八世紀初)記載了歷代傳說。其中一則，講述天照大御神躲在山洞裡不肯出來時，天鈿女命夥同幾位人類巫師，在洞外跳起了淫褻作樂的脫衣舞。天照大御神聽到外頭喧鬧的笑聲，為了滿足自己的好奇心，便跑出洞穴，也讓陽光重回大地。Ibid., pp. 82-3.

39.Ibid., p. 83.

40.Occhi, 'Wobbly Aesthetics, Performance, and Message Comparing Japanese Kyara with their Anthropomorphic Forebears', p. 114.

41. 透過遊戲與神靈溝通，並不限於萬物有靈的神道教。日本佛教也將趣味和娛樂融入宗教，有時甚至將玩樂視為救贖的一種途徑。Hur, *Prayer and Play in Late Tokugawa Japan: Asakusa Sensoji and Edo Society*, pp. 83-4.

42.Mimi Yiengpruksawan, 'Monkey Magic: How the "Animals" Scroll Makes Mischief with Art Historians', *Orientations* 31, 3 (March 2000), p. 82.

43.Nobuyoshi Hamada, *Manga: The Prehistory of Japanese Comics* (Tokyo: PIE International, 2013), p. 84.

44.Yiengpruksawan, 'Monkey Magic', p. 81.

45. 藝術史學家咪咪・言蒲薩旺(Mimi Yiengpruksawan)指出:「每張小插圖都展示了每個角色彼此間的目光和表情，為觀者把場景所有的元素結合在一起。」Ibid., p. 78.

46.Keene, *Appreciations of Japanese Culture*, p. 20.

47.Lee, *Smaller is Better*, p. 46.

48.Ibid., p. 42.

49.G. B. Sansom, *Japan: A Short Cultural History* (Tokyo: Tuttle Publishing, 1931), p. 253.

50.Yiengpruksawan, 'Monkey Magic', pp. 82-3.

51.Ibid., p. 83. 許多畫卷都是以《源氏物語》等文學作品為本。現存最早《枕草子》的畫卷，可以追溯到十四世紀。

52.Nittono, 'The Two-Layer Model of "Kawaii"', p. 82.

• 第 2 章　野性和馴化的界線

1.Royall Tyler, *Japanese Tales* (New York: Pantheon Books, 1987).

2.L. A. Maher et al., 'A Unique Human-Fox Burial from a Pre-Natufian Cemetery in the Levant (Jordan)' , *PLoS* ONE 6, 1 (2011), e15815, doi:10.1371/journal.pone.0015815. 該狐狸骨架沒有任何燒傷或屠宰的痕跡，顯示不是肉或毛皮被視為有價值的商品。在新石器時代後期的墓地中，也發現了沒有相關痕跡的狐狸骸骨。

3.J. Peters and K. Schmidt, 'Animals in the symbolic world of Pre- Pottery Neolithic Göbekli Tepe, south-eastern Turkey: A preliminary assessment', *Anthropozoologica* 39, 1 (2004), pp. 179-218.

4.John Bradshaw, *Dog Sense: How the New Science of Dog Behavior Can Make You a Better Friend to Your Pet* (New York: Basic Books, 2011), pp. 8-9. 這些圖案看起來像是狐狸，但有些科學家認為更有可能是豺狼，因為豺狼會成群獵食，而狐狸則是獨居。不過，貓也會獨自狩獵。而且，正如接下來所討論的，有些狐狸可能天生就很溫順，會接近人類。

5.Rachel and Jun, *Fox Village in Zaō Japan!*, 1 July 2015, YouTube (accessed 21 May 2018).

6.Vice Japan, *100 Foxes-Fox Village* (キツネ 100 匹！ -Fox Village), 5 October 2013, YouTube (accessed 20 May 2018).

7.A. S. Wilkins et al., 'The "Domestication Syndrome" in Mammals: A Unified Explanation Based on Neural Crest Cell Behavior and *Genetics*', Genetics 197, 3 (July 2014), p. 795, doi:10.1534/genetics.114.165423.

8.Lee Alan Dugatkin and Lyudmila Trut, *How to Tame a Fox* (And Build a Dog), (Chicago: University of Chicago Press, 2017), pp. 7, 15.

9.Dmitri Belyaev, 'Destabilizing Selection as a Factor in Domestication', *Journal of Heredity* 70, 5 (1979), p. 301.

10.Claudio J. Bidau, 'Domestication through the Centuries: Darwin's Ideas and Dmitry Belyaev's Long-Term Experiment in Silver Foxes', *Gayana 73 (Supplimento)*, (2009), p. 64.

11.Dugatkin and Trut, *How to Tame a Fox*, p. 15.

12.Lyudmila N. Trut, 'Early Canid Domestication: The Farm-Fox Experiment', *American Scientist* 87 (1999), pp. 160-61.

13.Dugatkin and Trut, *How to Tame a Fox*, p. 12.

14.Bidau, 'Domestication through the Centuries', p. 64.

15.Dmitri Belyaev, 'Domestication of Animals', *Science Journal* 5, 1 (1969), pp. 47-52.

16.Lyudmila N. Trut et al., 'Animal Evolution During Domestication: The Domesticated Fox as a Model', *Bioessays* 31, 3 (2009), p. 3.

17.Trut, 'Early Canid Domestication', p. 162.

18. 這些幼狐在一個月大的時候，就開始接受測試。研究人員會用戴著手套的手，提供食物，並嘗試撫摸。一次是在籠子裡；另一次，是放到圍欄中，讓小狐狸跑來跑去。這個過程會重複數次。在籠子裡吃完食物並接受撫摸的幼狐，會選擇接近研究人員，而不是和其他幼狐一起跑來跑去。這些會被選擇來繁殖下一代。

19.Trut et al., 'Animal Evolution During Domestication', p. 3.

20.Brian Hare and Vanessa Woods, *The Genius of Dogs: How Dogs are Smarter Than You Think* (New York: Penguin, 2013), p. 74.

21.Belyaev, 'Destabilizing Selection as a Factor in Domestication', p. 301.

22.Dugatkin and Trut, *How to Tame a Fox*, p. 42.

23.Trut et al., 'Animal Evolution During Domestication', p. 3.

24.Ibid.

25.Dugatkin and Trut, *How to Tame a Fox*, p. 56. See also Trut et al., 'Animal Evolution During Domestication', p. 3.

26.Dugatkin and Trut, *How to Tame a Fox*, pp. 57-8, 73.

27.Ibid., pp. 63-4.

28.Ibid., p. 72.

29.Ibid., p. 75.

30.Lee Alan Dugatkin, 'The Silver Fox Domestication Experiment', *Evolution: Education and Outreach* 11, 16 (2018), p. 2.

31. 有另一個實驗，採取了與狐狸實驗相同的方法，但使用的是老鼠，結果在短短五代後就產生了一群越來越溫順的老鼠。老鼠實驗仍在進行中，並顯示出與狐狸計畫非常相似的結果。 Dugatkin and Trut, *How to Tame a Fox*, p. 56. See also Nandini Singh et al., 'Facial shape differences between rats selected for tame and aggressive behaviors', PLoS ONE 12, 4 (3 April 2017), doi:10.1371/journal.pone.0175043; and Frank W. Albert et al., 'Genetic Architecture of Tameness in a Rat Model of Animal Domestication', Genetics 182 (June 2009), pp. 541-54.

32.Dugatkin and Trut, *How to Tame a Fox*, p. 77.

33.Ibid., pp. 77-8.

34.Ibid., pp. 107-8. 目前，仍在尋找關鍵的基因。最近的一項研究發現，狐狸的十五號染色體是突觸可塑性的「熱點」，會影響與馴化相關的學習和記憶的變化。See Dugatkin, 'The Silver Fox Domestication Experiment', p. 2.

35.Dugatkin and Trut, *How to Tame a Fox*, pp. 133, 154-5. See also Trut et al., 'Animal Evolution During Domestication', p. 4.

36.Trut, 'Early Canid Domestication', p. 163.

37.Hare and Woods, *The Genius of Dogs*, p. 91.

• 第 3 章　西方世界的可愛事物

1. *The Medieval Bestiary*, bestiary.ca/beasts/beastgallery213.htm (accessed 29 July 2022).
2. Jane Eade, 'Portraiture', in Anna French, ed., *Early Modern Childhood: An Introduction* (London: Routledge, 2020), pp. 282-99.
3. Philippe Ariès, *Centuries of Childhood: A Social History of Family Life*, trans. Robert Baldick (New York: Alfred A. Knopf, 1962), p. 34.
4. Sally A. Struthers, *Donatello's Putti: Their Genesis, Importance, and Influence on Quattrocento Sculpture and Painting,* Vols I and II, Dissertation, Ohio State University, 1992, p. 42.
5. Ibid.
6. Ibid., pp. 74-5.
7. Ariès, *Centuries of Childhood*, p. 44.
8. Ibid. See also Anne Higonnet, *Pictures of Innocence: The History and Crisis of Ideal Childhood* (London: Thames and Hudson, 1998), pp. 17-18.
9. Ariès, Centuries of Childhood, pp. 128-9. 雖然菲利普・阿里耶承認母親和護士一定喜歡孩子的可愛，但他認為這種情緒未見於整個文化中，屬於「沒有表達的情感」。(ibid., p. 130).
10. Peter N. Stearns, *Childhood in World History* (London: Routledge, 2010), p. 10.
11. Ibid., pp. 11, 13, 19.
12. Colin Heywood, *A History of Childhood* (Cambridge: Polity, 2018), pp. 2-3, 11).
13. Stearns, *Childhood in World History*, p. 61.
14. Anna French, *Innocence*, in French, ed., *Early Modern Childhood*, p. 80.
15. Jane Eade, *Portraiture*, ibid., p. 295. 同樣的，狗代表忠誠，而兔子的繁殖力使牠們成為欲望的象徵。
16. Higonnet, *Pictures of Innocence*, pp. 17, 19. 在十七世紀以前，肖像畫中的兒童，「顯示了他們未來在成人社會的地位」。他們的穿著、舉止都像成年人一樣，甚至常常看起來像成年人。隨著畫家學會較為寫實地描繪兒童，這樣的情況逐漸改變。例如，安東尼・范戴克（Anthony Van Dyck）所畫的兒童，臉會比身體更孩子氣。
17. Deborah Solomon, 'Old mistresses turn tables on old masters', *The New York Times*, 16 December 2019 (accessed 28 September 2022).
18. Heywood, *A History of Childhood*, p. 5.
19. Stearns, *Childhood in World History*, p. 166.
20. Ibid., p. 73.
21. David Hartley, *Observations on Man, his Frame, his Duty, and his Expectations*, Vol. 1 (London: J. Johnson, 1801), p. 440.
22. See Stearns, *Childhood in World History*, pp. 74-5. 此外，日益好戰的民族國家也開始注意到兒童，以確保未來有足夠的士兵和工人，來平息社會動盪。
23. Ariès, *Centuries of Childhood*, pp. 46-7.
24. Higonnet, *Pictures of Innocence*, pp. 9, 23. 除了雷諾茲、根茲巴羅，還有湯馬斯・勞倫斯爵士（Sir Thomas Lawrence, 1769-1830）、亨利・雷伯恩爵士（Sir Henry Raeburn, 1756-1823）和約翰・霍普納（John Hoppner, 1758-1810）等英國畫家，法國畫家伊麗莎白・路易絲・維熱・勒布倫（Elisabeth Louise Vigée Le Brun, 1755-1842）畫了瑪麗・安東尼（Marie Antoinette）的孩子。她以善於在畫作中捕捉孩子的情緒聞名。
25. Ibid., p. 27.
26. Ibid., pp. 46-7. 〈穿藍衣的少年〉的套裝，在法蘭西絲・霍森・柏納特（Frances Hodgson Burnett）的《小公子》（*Little Lord Fauntleroy, 1886*）插圖中，變成黑色天鵝絨，催生了十九世紀的「角色扮演」。
27. Ibid., p. 25.
28. Ibid., p. 15.

29.Marah Gubar, *Artful Dodgers: Reconceiving the Golden Age of Children's Literature* (Oxford: Oxford University Press, 2010), pp. 17, 188.

30.Heywood, *A History of Childhood*, p. 43.

31.Marlis Schweitzer, 'Consuming Celebrity: Com-modities and Cuteness in the Circulation of Master William Henry West Betty', in Jen Boyle and Wan-Chuan Kao, eds, *The Retro-Futurism of Cuteness* (Santa Barbara, CA: Punctum Books, 2017), p. 127.

32.Stearns, *Childhood in World History*, pp. 74-6, 78.

33.Gubar, *Artful Dodgers*, p. 17.

34.William Wordsworth, 'Ode: Intimations of Immortality from Recollections of Early Childhood'.

35.Higonnet, *Pictures of Innocence*, p. 33.

36.Ibid., pp. 34-5.

37.Sina Najafi and Anne Higonnet, 'Picturing Innocence: An Interview with Anne Higonnet', *Cabinet Magazine* 9 (Winter 2002/03), cabinetmagazine.org/issues/9/najafi.php (accessed 30 September 2022).

38.Chi-ming Yang, 'Culture in Miniature: Toy Dogs and Object Life', *Eighteenth-Century Fiction* 25, 1 (Fall 2012), pp. 148-50.

39.Stephanie Howard-Smith, 'Little Puggies: Consuming Cuteness and Deforming Motherhood in Susan Ferrier's *Marriage', Eighteenth- Century Fiction* 34, 3 (Spring 2022), pp. 307-31.

40.Tom Wyman, 'Beware of Cupcake Fascism', *Guardian* (8 April 2014), (accessed 28 October 2022). See also Daniel Harris, *Cute, Quaint, Hungry, and Romantic: The Aesthetics of Consumerism* (New York: Basic, 2000).

41.Eric Fretz, 'P. T. Barnum's Theatrical Selfhood and the Nineteenth- Century Culture of Exhibition', in Rosemarie Garland Thomson, ed., *Freakery: Cultural Spectacles of the Extraordinary Body* (New York: New York University Press, 1996), p. 97.

42.E. Oakes Smith, 'Barnum's Baby Show - A Protest', New York Herald (12 May 1855), *The Lost Museum Archive*, lostmuseum.cuny.edu/ archive/barnums-baby-showa-protest-new-york-herald.

43.'The Baby Show Exhibit', *Lost Museum Archive*, lostmuseum.cuny.edu/ archive/exhibit/baby/ (accessed 30 September 2022).

44. 'The Baby Show - Grand Infantile Display', *New York Times* (6 June 1855).

45.Lori Merish, 'Cuteness and Commodity Aesthetics: Tom Thumb and Shirley Temple', in Rosemarie Garland Thomson, ed., *Freakery: Cultural Spectacles of the Extraordinary Body* (New York: New York University Press, 1996), p. 193.

46.Susan J. Pearson, '"Infantile Specimens": Showing Babies in Nineteenth-century America', *Journal of Social History* (Winter 2008), pp. 354-5. 巴納姆不只是想讓嬰兒公開亮相而已。他把整個秀弄成一場科學研究，訪問參賽者有關衛生、飲食和運動等問題，並記錄答案。

47.Ibid., pp. 341, 343.

48.Ibid., p. 341.

49.Ibid., p. 358.

50.Angela Sorby, 'Baby to Baby: Sigourney and the Origins of Cuteness', in Mary Louise Kete and Elizabeth Petrino, eds, *Lydia Sigourney: Critical Essays and Cultural View* (Amherst: University of Massachusetts Press, 2018), p. 136.

51. 'The Baby Show: Grand Infantile Display'.

52.P. T. Barnum, *Struggles and Triumphs: or, Forty Years' Recollections of P. T. Barnum* (Buffalo, NY: Warren, Johnson & Co., 1872), p. 159.

53.'The Baby Show - Prodigious Jam and a Hot Time', *New York Times* (7 June 1855).

54. 'The Baby Show: Grand Infantile Display'.

55.Steven Mintz, *Huck's Raft: A History of American Childhood* (Cambridge, MA: Harvard University

Press, 2004), p. 153.

56.Viviana A. Zelizer, *Pricing the Priceless Child: The Changing Social Value of Children* (Princeton, NJ: Princeton University Press, 1994), pp. 3, 11.

57.Gary Cross, *The Cute and the Cool: Wondrous Innocence and Modern American Children's Culture* (Oxford: Oxford University Press, 2004), p. 20.

58.Kete and Petrino, eds, *Lydia Sigourney*, pp. 1-2.

59.Sorby, 'Baby to Baby', p. 122.

60.Lydia Sigourney, Letters of Life (New York: Appleton, 1966), p. 27.

61.Ibid., p. 31.

62.Ibid., p. 125.

63.Sarah Hepola, 'The Internet is made of kittens', *Salon*, 10 February 2009, www.salon.com/2009/02/10/cat_internet/ (accessed 13 October 2022).

64.Sigourney, *Letters of Life*, p. 167.

65.Ibid., p. 42.

66. 安潔拉・索比說：「與同時期的英國文化相較，在美國流行文化中，福音派基督教女性扮演著較為重要的角色，強調母子間嚴肅的道德關係。」Sorby, 'Baby to Baby', p. 135.

67.Cross, *The Cute and the Cool*, pp. 46-7.

68.Ariès, *Centuries of Childhood*, p. 130.

69.Ibid.

70.Ibid., pp. 131-2.

71.Sorby, 'Baby to Baby', p. 135.

72.Merish, 'Cuteness and Commodity Aesthetics', p. 188.

73.Sorby, 'Baby to Baby', pp. 129, 133, 135.

74.Ibid., p. 134.

75.Chi-ming Yang, 'Culture in Miniature: Toy Dogs and Object Life', pp.149-50.

• 第 4 章　從鎖國到開放時期的日本卡哇伊文化

1.Museum of Fuchu City, *Very Cute Pictures of Old Edo, 'Kawaii'* (Tokyo: KyuryuDo, 2013).

2. 和蘭眼鏡由長崎的荷蘭單一貿易港口進入日本。長崎被允許將歐洲技術、書籍和藝術品，進口到這個封閉的國家。Timon Screech, *The Lens Within the Heart: The Western Scientific Gaze and Popular Imagery in Later Edo Japan* (Honolulu: University of Hawai'i Press, 2002), p. 99.

3.'Maruyama Okyo melded styles to pioneer a new path in art', *Japan Times*, 15 November 2016, www.japantimes.co.jp/culture/2016/11/15/ arts/maruyama-okyo-melded-styles-pioneer-new-path-art/.

4.Seiroku Noma, *The Arts of Japan: Late Medieval to Modern* (Tokyo: Kodansha International, 1978), p. 150.

5.Ibid.

6.Museum of Fuchu City, *Very Cute Pictures of Old Edo, 'Kawaii'*.

7.Iwao Takamatsu, 'Manga/Animation and Lifeworld Culture of Ordinary People in Edo', *Seminars on Academic Research of Manga and Anime* Part 8 (13 December 2005), nippon.zaidan.info/seikabutsu/2006/00258/contents/0021.htm.

8.Nobuhisa Kaneko, trans. Pamela Miki, *Ukiyo-e Paper Book: Cats by Kuniyoshi* (Tokyo: Daifukushorin, 2015).

9.Martin LaFlamme, 'Utagawa Kuniyoshi, the undisputed master of warrior prints', review of Rossella Menegazzo, ed., 'Kuniyoshi:Visionary of the Floating World', *Japan Times* (12 January 2019), www.japantimes.co.jp/culture/2019/01/12/books/utagawa-kuniyoshi-undisputed-master-warrior-prints/

(accessed 6 September 2022).

10.Susan J. Napier, *From Impressionism to Anime: Japan as Fantasy and Fan Cult in the Mind of the West* (New York: Palgrave Macmillan, 2007), pp. 21-44.

11.Ibid.

12.Ernest Chesneau quoted in Napier, *From Impressionism to Anime*, p. 29.

13.Lafcadio Hearn quoted ibid., pp. 60-61.

14.Ibid., p. 31.

15.Ibid., p. 27.

16.Mari Yoshihara, *Embracing the East: White Women and American Orientalism* (Oxford: Oxford University Press, 2003), p. 39. See also Tara Rodman, 'A Modernist Audience: The Kawakami Troupe, Matsuki Bunkio, and Boston Japonisme', Theatre Journal 65, 4 (December 2013), p. 496.

17.Rodman, 'A Modernist Audience', p. 496.

18.Yoshihara, *Embracing the East*, p. 39.

19.Jan Van Rij, *Madame Butterfly: Japonisme, Puccini, and the Search for the Real Cho-Cho-San* (Berkeley, CA: Stone Bridge Press, 2001), p. 29.

20.Yoshihara, *Embracing the East*, p. 82.

21.Ibid., pp. 5, 91-2.

22.Ibid., pp. 92-3.

23.Ibid., p. 78.

24.Ibid., pp. 97-8.

25.Ibid., p. 86.

26.Erica Kanesaka Kalnay, 'Yellow Peril, Oriental Plaything: Asian Exclusion and the 1927 US-Japan Doll Exchange', *Journal of Asian American Studies* 23, 1 (January 2020), p. 97.

27.Kathleen Tamagawa, *Holy Prayers in a Horse's Ear: A Japanese American Memoir* (New Brunswick, NJ: Rutgers University Press, 2008), p. 90.

28.Kalnay, 'Yellow Peril, Oriental Plaything', pp. 97-101.

29.Ibid., pp. 99-100.

30.Harald Salomon, '"A Paradise for Children": Western Perception of Children in Meiji Japan (1868-1912)', *The Journal of the History of Childhood and Youth*, Johns Hopkins University Press, 11 [3], (Fall 2018), pp. 341-62.

31.Ibid., p. 344.

32.Barbara Sato, 'Gender, Consumerism and Women's Magazines in Interwar Japan', *Routledge Handbook of Japanese Media*, ed. Fabienne Darling-Wolf (London: Routledge, 2018), p. 41.

33.Kenko Kawasaki, 'Osaki Midori and the role of the girl in Shōwa Modernism', trans. Lucy Fraser and Tomoko Aoyama, *Asian Studies Review* 32 (2008), p. 294.

34.Sarah Frederick, 'Girls' Magazines and the Creation of *Shōjo* Identities', *Routledge Handbook of Japanese Media*, ed. Darling-Wolf, p. 26.

35.Kanako Shiokawa, 'Cute but Deadly: Women and Violence in Japanese Comics', *Themes and Issues in Asian Cartoning: Cute, Cheap, Mad, and Sexy*, ed. John A. Lent (Bowling Green, OH: Bowling Green State University Popular Press, 1999), p. 99.

36.Mizuki Takahashi, 'Opening the closed world of shōjo manga', *Japanese Visual Culture: Explorations in the World of Manga and Anime*, ed. Mark W. MacWilliams (New York: M. E. Sharpe, 2013), p. 116.

37.Ibid., p. 115. See also Deborah Shamoon, *Passionate Friendship: The Aesthetics of Girls' Culture in Japan* (Honolulu: University of Hawai'i Press, 2012), p. 2.

38.Kawasaki, 'Osaki Midori and the role of the girl in Shōwa Modernism', p. 297.

39.Frederick, 'Girls' Magazines and the Creation of *Shōjo* Identities', p. 22.

40.Shamoon, *Passionate Friendship*, p. 70.

41.Sabrina Imbler, 'The Beloved Japanese Novelist Who Became a Queer Manga Icon', *Atlas Obscura* (4 April 2019), www.atlasobscura.com/ articles/yoshiya-nobuko-queer-manga.

42.Shamoon, *Passionate Friendship*, pp. 11, 35.

43.Masako Honda, 'Hirahira no keifu (The Genealogy of Hirahira)', *Ibunka to shite no kodomo* (The Child as Another Culture), (Tokyo: Chikuma shobō, 1992), pp. 148-85.

44.Shamoon, *Passionate Friendship*, p. 70. 雜誌讀者聚會在各大城市舉行，活動包括了演講、戲劇表演和電影放映。此外，與少年雜誌相比，少女雜誌的讀者專欄篇幅較大，討論也較為踴躍。Frederick, 'Girls' Magazines and the Creation of Shōjo Identities', p. 30.

45.Sato, 'Gender, Consumerism and Women's Magazines in Interwar Japan', p. 39.

46.Kawasaki, 'Osaki Midori and the role of the girl in Shōwa Modernism', p. 294.

47.Nozomi Masuda, 'Shōjo Manga and its Acceptance: What is the Power of Shōjo Manga?', in Masami Toku, ed., *International Perspectives on Shōjo and Shōjo Manga: The Influence of Girl Culture* (London: Routledge Press, 2018), p. 24.

48.Ibid.

49.Nozomi Naoi, 'Beauties and Beyond: Situating Takehisa Yumeji and the Yumeji-shiki', *Andon* 98 (December 2014), p. 32.

50. 竹久夢二的名聲持續至今。日本有六家博物館專門收藏他的作品。Ibid., pp. 29-30.

51.K. Nakamura, interview in M. Ozaki and G. Johnson, eds, *Kawaii! Japan's Culture of Cute* (Munich: Prestel, 2013), pp. 10-13.

52.Naoi, 'Beauties and Beyond', p. 34.

53.Masanobu Hosono, *Takehisa Yumeji (Yumeji Takehisa)*, (Tokyo: Hoikusha, 1972), p. 123.

54.Takahashi, 'Opening the closed world of shōjo manga', p. 117.

55.Naoi, 'Beauties and Beyond', p. 35.

56.Takahashi, 'Opening the closed world of sh jo manga', p. 120.

57.Ibid., pp. 119, 125.

58.Masuda, 'Shōjo Manga and its Acceptance', p. 24.

59.Takahashi, 'Opening the closed world of shōjo manga', p. 119.

60.K. Nakamura, interview in Ozaki and Johnson, eds, *Kawaii! Japan's Culture of Cute*, p. 14.

61.Ibid.

62. 內藤 RUNE 長期與藤田竜合作。一九七〇年代，兩人都為日本第一本針對男同性戀的大眾雜誌《薔薇族》繪製插圖。內藤 RUNE 代表了男同性戀與卡哇伊美學之間的連結；此連結常常未被提及。

• 第 5 章　逆向生長：幼態延續和神經嵴細胞

1.Robert A. Hinde and Les A. Barden, 'The Evolution of the Teddy Bear', *Animal Behavior* 33 (1985), pp. 1371-3.

2.Cross, *The Cute and the Cool*, p. 54.

3.Hinde and Barden, 'The Evolution of the Teddy Bear', p. 1371.

4.*Miriam Formanek-Brunell, Made to Play House: Dolls and the Commericialization of American Girlhood 1830-1930* (Baltimore: Johns Hopkins University Press, 1993), p. 93 n.3.

5.Cross, *The Cute and the Cool*, p. 54.

6. 這種趨勢不僅限於美式可愛。哥吉拉是一隻沉睡的史前野獸，被美國原子彈試驗的核輻射喚醒，經歷了類似的演化。加藤典洋指出，哥吉拉系列持續產出新作，這個曾經令人恐懼的怪物有了家庭，生了一個可愛的嬰兒，叫米你拉（Minilla）。現在，在東京御宅族聖地秋葉原，許多哥吉拉模型都變得很可愛。(Norihiro Katō, 'Goodbye Godzilla, Hello

Kitty: The Origins and Meaning of Japanese Cuteness', *The American Interest* (September/October, 2006), p. 78.

7.Thomas M. Inge, 'Mickey Mouse', in Dennis Hall and Susan G. Hall, eds, *American Icons* (Connecticut: Greenwood Publishing Group, 2006), p. 473.

8.Ibid., p. 475.

9.Stephen Jay Gould, 'A Biological Homage to Mickey Mouse', in *The Panda's Thumb: More Reflections in Natural History* (New York: Norton, 1980), p. 104.

10. 到了一九三二年，迪士尼要電影畫面盡可能可愛。負責《三隻小豬》的動畫師弗瑞德・摩爾（Fred Moore）利用業界稱之為「拉伸和擠壓」的彈性，把豬從一種吸引人的形狀，變成另一種讓人喜歡的形狀。這些小豬的可塑性完全沒有《汽船威利號》那樣的怪異扭曲。摩爾把它們畫得可愛、有個性又有魅力。Michael Barrier, *The Animated Man: A Life of Walt Disney* (Berkeley, CA: University of California Press, 2007), p. 95. 後來，摩爾負責《白雪公主》中小矮人的可愛外貌。麥可・巴瑞爾（Michael Barrier）說，在摩爾筆下：「小矮人變得稚嫩、年輕（儘管有白鬍鬚），更可愛，也更有吸引力。」Michael Barrier, *Hollywood Cartoons: American Animation in Its Golden Age* (Oxford: Oxford University Press, 2003), p. 202.

11.Gould, 'A Biological Homage to Mickey Mouse', p. 104.

12.Stephen Jay Gould, *Ontogeny and Phylogeny* (Cambridge, MA: Harvard University Press, 1977) pp. 401-2.

13.Šimić et al., 'Molecules, Mechanisms, and Disorders of Self- Domestication: Keys for Understanding Emotional and Social Communication from an Evolutionary Perspective', *Biomolecules* 11, 2 (22 December 2020), p. 13, dx.doi.org/10.3390/biom11010002.

14.Lorenz, *Studies in Animal and Human Behavior*, Vol. 2, pp. 173-9.

15.Gould, *Ontogeny and Phylogeny*, p. 365.

16.Gary Genosko, 'Natures and Cultures of Cuteness', *Invisble Culture - An Electronic Journal for Visual Culture* 9 (2005), n.p.

17.Napier, *From Impressionism to Anime*, p. 37. See also Ota Memorial Museum of Art, 'Is it true that Ukiyo-e crossed the sea as wrapping paper for ceramics?' (浮世絵が陶磁器の包み紙として海を渡ったのは本当？という話) (27 February 2021), otakinen-museum.note.jp/n/n01248684801c (accessed 5 September 2022).

18.Anne Allison, *Millennial Monsters: Japanese Toys and the Global Imagination* (Berkeley, CA: University of California Press, 2006) p. 53.

19.Thomas Lamarre, 'Speciesism, Part III: Neoteny and the Politics of Life', *Mechademia* 6 (2011), p. 125. The influence may have well gone both ways. Tezuka's work *Kimba the White Lion* was quite similar to Disney's The Lion King.

20.Allison, Millennial, p. 59.

21.Ibid., pp. 57-60. 原子小金剛也是第一部電視動畫系列的主角，掀起了兒童文化的新趨勢，也就是把以前流行的漫畫改編成卡通，帶起周邊玩具商品的商機。這樣的例子一次又一次地被成功複製。

22.Slade, 'Cute men in contemporary Japan', pp. 79-80.

23.Lamarre, 'Speciesism, Part III', p. 78.

24.Ibid., pp. 125-6.

25.Nancy L. Segal et al., 'Preferences for Visible White Sclera in Adults, Children and Autism Spectrum Disorder Children: Implications of the Cooperative Eye Hypothesis', *Evolution and Human Behavior* 37, 1 (January 2016), pp. 35-9, doi.org/10.1016/j. evolhumbehav.2015.06.006.

26.H. Kobayashi and S. Kohshima, '"Unique Morphology of the Human Eye and its Adaptive Meaning": Comparative Studies on External Morphology of the Primate Eye', *Journal of Human Evolution* 40, 5 (May 2001), pp. 419-35, doi:10.1006/jhev.2001.0468.

27.G. Kaplan and L. J. Rogers, 'Patterns of Gazing in Orangutans', *International Journal of Primatology* 23 (2002), pp. 501-26, doi. org/10.1023/A:1014913532057.

28.Segal et al., 'Preferences for Visible White Sclera in Adults, Children and Autism Spectrum Disorder Children', pp. 35-9.

29.Michael Tomasello et al., 'Reliance on Head Versus Eyes in the Gaze Following of Great Apes and Human Infants: the Cooperative Eye Hypothesis', *Journal of Human Evolution* 52 (2007), pp. 314-20, doi:10.1016/j.jhevol.2006.10.001.

30.Sarah Jessen and Tobias Grossman, 'Processing Eye Cues in the Infant Brain', *Proceedings of the National Academy of Sciences* 11, 45 (November 2014), pp. 16208-13, doi.org/10.1073/pnas.1411333111.

31.Melissa Bateson et al., 'Cues of Being Watched Enhance Cooperation in a Real-World Setting', *Biology Letters* 2 (2006), pp. 412-14, doi:10.1098/rsbl.2006.0509.

32.Tomasello et al., 'Reliance on Head Versus Eyes'.

33.Jessen and Grossman, 'Processing Eye Cues in the Infant Brain'.

34.Brian Hare, 'Survival of the Friendliest: *Homo sapiens* Evolved via Selection for Prosociality', Annual Review of Psychology 68, 1 (2017), pp. 155-86, doi:10.1146/annurev-psych-010416-044201.

35.Brian Hare and Vanessa Woods, *Survival of the Friendliest: Understanding Our Origins and Rediscovering Our Common Humanity* (New York: Random House, 2020), p. 83.

36.Wilkins et al., 'The "Domestication Syndrome" in Mammals', pp. 795-808.

37.Ibid. For sclerae, see Hare, 'Survival of the Friendliest', pp. 155-86.

38.Charles Darwin, *The Variation of Animals and Plants under Domestication*, Vol. 2 (London: Murray, 1868). 人耳可能太小，神經嵴細胞遷移的延遲不會有任何影響。See Richard Wrangham, The Goodness Paradox: *The Strange Relationship Between Virtue and Violence in Human Evolution* (New York: Pantheon Books, 2019), p. 80.

39.Šimić et al., 'Molecules, Mechanisms, and Disorders of Self- Domestication', pp. 1-39.

40.Wilkins et al., 'The "Domestication Syndrome" in Mammals, p. 795. 從解剖學上來說，現代人類的大腦是否比我們的祖先更小，仍然存在爭議，但我們的頭骨尺寸一直在縮小。See Šimić et al., 'Molecules, Mechanisms, and Disorders of Self-Domestication', and Hare and Woods, *Survival of the Friendliest.*

41.Hare and Woods, *Survival of the Friendliest*, pp. 71-2.

42.Hare, 'Survival of the Friendliest', p. 174.

43.Šimić et al., 'Molecules, Mechanisms, and Disorders of Self- Domestication'. See also A. Benítez-Burraco et al., 'Language Impairments in ASD Resulting from a Failed Domestication of the Human Brain', *Frontiers in Neuroscience* 10, 373 (29 August 2016), doi:10.3389/fnins.2016.00373.

44.Benítez-Burraco et al., 'Language Impairments in ASD'.

45.Wrangham, *The Goodness Paradox.*

46.Wilkins et al., 'The "Domestication Syndrome" in Mammals'.

47.Hare and Woods, *Survival of the Friendliest*, pp. 71-3.

• 第 6 章　可愛有了現代意義

1.Angela Sorby, '"A Dimple in the Tomb": Cuteness in Emily Dickinson', *ESQ* 63, 2 (2018), p. 42.

2.Sorby, 'Baby to Baby: Sigourney and the Origins of Cuteness', pp. 132-3.

3.Ibid., p. 133.

4.Ibid., pp. 132-3; Sianne Ngai, *Our Aesthetic Categories: Zany, Cute, Interesting* (Cambridge, MA: Harvard University Press, 2012), p. 59.

5.David Hunter Strother, *Virginia Illustrated: Containing a Visit to the Virginian Canaan, and the Adventures of Porte Crayon and His Cousins* (New York: Harper & Brothers, 1857), p. 166.

6.Margaret T. Canby, 'Birdie's Birthday Party', *Our Young Folks: An Illustrated Magazine for Boys and Girls*, ed. J. T. Trowbridge and Lucy Larcom, Vol. VIII (Boston: James R. Osgood & Co., 1872), p. 687.

7.1873 年，《我們年輕一輩》中，有個故事形容盒子裡的洋裝「看起來真可愛！」See *Our Young Folks*, Vol. IX (1873).

8. 兩千年前，中國開始飼養哈巴狗，在十六世紀傳到荷蘭和英國，十九世紀傳入美國。從 1860 年代開始，人們開始培育腿更短、臉更平的哈巴狗；換句話說，就是為了可愛。

9.Sorby, 'Baby to Baby', p. 125.

10.Betsy Golden Kellem, 'At Tom Thumb Weddings, Children get Faux- Married to Each Other', *Atlas Obscura*, 7 July 2017, www.atlasobscura. com/articles/tom-thumb-weddings (accessed 3 October 2022).

11.Ibid.

12.Susan Stewart, *On Longing: Narratives of the Miniature, the Gigantic, the Souvenir, the Collection* (Durham, NC: Duke University Press, 1993), p. 120.

13.Merish, 'Cuteness and Commodity Aesthetics, p. 194.

14.Gubar, *Artful Dodgers*, pp. 182-3.

15.Ibid., p. 187; Marah Gubar, 'Entertaining Children of All Ages: Nineteenth-Century Popular Theater as Children's Theater', *American Quarterly* 66, 1 (March 2014), p. 28.

16.Gubar, *Artful Dodgers*, p. 186. See also Merish, 'Cuteness and Commodity Aesthetics, p. 190.

17.Sorby, 'Baby to Baby', p. 123.

18.Ibid., p. 129.

19.Marah Gubar, 'The Cult of the Child Revisited: Making Fun of Fauntleroy', in *Oxford Twenty-First Century Approaches to Literature: Late Victorian into Modern*, ed. Laura Marcus et al. (Oxford: Oxford University Press, 2016), pp. 398-413. See also Merish, 'Cuteness and Commodity Aesthetics', p. 196.

20.Gubar, 'The Cult of the Child Revisited', p. 399.

21.Ibid., p. 399.

22.Ibid., p. 400.

23.'Barnum's Booby Show', *New York Tribune* (6 June 1855), lostmuseum. cuny.edu/archive/barnums-booby-show-new-york-tribune-june-6 (accessed 5 October 2022).

24.Pearson, '"Infantile Specimens"', p. 350. See also Chad Sirois, '19th Century Toddlers and Tiaras', *Worchester Historical Museum*, www. worcesterhistory.org/blog/baby-show/ (accessed 5 October 2022).

25.Ibid., p. 358.

26.Pearson, '"Infantile specimens"', p. 358.

27.Ibid.

28.Gubar, 'Entertaining Children of All Ages', p. 21.

29.Eric Lott, *Love & Theft: Blackface Minstrelsy and the American Working Class* (Oxford: Oxford University Press, 1993), pp. xi, 4.

30.Gubar, 'Entertaining Children of All Ages', p. 20.

31.Robin Bernstein, *Racial Innocence: Performing American Childhood from Slavery to Civil Rights* (New York: New York University Press, 2011), p. 35.

32.《湯姆叔叔的小屋》也以朗讀、戲劇或看圖說故事等形式，在自家上演。十九世紀和二十世紀初，出現了許多與這本書相關的紀念品和產品，從手帕和紙牌遊戲、玩偶、果醬罐到煙草罐。這些東西還有了名字：Tomitudes。Bernstein, *Racial Innocence*, p. 9.

33.Ibid., p. 48.

34.Tavia Nyong'o, 'Racial Kitsch and Black Performance', *The Yale Journal of Criticism* 15, 2 (2002), p.

376.

35.Sarah Meer, *Uncle Tom Mania: Slavery, Minstrelsy, and Transatlantic Culture in the 1850s* (Athens: University of Georgia Press, 2005), p. 125.

36. 托普西的角色以刻板的小黑鬼和小黑人的樣貌，進入視覺文化。

37.Gubar, 'Entertaining Children of All Ages', p. 21.

38.Merish, 'Cuteness and Commodity Aesthetics', p. 198.

39.See Bernstein, *Racial Innocence*, pp. 166, 181; Nicholas Sammond, *Birth of an Industry: Blackface Minstrelsy and the Rise of American Animation* (Raleigh, NC: Duke University Press, 2015), p. 2; and Merish, 'Cuteness and Commodity Aesthetics', pp. 185-203. 兒童文化經常保留了已經被大人長期捨棄的關注。「為什麼雞要過馬路？」或「為什麼消防員穿紅色吊帶？」等兒童謎語，起源於十九世紀為成人創作的塗黑臉滑稽歌舞劇。See Robert C. Toll, *On with the Show: The First Century of Show Business in America* (New York: Oxford University Press, 1976), p. 95.

40.Sammond, *Birth of an Industry*, p. 2.

41.Ibid., pp. 1, 3; and Inge, 'Mickey Mouse', p. 475.

42.Ibid., p. 71.

43.Gubar, 'Entertaining Children of All Ages', pp. 21-2.

44.Ibid., p. 22.

45.Buster Keaton, with Charles Samuels, *My Wonderful World of Slapstick* (New York: Da Capo, 1960), p. 62.

46.Gary Cross, *The Cute and the Cool* (Oxford: Oxford University Press, 2004), p. 59.

47.Ibid., pp. 40-43.

48.Formanek-Brunell, *Made to Play House*, p. 90; and Cross, The Cute and the Cool, p. 53.

49.Formanek-Brunell, *Made to Play House*, pp. 90-91. 泰迪熊可以說是第一個新小子玩偶。Ibid., p. 95.

50.Merish, 'Cuteness and Commodity Aesthetics', pp. 196, 198.

51.Formanek-Brunell, *Made to Play House*, p. 102.

52.Thierry Smolderen, *The Origins of Comics: From William Hogarth to Winsor Mccay, trans*. Bart Beaty and Nick Nguyen (Jackson, MS: University Press of Mississippi, 2014), p. 106.

53.Ibid.

54.Ibid., p. 108.

55.Ibid.

56.Cross, *The Cute and the Cool*, p. 32.

57.Smolderen, *The Origins of Comics*, p. 108. 根據蒂埃里・斯莫德倫（Thierry Smolderen）的說法，可愛的「圖像基因」（減去布朗尼的大眼睛）始於偽哥德式繪本，尤其是德國插畫家路德維希・里希特（Ludwig Richter）的作品。這種風格在 1840 年代後的《聖尼可拉斯》等美國兒童雜誌中流行。

58.Shelley Armitage, *Kewpies and Beyond: The World of Rose O'Neill* (Jackson, MS: University Press of Mississippi, 1994), pp. 110, 113.

59.Formanek-Brunell, *Made to Play House*, p. 102. 彩色插圖中的丘比，有著紅紅的臉頰和一簇金色的頭髮，儘管歐尼爾偶爾也有黑人丘比。Armitage, *Kewpies and Beyond*, p. 122.

60.Konrad Lorenz, *The Foundations of Ethology* (New York: Springer- Verlag, 1981), p. 164.

61.Formanek-Brunell, *Made to Play House*, p. 124.

62.Ibid., pp. 126-7.

63.Armitage, *Kewpies and Beyond*, p. 113.

64.Toni Fitzgerald, 'The Kewpie Craze', *Doll Reader* 36, 8 (2008), p. 37.

65.Formanek-Brunell, *Made to Play House*, p. 131.

66.Ibid., p. 137.

67.Emily Wolverton, 'Rosie O'Neill and the Kewpie Collection', *The Mini Time Machine Museum of Miniatures*, 45 (5 February 2014).

68.Ibid., pp. 132-3.

69.Cross, *The Cute and the Cool*, p. 51.

70.Formanek-Brunell, *Made to Play House*, p. 103.

71.Cross, *The Cute and the Cool*, p. 51.

72.Bernstein, *Racial Innocence*, p. 41.

73.*Harper's Weekly* 53, Part 1 (1909), p. 13.

74.Ara Osterweil, 'Reconstructing Shirley: Pedophilia and Interracial Romance in Hollywood's Age of Innocence', *Camera Obscura* 72, Vol. 24, No. 3 (2009), pp. 5-6.

75.Blake Stimpson, 'Andy Warhol's Red Beard', *The Art Bulletin* 83, 3 (September 2001), p. 528.

76.John F. Kasson, *The Little Girl Who Fought the Great Depression: Shirley Temple and 1930s America* (New York: W. W. Norton & Co., 2014), p. 115.

77.Ibid., p. 5.

78.Ibid., pp. 159-61.

79.Shirley Temple Black, *Child Star: An Autobiography* (New York: McGraw-Hill, 1988), p. 116.

80.Natalie Ngai, 'The temptation of performing cuteness: Shirley Temple's birthday parties during the Great Depression, *Feminist Media Studies*, p. 5, doi:10.1080/14680777.2022.2098800.

81.Ibid., p. 12.

82.Ibid., p. 9.

83.Mayme Peak, 'Hollywood is Asking: How Long Will Shirley Temple Remain a Star?', *Boston Globe*, 14 May 1937.

• 第 7 章 可愛的演化基礎

1.Trut et al., 'Animal Evolution During Domes-tication', p. 6.

2.Dugatkin and Trut, *How to Tame a Fox*, p. 80. 調節壓力反應的 HPA 軸（下丘腦－垂體－腎上腺），在馴化狐狸的體內減弱。與對照組相比，馴化狐狸的基礎皮質醇濃度和壓力誘導的皮質醇濃度，平均低了三到五倍。血清素可以抑制攻擊行為，促進平和，在馴化狐狸中也發現其濃度明顯較高。Trut et al., 'Animal Evolution During Domestication, pp. 6-10.

3.For a review of studies on peak cuteness levels in children, see Gary D. Sherman and Jonathan Haidt, 'Cuteness and Disgust: The Humanizing and Dehumanizing Effects of Emotion', Emotion Review 3, 3 (2011) pp. 4-5, doi:10.1177/1754073911402396. For peak cuteness in puppies, see Nadine Chersini et al., 'Dog Pups' Attractiveness to Humans Peaks at Weaning Age', *Anthrozoös* 31, 3 (2018) pp. 309-18, doi:10.1080/08927936.2018.1455454.

4.Clive D. L. Wynne, *Dog Is Love: Why and How Your Dog Loves You* (Boston: Mariner Books, 2019), p. 155.

5.Ibid., p. 8.

6.Ibid., p. 129. See also Gregory S. Berns et al., 'Scent of the familiar:An fMRI study of canine brain responses to familiar and unfamiliar human and dog odors', *Behavioural Processes* 110 (2015), pp. 37-46, doi. org/10.1016/j.beproc.2014.02.011.

7.Wynne, *Dog Is Love*, p. 32.

8.Chersini et al., 'Dog Pups' Attractiveness to Humans Peaks at Weaning Age'.

9. 新幾內亞唱犬在數千年來未與人類接觸，但仍然保留著成為可愛夥伴的能力。有鑑於唱犬不具備任何現代狗的能力，這種行為更加引人注目。

10.Wynne, *Dog Is Love*, p. 209.

11.Jared Diamond, 'Evolution, Consequences and Future of Plant and Animal Domestication', *Nature* 418 (8 August 2002), pp: 700-07, doi. org/10.1038/nature01019.

12.Ibid., p. 702. The number of domesticated animal species goes up to around forty if birds and fish are included.

13.Claudio J. Bidau, 'Domestication through the Centuries: Darwin's Ideas and Dmitry Belyaev's Long-Term Experiment in Silver Foxes', *Gayana* 73, Supplement 1 (2009), p. 62, dx.doi. org/10.4067/S0717- 65382009000300006. 有關「無意識選擇」的概念有助於解釋分歧，這是達爾文自然選擇理論中解釋物種形成和演化的關鍵。在馴化物種中，不同的族群即使經歷相似的育種，也會發展出不同的特徵。因此，根據達爾文分析，馴化與自然選擇同質。(ibid., p. 68).

14.A. Azzaroli, 'Quaternary Mammals and the "End-Villafranchian" Dispersal Event - A Turning Point in the History of Eurasia', *Palaeogeography, Palaeoclimatology, Palaeoecology* 44 (1983), pp. 117-39, doi:10.1016/0031-0182(83)90008-1. See also Hare and Woods, *The Genius of Dogs*, p. 22.

15.Hare and Woods, *The Genius of Dogs*, p. 29.

16.Neil Sandell, 'From scavenger to household royalty: How dogs evolved from wolves to pampered pets', *Ideas Podcast* (CBC Radio, 1 March 2021), www.cbc.ca/radio/ideas/from-scavenger-to-household-royalty- how-dogs-evolved-from-wolves-to-pampered-pets-1.5930345.

17.See Bradshaw, *Dog Sense*, pp. 49-50; Adam Winston, 'In the beginning: dogs and wolves', *Dogs in Our World Podcast*, Episode 1 (5 January 2017), podcasts.apple.com/us/podcast/in-the-beginning-dogs-and-wolves/id1163100723?i=1000379664063; and Francis Galton, 'The First Steps towards the Domestication of Animals', *Transactions of the Ethnological Society of London* 3 (1865), p. 123.

18.法蘭西斯・高爾頓也是優生學（eugenics）的先驅；事實上，他創了這個詞。

19.Galton, 'The First Steps towards the Domestication of Animals', p. 123.

20.Ibid.

21 Ibid., p. 137.

22.Bradshaw, *Dog Sense*, pp. 48-50. See also Frederick J. Simoons and James A. Baldwin, 'Breast-Feeding of Animals by Women: Its Socio- Cultural Context and Geographic Occurrence', Anthropos Bd. 77, H. 3./4. (1982), pp. 422-3, www.jstor.org/stable/40460478.

23.Simoons and Baldwin, 'Breast-Feeding of Animals by Women', p. 427 Fig. 2.

24.Konrad Lorenz, *Man Meets Dog*, trans. Marjorie Kerr Wilson (Oxfordshire: Routledge, 2002), pp. 1-10.

25.Raymond Coppinger and Lorna Coppinger, *Dogs: A Startling New Understanding of Canine Origin, Behavior and Evolution* (New York: Scribner, 2001).

26.Kurt Kotrschal, 'How Wolves Turned into Dogs and How Dogs Are Valuable in Meeting Human Social Needs', *People and Animals: The International Journal of Research and Practice* 1, 1, Article 6 (2018), p. 12, docs.lib.purdue.edu/paij/vol1/iss1/6.

27.Sandell, 'From scavenger to household royalty'.

28.Hare and Woods, *The Genius of Dogs*, pp. 89-90.

29.Christoph Jung and Daniela Pörtl, 'Scavenging Hypothesis: Lack of evidence for Dog Domestication on the Waste Dump', *Dog Behavior* 2 (2018), p. 43.

30.Ibid., p. 42.

31.J. A. Serpell, 'Commensalism or Cross-Species Adoption? A Critical Review of Theories of Wolf Domestication', *Frontiers of Veterinary Science* 8, 662370 (2021), p. 3, doi:10.3389/fvets.2021.662370.

32.Maria Lahtinen et al., 'Excess protein enabled dog domestication during severe Ice Age winters', *Scientific Reports* 11, 7 (2021), p. 1.

33.Ibid., p. 3.

34. 瑪麗亞・拉蒂寧的團隊也指出，早期狗的消化系統尚未適應人類飲食。因此，比較可能餵食瘦肉。Ibid., p. 3, 4.

35.Lorenz, *Man Meets Dog*, p. 9.

36.Bradshaw, Dog Sense, p. 4.

37.Ibid., p. 6.

38.Ibid., pp. 16, 81.

39.Ibid., p. 128.

40.Ibid., pp. 51-2.

41. 支持垃圾場理論的約翰・布萊蕭指出，即使是人工飼養的狼，也很難與人變得親密。

42.Samuel Hearne, *A Journey from Prince of Wale's Fort in Hudson's Bay to the Northern Ocean* (Toronto: The Champlain Society, 1911), p. 803.

43.Benson Ginsburg quoted in Brandy R. Fogg et al., 'Relationships Between Indigenous American Peoples and Wolves, 1: Wolves as Teachers and Guides', *Journal of Ethnobiology* 35, 2 (2015), p. 278, doi:10.2993/etbi-35-02-262-285.1.

44.Serpell, 'Commensalism or Cross-Species Adoption?', p. 7.

45.Kotrschal, 'How Wolves Turned into Dogs', p. 7.

46.Fogg et al., 'Relationships Between Indigenous American Peoples and Wolves', p. 279.

47.Ibid., p. 272. 塞謬爾・赫恩寫道：「我從來沒看過印第安人傷害這些小狼。他們總是小心翼翼地把牠們放回巢穴。有時，我看到他們用紅赭石幫小狼畫臉。」幾千年來，紅赭石一直被世界許多地方的原住民用於典禮和儀式的身體裝飾。以紅赭石來標記狼臉，表示此人類社群與這些動物的深刻連結，不只是想要和牠們玩而已。Hearne, *A Journey from Prince of Wale's Fort in Hudson's Bay to the Northern Ocean*, p. 803.

• 第 8 章 當代日本的卡哇伊文化

1.Aaron Herald Skabelund, *Empire of Dogs: Canines, Japan, and the Making of the Modern Imperial World* (Ithaca, NY: Cornell University Press, 2011), pp. 1-2.

2.Inuhiko Yomota, Essay on *'Kawaii' (Kawaii Ron)*, (Tokyo: Chikuma Shobo, 2006), pp. 29, 30.「かわはゆし」這個字最早出現在十二世紀末，在清少納言的《枕草子》之後。這是下層階級使用的俚語，而《枕草子》則使用上層階級的詞「うつくしい」來表示可愛的東西。(ibid., p. 33).

3.G. Esposito et al., 'Baby, You Light-Up My Face: Culture-General Physiological Responses to Infants and Culture-Specific Cognitive Judgements of Adults', *PLoS ONE* 9, 10: e106705 (2014), doi:10.1371/ journal.pone.0106705.

4.Yomota, *Essay on 'Kawaii'*, pp. 34, 73. See also Nittono, 'The Two- Layer Model of "Kawaii"', p. 81.

5.Yomota, *Essay on 'Kawaii'*, p. 34.

6.Nittono, 'The Two-Layer Model of "Kawaii"', p. 82.

7.Masuda, 'Shōjo Manga and its Acceptance', p. 21.

8.Alisha Saikia, 'Kyara in Japanese Religious Spaces', *Vienna Journal of East Asian Studies* 13 (2021), p. 258.

9. 獨特的人孔蓋設計在日本各地很常見，人孔蓋迷會為此走遍全國。See Allan Richarz, 'On the hunt for Japan's elaborate, colorful manhole covers', *Atlas Obscura* (15 March 2019), www.atlasobscura.com/articles/japanese-manhole-covers (accessed 5 October 2022).

10.Slade, 'Cute men in contemporary Japan', p. 83.

11.Ibid., p. 84.

12.Masafumi Monden, 'The Beautiful *Shōnen* of the Deep and Moonless Night: The Boyish Aesthetic in Modern Japan', *ASIEN* 147 (April 2018), pp. 66, 86.

13.Slade, 'Cute men in contemporary Japan', pp. 85-6.

14.Ibid., p. 87. 其中一個原因是卡哇伊不僅僅是一種「造型」，而是一種行為模式和期望。這也適用於世界其他地方。當男人透過可愛來擁抱童心和異想天開，主動表現出脆弱、善良和敏感，他們就打破了傳統上把男人視為較為成熟、嚴肅、堅強、對社會有用的性別觀。Ibid., pp. 79, 85-6.

15.Monden, 'The Beautiful *Shōnen* of the Deep and Moonless Night', p. 85. 卡哇伊文化對日本男性氣質的影響持續成長。「卡哇伊男性氣質在當代日本文化中無處不在，從廣告到電視節目，從雜誌到時尚媒體，對當代日本男性的自我形象產生了影響。」Ibid., p. 65.

16.Leila Madge, 'Capitalizing on "Cuteness": The Aesthetics of Social Relations in a New Postwar Japanese Order', *Japanstudien* 9, 1 (1998), p. 160.

17.Sharon Kinsella, 'Cuties in Japan', *Women, Media and Consumption in Japan*, ed. L. Skove and B. Moeran (Honolulu: University of Hawai'i Press, 1995), pp. 243-5.

18.Tomiko Yoda, 'Girlscape: The Marketing of Mediatic Ambience in Japan', *Media Theory in Japan*, ed. Marc Steinberg and Alexander Zahiten (Durham, NC: Duke University Press, 2017), p. 178.

19 Ibid., pp. 173-99.

20.Jennifer S. Prough, *Straight from the Heart: Gender, Intimacy, and the Cultural Production of Shojo Manga* (Honolulu: University of Hawai'i Press, 2010), p. 110.

21.Shamoon, *Passionate Friendship*, p. 140.

22.Kinsella, 'Cuties in Japan', pp. 222-4. See also Mio Bryce, 'Cuteness needed: The new language/communication device in a global society', *International Journal of the Humanities* 2, 3 (2006), p. 2269.

23.Ibid., p. 222. See also Mio Bryce, 'Visuality of writing in our modern world of multimedia and mass communication: Focusing on the written Japanese', *Proceedings of the Marking Our Difference Conference* (Melbourne: School of Languages, University of Melbourne, 2003), pp. 245-6.

24.Bryce, 'Visuality of writing in our modern world of multimedia and mass communication', p. 245.

25.Kinsella, 'Cuties in Japan', pp. 223-4. 到了 1980 年代中期，10% 的中學男生和 17.5% 的男高中生，也在使用這種卡哇伊手寫體，估計總共有超過五百萬年輕人使用這種新字體。(Ibid.)

26.Ibid., p. 222.

27.Orbaugh, 'Busty Battlin' Babes', p. 213.

28.Kinsella, 'Cuties in Japan', p. 220. 發明可愛書寫風格的女學生成年後，繼續熱愛卡哇伊美學，影響了從時尚到居家用品的一切設計。Eiji Ōtsuka, *Girls' United Red Army: Subculture and Postwar Democracy (Kanojo tachi no rengô sekigun: sabukaruchâ to sengo minshushugi)*, (Tokyo: Bungeishunjûsha, 1996), pp. 183-6.

29.Matt Alt, *Pure Invention: How Japan's pop culture conquered the world* (New York: Random House, 2020), p. 189.

30.Ibid., pp. 192-3.

31. 如今，日本女學生已經繼續前進。表情圖案已經被貼圖取代，這些圖案或動畫更精確地傳達了卡哇伊情感的興奮。

32.Kinko Ito, 'Manga in Japanese History', in *Japanese Visual Culture: Explorations in the World of Manga and Anime*, ed. Mark W. MacWilliams (London: Routledge, 2008), pp. 26, 29-32.

33.Deborah Shamoon, 'Situating the Shojo in Shojo Manga: Teenage Girls, Romance Comics and Contemporary Japanese Culture', ibid., p. 139.

34.Ibid., pp. 35-6.

35.Ibid.

36.Takahashi, 'Opening the closed world of shōjo manga', pp. 120, 124. See also Shamoon, *Passionate Friendship*, p. 99.

37.Takahashi, 'Opening the closed world of shōjo manga', p. 125.

38.Ibid., p. 124.

39.Prough, *Straight from the Heart*, p. 38.

40.Ito, 'Manga in Japanese History', p. 41.

41.Deborah Shamoon, 'Revolutionary Romance: The Rose of Versailles and the Transformation of Shojo Manga', *Mechademia Second Arc* 2, 1 (January 2007) p. 3.

42.Takahashi, 'Opening the closed world of shōjo manga', p. 129.

43.Ibid., p. 132.

44.Orbaugh, 'Busty Battlin' Babes', p. 213.

45 Patrick W. Galbraith, 'Seeking an alternative: "male" shōjo fans since the 1970s', in *Shōjo Across Media: Exploring 'Girl' Practices in Contemporary Japan*, ed. Jaqueline Bernt, Kazumi Nagaike and Fusami Ogi (London: Palgrave Macmillan, 2019), pp. 357-9.

46.Sharon Kinsella, *Adult Manga: Culture and Power in Contemporary Japanese Society* (Honolulu: University of Hawai'i Press, 2000), p. 48.

47.Tomoko Yamada, 'Profile and Interview with Tomoko Yamada', Interview by Toku, ed., *International Perspectives on Shōjo and Shōjo Manga*, p. 140.

48. 原版《美少女戰士漫畫》共有十八集。第一部動畫播出了五季。後續的《美少女戰士Crystal》有三季。除此之外，還衍生了許多動畫電影、音樂劇作品和電視節目。Kathryn Hemmann, 'Short Skirts and Superpowers: The Evolution of the Beautiful Fighting Girl', U.S.-*Japan Women's Journal* 47 (2014), pp. 53-4.

49.Yukari Fujimoto, 'Sailor Moon! The Treasure Box All the Girls Want', in Toku, ed., *International Perspectives on Shōjo and Shōjo Manga*, p. 33.

50.Moto Hagio, 'Profile and Interview with Hagio Moto', Interview by Masami Toku, in Toku, ed., *International Perspectives on Shōjo and Shōjo Manga*, p. 210.

51.Press Conference, Ministry of Foreign Affairs of Japan (12 March 2009), www.mofa.go.jp/announce/press/2009/3/0312.html.

• 第 9 章 人類把自己馴化了嗎？

1.Erica Kanesaka, 'Kawaii Globalization & Asian America: An Intimate History', in *Kawaii: The Emergence and Evolution of Cuteness in Japanese Girls' Culture* (New York: The Japan Foundation, July 2022), www.youtube.com/watch?v=c8s_ZvM1om0.

2.Gould, 'A Biological Homage to Mickey Mouse', p. 101.

3.Bradshaw, Dog Sense, p. 57.

4.Ibid., p. 76.

5.Gould, *Ontogeny and Phylogeny*, p. 350.

6.Šimić et al., 'Molecules, Mechanisms, and Disorders of Self-Domestication', p. 13, dx.doi.org/10.3390/biom11010002.

7.Barbara Schweder, response to Doug Jones et al., 'Sexual Selection, Physical Attractiveness, and Facial Neoteny: Cross-Cultural Evidence and Implications', *Current Anthropology* 36, 5 (December 1995), p. 741.

8.M. Kuhlwilm et al., 'Ancient gene flow from early modern humans into Eastern Neanderthals', *Nature* 530 (2016), pp. 429-33, doi. org/10.1038/nature16544.

9.Matteo Zanella et al., 'Dosage analysis of the 7q11.23 Williams region identifies BAZ1B as a major human gene patterning the modern human face and underlying self-domestication', *Science Advances* 5, 12 (4 December 2019), p. 7, doi:10.1126/sciadv.aaw7908.

10.Constantina Theofanopoulou et al., 'Self-domestication in *Homo sapiens*: Insights from comparative genomics', PLoS ONE 12, 10, e0185306 (2017), p. 3, doi.org/10.1371/journal.pone.0185306.

11.Boria Sax, 'What is a "Jewish Dog"? Konrad Lorenz and the Cult of Wildness', *Society and Animals* 5, 1 (1997), p. 18. 彼得・克洛普弗（Peter Klopfer）寫道，第二次世界大戰期間，康拉德・勞倫茲「把驕傲和美麗與雅利安人連結，把劣等與城市猶太人、吉普賽人以及其他頹廢的馴化產物連結起來。這在他的手稿和信件中反覆出現」。Peter Klopfer, 'Konrad Lorenz and the National Socialists: On the Politics of Ethology', *International Journal of Comparative Psychology* 7, 4 (1994), p. 205. 勞倫茲對衰退和優生學的著迷可能早於納粹。而且，因為這些思想被納粹運用在國家社會主義的「種族衛生」論述，所以勞倫茲獲得了更高的聲望和更大的舞臺。Theodora J. Kalikow, 'Konrad Lorenz's Ethological Theory: Explanation and Ideology, 1938-1943', *Journal of the History of Biology* 16, 1 (Spring 1983), p. 56.

12.Klopfer, 'Konrad Lorenz and the National Socialists', p. 204.

13. 當我第一次開始與其他學者合作研究可愛文化時，我的歐洲同事很快就點出了勞倫茲與納粹的關聯，以及他在戰爭期間用德文發表的兩篇文章。但在戰後出現的勞倫茲著作的英文譯本，已經沒有這兩篇，這解釋了為什麼只有那些說德語的同事知道他的種族主義思想。

14.Helen M. Leach, 'Selection and the Unforeseen Consequences of Domestication', in Rebecca Cassidy and Molly H. Mullin, eds, *Where the Wild Things Are Now: Domestication Reconsidered* (London: Bloomsbury, 2007), pp. 93-4.

15.Kalikow, 'Konrad Lorenz's Ethological Theory: Explanation and Ideology, 1938-1943', pp. 47-8. See also Sax, 'What is a "Jewish Dog"?', p. 15.

16.Lorenz, *Studies in Animal and Human Behavior*, Vol. 2, pp. 164-5.

17.Ibid., pp. 154, 166.

18.Daniel S. Lehrman, 'Semantic and Conceptual Issues in the Nature- Nurture Problem', *Development and Evolution of Behavior*, ed. Lester R. Aronson et al. (San Francisco: W. H. Freeman and Co., 1970), pp. 17-52. See also R. A. Hinde, *Animal Behavior: A synthesis of ethology and comparative psychology* (New York: McGraw-Hill, 1966); and R. A. Hinde, *Ethology: Its nature and relations with other sciences* (Oxford: Oxford University Press, 1982).

19.Lorenz, *Studies in Animal and Human Behavior*, Vol. 2, p. 341 n.38.

20.Ibid., p. 154.

21.Wrangham, *The Goodness Paradox*, p. 19.

22.Ibid., pp. 128-41.

23.Frans de Waal, 'What animals can teach us about politics', *Guardian* (12 March 2019).

24.Ibid.

25.Wrangham, *The Goodness Paradox*, p. 215.

26.Ibid., p. 139.

27.Frans de Waal, *The Bonobo and the Atheist: In Search of Humanism Among the Primates* (New York: W.W. Norton & Co., 2013), p. 14.

28.Robert M. Sapolsky, *A Primate's Memoir: Love, Death and Baboons in East Africa* (London: Random House, 2002), p. 15.

29.Robert M. Sapolsky and Lisa J. Share, 'A Pacific Culture among Wild Baboons: Its Emergence and Transmission', *PLoS Biology* 2, 4 (April 2004), p. 0534.

30.Ibid., pp. 0535-7.

31.Ibid.

32. 現代大象馴化了自己嗎？ 達爾文發現，每個馴化物種至少都有些個體會出現下垂的耳朵。大象也有。Charles Darwin, *Animals and Plants Under Domestication*, Vol. 2 (London: John Murray, 1868), p. 301. 個別亞洲象很容易被馴服。有些亞洲象的皮膚上有蒼白的斑點，這可能是神經嵴細胞遷移減少的結果。Wrangham, *The Goodness Paradox*, p. 298 n.5. 然而，為了回答這個問題，我們需要將現代大象的行為與其直系祖先進行比較，看看攻擊性是否較低。可惜的是，這些祖先已經滅絕了。

33.Hare and Woods, *The Genius of Dogs*, p. 106.

34.Frans de Waal, 'Bonobo Sex and Society', *Scientific American* (1 June 2006), www.scientificamerican.com/article/bonobo-sex-and-society-2006-06/ (accessed 25 October 2022).

35.Brian Hare et al., 'The Self-Domestication Hypothesis: Evolution of Bonobo Psychology is Due to Selection Against Aggression', *Animal Behaviour* 83, 3 (March 2012), p. 577.

36.Brian Hare in Claudia Dreifus, 'Why bonobos don't kill each other: A conversation with Brian Hare', *The New York Times* (6 July 2010).

37.Hare et al., 'The Self-Domestication Hypothesis', pp. 576-7.

38.Hare and Woods, *Survival of the Friendliest*, p. 47. See also M. Surbeck et al., 'Mate competition, testosterone and intersexual relationships in bonobos, *Pan paniscus', Animal Behaviour* (2012), doi:10.1016/j. anbehav.2011.12.010.

39.Jeannette DeWyze, 'San Diego Zoo's Rare Bonobos, and the Superfans Devoted to the Zoo's Once Forgotten Apes', *San Diego Reader* (7 June 2017).

40.Richard O. Prum, *The Evolution of Beauty: How Darwin's Forgotten Theory of Mate Choice Shapes the Animal World - and Us* (New York: Anchor Books, 2017), pp. 231-2.

41.de Waal, 'Bonobo Sex and Society'.

42.Zanna Clay and Frans de Waal, 'Sex and strife: Post-conflict sexual contacts in bonobos', *Behaviour* 152, 3-4 (10 February 2015), p. 16.

43.Prum, *The Evolution of Beauty*, pp. 242-3.

44.Sarah Blaffer Hrdy, *Mothers and Others: The Evolutionary Origins of Mutual Understanding* (Cambridge, MA: Harvard University Press, 2009), p. 222. See also Sarah Blaffer Hrdy, *Mother Nature: Maternal Instincts and How They Shape The Human Species* (New York: Ballantine Books, 1999), pp. 446, 449.

45.Hrdy, *Mothers and Others*, pp. 229, 233-4.

46.Ibid., pp. 233-5.

47.Melvin Konner, *Women after all: Sex, evolution and the end of male supremacy* (New York: W. W. Norton & Co., 2015), p. 132.

48.Sarah Blaffer Hrdy and Judith M. Burkart, 'The emergence of emotionally modern humans: Implications for language and learning', *Philosophical Transactions of the Royal Society* B, 375, 20190499 (2020), pp. 1-2, dx.doi.org/10.1098/rstb.2019.0499.

49.Sherman and Haidt, 'Cuteness and Disgust', p. 4.

50.Hrdy, *Mothers and Others*, pp. 168-9.

51.Ibid., p. 169.

52.Pilyoung Kim et al., 'Neural Plasticity in Fathers of Human Infants', *Society for Neuroscience* 9, 5 (October 2014), doi:10.1080/17470919.
201 4.933713.

53.Hrdy, *Mother Nature*, p. 477.

54.Ibid., p. 481.

55.Ibid., pp. 470, 483.

56.Eloise Stark et al., 'Neurobiology of Human Parenting', *Handbook of Parenting*, Vol. 2, *Biology and Ecology of Parenting*, 3rd edition (London: Routledge, 2019), pp. 251, 263. See also M. L. Kringelbach et al., 'On Cuteness: Unlocking the Parental Brain and Beyond', *Trends in Cognitive Sciences* 20, 7 (July 2016), doi:10.1016/j.tics.2016.05.003.

57.Sherman and Haidt, 'Cuteness and Disgust'. See also Hrdy and Burkart, 'The emergence of emotionally modern humans'.

58. 當圓滾滾的眼睛被移除後，這些社會判斷能力就消失了。 'Study: Infants can judge naughty from nice', *CBS News* (21 November 2007), www.cbsnews.com/news/study-infants-can-judge-naughty-from-nice/ (accessed 27 October 2022).

59.J. Kiley Hamlin et al., 'Social evaluation by preverbal infants', *Nature* 450, 22 (November 2007), p. 557.

60. 儘管迷你劇中的角色並沒有擬人化，但帶有大片白色區域的大圓眼睛被用來表現正在發生的社交互動。

61.Michael Tomasello, *The Cultural Origins of Human Cognition* (Boston: Harvard University Press, 1999), p. 61.

62.Hrdy, *Mothers and Others*, p. 117. See also Hrdy and Burkart, 'The emergence of emotionally modern humans', p. 4.

63.Hrdy, *Mother Nature*, p. 484.

64.Ibid.

65.Hrdy, *Mothers and Others*, p. 117.

66.Kathryn A. Lord et al., 'The History of Farm Foxes Undermines the Animal Domestication Syndrome', *Trends in Ecology & Evolution* (2019), doi.org/10.1016/j.tree.2019.10.011.

67.Martin Johnsson et al., 'The neural crest cell hypothesis: no unified explanation for domestication', *Genetics* 26, 219, 1, iyab097 (Aug 2021), doi:10.1093/genetics/iyab097.

68.Dor Shilton et al., 'Human Social Evolution: Self-Domestication or Self-Control?', in Antonio Benítez-Burraco, Vera Kempe and Zanna Clay, eds, *Self-Domestication and Human Evolution* (Lausanne: Fronteris Media SA, 2020), doi:10.3389/978-2-88966-093-3.

69.Stephen C. Levinson, 'The interaction engine: Cuteness selection and the evolution of the interactional base for language', *Philosophical Transactions of the Royal Society* B, 377, 20210108 (2022), doi. org/10.1098/rstb.2021.0108.

70.Ibid., pp. 3-6.

• 第 10 章　可愛文化的未來

1.Michael P. Masters, 'Beyond Mickey Mouse: Perpetuating Cartoon Paedomorphosis', Poster, American Association of Physical Anthropologists Annual Meeting, Los Angeles (2020), doi:10.13140/ RG.2.2.30941.15841.

2.Thomas Lamarre, 'Speciesism, Part III', p. 123.

3.Joshua Paul Dale et al., *The Aesthetics and Affects of Cuteness* (London: Routledge, 2017), pp. 10, 11.

4.laine Glusac, 'How to Make Fast Friends While Traveling? Try Playing Pickleball', *The New York Times* (16 January 2023).

5.Harris, *Cute, Quaint, Hungry and Romantic*; see also Wyman, 'Beware of Cupcake Fascism'.

6.Courtney N. Plante et al., *FurScience! A Summary of Five Years of Research from the International Anthropomorphic Research Project* (Waterloo, ON: Fur Science, 2016), p. 51.

7.Ibid., pp. 63-4, 66.

8.Ibid., p. 103.

9. 對於那些想單打獨鬥的獸迷，只需幾百美元就可以買到材料，並且有許多 YouTube 影片解釋下一步該做什麼。

10.Takurō Morinaga, 'For Love or Money: A Lesson in Moé Economics', in T*he Moé Manifesto: An Insider's look at the Worlds of Manga, Anime, and Gaming*, ed. Patrick W. Galbraith (Tokyo: Tuttle Publishing, 2014), pp. 127-8.

11.'Research Findings 2.8: Fursuits', *Furscience*, furscience.com/research- findings/fandom-participation/2-8-fursuits/ (accessed 2 November 2022).

12. 研究小組確實發現，50% 的獸迷相信粉絲圈為他們的生活帶來了「美和美感」。如果問題特別指出可愛，結果可能會有所不同。Ibid., 2.10.

13.Plante et al., *FurScience!*, p. 107.

14.Lee, *Smaller is Better*, p. 162.

15.Ibid., pp. 1-2, 129.

16.Jennifer Robertson, *Robo sapiens japanicus* (Berkeley, CA: University of California Press, 2017), p. 5.

17.Akinori Kubo, 'Technology as Mediation: On the Process of Engineering and Living with the AIBO Robot', *Japanese Review of Cultural Anthropology* 11 (2010), pp. 110-13.

18.Ibid., pp. 113, 115.

19.Robertson, *Robo sapiens japanicus*, p. 30.

20.Kubo, 'Technology as Mediation', p. 115.

21.Ibid., pp. 116-19.

22.Justin McCurry, 'Japan: Robot Dogs get Solemn Buddhist Send-off at Funerals', Guardian (3 May 2018), www.theguardian.com/world/2018/ may/03/japan-robot-dogs-get-solemn-buddhist-send-off-at-funerals (accessed 31 October 2022).

23.Maiko Eiraku, 'A funeral for dead robot dogs', *NHK World Japan* (17 January 2019), www3.nhk.or.jp/nhkworld/en/news/backstories/346/ (accessed 31 October 2022).

24.McCurry, 'Japan: Robot Dogs get Solemn Buddhist Send-off at Funerals'.

25.Daniel White and Patrick W. Galbraith, 'Japan's Emerging Emotional Tech', *Anthropology News* (25 January 2019), www.anthropology-news. org/articles/japans-emerging-emotional-tech/ (accessed 31 October 2022), doi:10.1111/AN.1070.

26.'Corporate Info - aibo', *Sony*, www.sony.com/en/SonyInfo/sony_ai/ aibo.html (accessed 27 October 2022).

27. 此標語出現在 LOVOT 的產品網站上。groove-x.com/en/ (accessed 31 October 2022).

28.'Full Body', LOVOT, lovot.life/en/technology/ (accessed 31 October 2022).

29.groove-x.com/team/.

30.Daniel White, 'The Future of LOVOT: Between Models of Emotion and Experiments in Affect in Japan', *Platypus: The Castac Blog* (23 July 2019), blog.castac.org/2019/07/the-future-of-lovot-between-models-of-emotion-and-experiments-in-affect-in-japan/ (accessed 31 October 2022).

31.Sherman and Haidt, 'Cuteness and Disgust', p. 2.

32.Galbraith, 'Seeking an alternative, p. 373.

33.Patrick W. Galbraith, *Otaku and the Struggle for Imagination in Japan* (Durham, NC: Duke University Press, 2019), p. 17.

34.'JNTO to Launch "Come to Japan" Campaign With Kizuna AI, the World's First Virtual YouTuber', Japan *National Tourism Organization New York* (2018), www.prnewswire.com/news-releases/ jnto-to-launchcome-to-japan- campaign-with-kizuna-ai-the-worlds- first-virtual-youtuber-300608037.html (accessed 30 October 2022).

35.Pavel Alpeyev and Yuki Furukawa, 'How virtual streamers like Kizuna Ai became Japan's biggest YouTube attraction', *The Japan Times* (22 September 2019).

36.'Nehorin Pohorin Virtual Cute Girls: An amazing virtual world is here', NHK (8 January 2020), www2.nhk.or.jp/hensei/program/p.cgi?area=001&date=2020-01-08&ch=31&eid=08210&f=3587.

37.Zhicong Lu et al., 'More Kawaii than a Real-Person Live Streamer: Understanding How the Otaku Community Engages with and Perceives Virtual YouTubers', *CHI Conference on Human Factors in Computing Systems* (CHI '21), (Yokohama, Japan, 8-13 May 2021), doi.org/10.1145/3411764.3445660.

38.'Virtual YouTubers Surpass Sixteen Thousand Today' ('Bācharu YouTuber, honjitsu 1 man 3 sen-ri o toppa'), *UserLocal* (19 October 2021), www.userlocal.jp/press/20211019vs/ (accessed 30 October 2022).

39.Lu et al., 'More Kawaii than a Real-Person Live Streamer'.

40.W. A. Adlan, 'Netflix Introduces Vtuber Mascot for its Anime Division', *Gamer Braves* (2021), www.gamerbraves.com/netflix- introduces-vtuber-mascot-for-its-anime-division/ (accessed 30 October 2022).

41.Anna Birna Turner, *Streaming as a Virtual Being: The Complex Relationship Between VTubers and Identity*, Master's thesis (Malmö University, 5 June 5 2022), p. 29.

42.Gigguk, 'I Got Addicted to VTubers and Regret Everything', *YouTube*, www.youtube.com/watch?v=UJ9mH4YC6MY (accessed 30 October 2022).

43.Liudmila Bredikhina and Agnès Giard, 'Becoming a Virtual Cutie: Digital Cross-Dressing in Japan', *Convergence* (Newbury Park, CA: SAGE Publications, 2022), doi:10.1177/13548565221074812.

44.Liudmila Bredikhina, 'Babiniku: What Lies Behind the Virtual Performance', *Electronic Journal of Contemporary Japanese Studies* 22, 2 (17 August 2022).

45.Ibid.

46.Morten L. Kringelbach et al., 'How cute things hijack our brains and drive behaviour', *The Conversation* (4 July 2016), theconversation. com/how-cute-things-hijack-our-brains-and-drive-behaviour-61942 (accessed 31 October 2022).

47.Ibid.

48.Kringelbach et al., 'On cuteness', p. 9.

49.Tyler Colp and Nico Deyo, 'The Vtuber Industry: Corporatization, Labor, and Kawaii', *Vice* (23 December 2020), www.vice.com/en/ article/akdj3z/the-vtuber-industry-corporatization-labor-and-kawaii. See also Lu et al., 'More Kawaii than a Real-Person Live Streamer'.

50.Ethan Gach, 'AI-Controlled VTuber Streams Games On Twitch, Denies Holocaust: Neuro-sama likes to play Minecraft and go off-script', *Kotaku* (6 January 2023), kotaku.com/vtuber-twitch-holocaust-denial-minecraft-ai-chatgpt-1849960527 (accessed 23 January 2023).

51.R. O. Kwon, 'Stop Calling Asian Women Adorable', *The New York Times* (23 March 2019), www.nytimes.com/2019/03/23/opinion/ sunday/calling-asian-women-adorable.html.

52.Noriko Murai, 'The Genealogy of Kawaii', in Noriko Murai et al., eds, *Japan in the Heisei Era (1989-2019)*, (London: Routledge, 2022), p. 249.

53.Simon May, *The Power of Cute* (Princeton, NJ: Princeton University Press, 2019), p. 127.

54.Leila Madge, 'Capitalizing on "Cuteness": The Aesthetics of Social Relations in a New Postwar Japanese Order', *Japanstudien* 9, 1 (1998), p. 167.

55.Ibid., p. 164.

56.Slade, 'Cute men in contemporary Japan', p. 79.

參考書目

Adlan, W. A., 'Netflix Introduces Vtuber Mascot for its Anime Division', *Gamer Braves* (2021), www.gamerbraves.com/netflix-introduces- vtuber-mascot-for-its-anime-division/ (accessed 30 October 2022).

Albert, Frank W. et al., 'Genetic Architecture of Tameness in a Rat Model of Animal Domestication', *Genetics* 182 (June 2009).

Allison, Anne, *Millennial Monsters: Japanese Toys and the Global Imagination* (Berkeley, CA: University of California Press, 2006).

Alpeyev, Pavel and Furukawa, Yuki, 'How Virtual Streamers Like Kizuna Ai Became Japan's Biggest YouTube Attraction', *The Japan Times* (22 September 2019).

Alt, Matt, P*ure Invention: How Japan's Pop Culture Conquered the World* (New York: Random House, 2020).

Ariès, Philippe, *Centuries of Childhood: A Social History of Family Life*, trans. Robert Baldick (New York: Alfred A. Knopf, 1962).

Armitage, Shelley, *Kewpies and Beyond: The World of Rose O'Neill* (Jackson, MS: University Press of Mississippi, 1994).

Azzaroli, A., 'Quaternary Mammals and the "End-Villafranchian" Dispersal Event - A Turning Point in the History of Eurasia', *Palaeogeography, Palaeoclimatology, Palaeoecology* 44 (1983), doi:10.1016/0031-0182(83)90008-1.

Barnum, P. T., *Struggles and Triumphs: or, Forty Years' Recollections of P. T. Barnum* (Buffalo, NY: Warren, Johnson & Co., 1872).

'Barnum's Booby Show', *New York Tribune* (6 June 1855), lostmuseum. cuny.edu/archive/barnums-booby-show-new-york-tribune-june-6 (accessed 5 October 2022).

Barrier, Michael, *Hollywood Cartoons: American Animation in Its Golden Age* (Oxford: Oxford University Press, 2003).

Barrier, Michael, *The Animated Man: A Life of Walt Disney* (Berkeley, CA: University of California Press, 2007).

Bateson, Melissa et al., 'Cues of Being Watched Enhance Cooperation in a Real-World Setting', *Biology Letters* 2 (2006), doi:10.1098/ rsbl.2006.0509.

Belyaev, Dmitri, 'Domestication of Animals', *Science Journal* 5, 1 (1969). Belyaev, Dmitri, 'Destabilizing Selection as a Factor in Domestication', *Journal of Heredity* 70, 5 (1979).

Benítez-Burraco, A. et al., 'Language Impairments in ASD Resulting from a Failed Domestication of the Human Brain', *Frontiers in Neuroscience* 10, 373 (29 August 2016), doi:10.3389/fnins.2016.00373.

Berns, Gregory S. et al., 'Scent of the familiar: An fMRI Study of Canine Brain Responses to Familiar and Unfamiliar Human and Dog Odors', *Behavioural Processes* 110 (2015), doi.org/10.1016/j.beproc.2014.02.011. Bernstein, Robin, *Racial Innocence: Performing American Childhood from Slavery to Civil Rights* (New York: New York University Press, 2011). Bidau, Claudio J., 'Domestication through the Centuries: Darwin's Ideas and Dmitry Belyaev's Long-Term Experiment in Silver Foxes', Gayana 73 (Supplimento) (2009).

Black, Shirley Temple, *Child Star: An Autobiography* (New York: McGraw-Hill, 1988).

Bradshaw, John, *Dog Sense: How the New Science of Dog Behavior Can Make You a Better Friend to Your Pet* (New York: Basic Books, 2011).

Bredikhina, Liudmila and Giard, Agnès, 'Becoming a Virtual Cutie: Digital Cross-Dressing in Japan', *Convergence* (SAGE Publications, 2022), doi:10.1177/13548565221074812.

Bredikhina, Liudmila, 'Babiniku: What Lies Behind the Virtual Performance', *Electronic Journal of Contemporary Japanese Studies* 22, 2 (17 August 2022).

Bryce, Mio, 'Visuality of Writing in our Modern World of Multimedia and Mass Communication: Focusing on the Written Japanese', *Proceedings of the Marking Our Difference Conference* (Melbourne: School of Languages, University of Melbourne, 2003).

Bryce, Mio, 'Cuteness Needed: The New Language/Communication Device in a Global Society', *International Journal of the Humanities* 2, 3 (2006).
Canby, Margaret T., 'Birdie's Birthday Party', *Our Young Folks: An Illustrated Magazine for Boys and Girls*, ed. J. T. Trowbridge and Lucy Larcom, Vol. VIII (Boston: James R. Osgood & Co., 1872).
Chersini, Nadine et al., 'Dog Pups' Attractiveness to Humans Peaks at Weaning Age', *Anthrozoös* 31, 3 (2018), doi:10.1080/08927936.2018.14 55454.
Clay, Zanna and de Waal, Frans, 'Sex and strife: post-conflict sexual contacts in bonobos', *Behaviour* 152, 3-4 (10 February 2015).
Colp, Tyler and Deyo, Nico, 'The Vtuber Industry: Corporatization, Labor, and Kawaii', *Vice* (23 December 2020), www.vice.com/en/ article/akdj3z/the-vtuber-industry-corporatization-labor-and-kawaii.
Coppinger, Raymond and Coppinger, Lorna, *Dogs: A Startling New Understanding of Canine Origin, Behavior and Evolution* (New York: Scribner, 2001).
Cross, Gary, *The Cute and the Cool: Wondrous Innocence and Modern American Children's Culture* (Oxford: Oxford University Press, 2004).
Dale, Joshua Paul et al., *The Aesthetics and Affects of Cuteness* (London: Routledge, 2017).
Daliot-Bul, Michal, *License to Play: The Ludic in Japanese Culture* (Honolulu: University of Hawai'i Press, 2014).
Darwin, Charles, *The Variation of Animals and Plants under Domestication*, Vol. 2 (London: Murray, 1868).
de Waal, Frans, 'Bonobo Sex and Society', *Scientific American* (1 June 2006), www.scientificamerican.com/article/bonobo-sex-and-society-2006-06/ (accessed 25 October 2022).
de Waal, Frans, T*he Bonobo and the Atheist: In Search of Humanism Among the Primates* (New York: W. W. Norton & Co., 2013).
de Waal, Frans, 'What animals can teach us about politics', *Guardian* (12 March 2019).
DeWyze, Jeannette, 'San Diego Zoo's Rare Bonobos, and the Superfans Devoted to the Zoo's Once Forgotten Apes', *San Diego Reader* (7 June 2017).
Diamond, Jared, 'Evolution, Consequences and Future of Plant and Animal Domestication', *Nature* 418 (8 August 2002), doi.org/10.1038/nature01019.
Dictionary of the Japanese Language, 2nd edition, Vol. 2 (日本国語大辞典 第二版 第二巻), (Tokyo: Shogakukan, 1972).
Dreifus, Claudia, 'Why bonobos don't kill each other: a conversation with Brian Hare', *The New York Times* (6 July 2010).
Dugatkin, Lee Alan, 'The Silver Fox Domestication Experiment', *Evolution: Education and Outreach* 11, 16 (2018).
Dugatkin, Lee Alan, and Trut, Lyudmila, *How to Tame a Fox (And Build a Dog)* (Chicago: University of Chicago Press, 2017).
Eade, Jane, 'Portraiture', in A. French (ed.), *Early Modern Childhood: An Introduction* (London: Routledge, 2020).
Eiraku, Maiko, 'A funeral for dead robot dogs', *NHK World Japan* (17 January 2019), www3.nhk.or.jp/nhkworld/en/news/backstories/346/(accessed 31 October 2022).
Esposito, G. et al., 'Baby, You Light-Up My Face: Culture-General Physiological Responses to Infants and Culture-Specific Cognitive Judgements of Adults', *PLoS ONE* 9, 10:e106705 (2014), doi:10.1371/ journal.pone.0106705.
Fitzgerald, Toni, 'The Kewpie Craze', *Doll Reader* 36, 8 (2008).
Fogg, Brandy R. et al., 'Relationships Between Indigenous American Peoples and Wolves, 1: Wolves as Teachers and Guides', *Journal of Ethnobiology* 35, 2 (2015), doi:10.2993/etbi-35-02-262-285.1.
Formanek-Brunell, Miriam, *Made to Play House: Dolls and the Commericialization of American Girlhood 1830-1930* (Baltimore: Johns Hopkins University Press, 1993).
Frederick, Sarah, 'Girls' Magazines and the Creation of *Shōjo* Identities', *Routledge Handbook of Japanese Media*, ed. Fabienne Darling-Wolf (London: Routledge, 2018).

French, Anna, *Innocence*, in Anna French, ed., *Early Modern Childhood: An Introduction* (London: Routledge, 2020).

Fretz, Eric, 'P. T. Barnum's Theatrical Selfhood and the Nineteenth- Century Culture of Exhibition', in Rosemarie Garland Thomson, ed., *Freakery: Cultural Spectacles of the Extraordinary Body* (New York: New York University Press, 1996).

Fujimoto, Yukari, 'Sailor Moon! The Treasure Box All the Girls Want', in Masami Toku, ed., *International Perspectives on Shōjo and Shōjo Manga: The Influence of Girl Culture* (London: Routledge Press, 2018). Gach, Ethan, 'AI-Controlled VTuber Streams Games On Twitch, Denies Holocaust', *Kotaku* (6 January 2023), kotaku.com/vtuber-twitch-holocaust-denial-minecraft-ai-chatgpt-1849960527 (accessed 23 January 2023).

Galbraith, Patrick W., 'Seeking an alternative: "male" shōjo fans since the 1970s', *Shōjo Across Media: Exploring 'Girl' Practices in Contemporary Japan*, ed. Jaqueline Bernt, Kazumi Nagaike and Fusami Ogi (London: Palgrave Macmillan, 2019).

Galbraith, Patrick W., *Otaku and the Struggle for Imagination in Japan* (Durham, NC: Duke University Press, 2019).

Galton, Francis, 'The First Steps towards the Domestication of Animals', *Transactions of the Ethnological Society of London* 3 (1865).

Genosko, Gary, 'Natures and Cultures of Cuteness', *Invisble Culture - An Electronic Journal for Visual Culture* 9 (2005).

Gigguk, 'I Got Addicted to VTubers and Regret Everything', *YouTube*, www.youtube.com/watch?v=UJ9mH4YC6MY (accessed 30 October 2022).

Glusac, Elaine, 'How to Make Fast Friends While Traveling? Try Playing Pickleball', The *New York Times* (16 January 2023).

Gould, Stephen Jay, *Ontogeny and Phylogeny* (Cambridge, MA: Harvard University Press, 1977).

Gould, Stephen Jay, 'A Biological Homage to Mickey Mouse', in *The Panda's Thumb: More Reflections in Natural History* (New York: Norton, 1980).

Gubar, Marah, *Artful Dodgers: Reconceiving the Golden Age of Children's Literature* (Oxford: Oxford University Press, 2010).

Gubar, Marah, 'Entertaining Children of All Ages: Nineteenth-Century Popular Theater as Children's Theater', *American Quarterly* 66, 1 (March 2014).

Gubar, Marah, 'The Cult of the Child Revisited: Making Fun of Fauntleroy', in *Oxford Twenty-First Century Approaches to Literature: Late Victorian into Modern*, ed. Laura Marcus et al.,(Oxford: Oxford University Press, 2016).

Hagio, Moto, 'Profile and Interview with Hagio Moto', Interview by Masami Toku in Masami Toku, ed., *International Perspectives on Shōjo and Shōjo Manga: The Influence of Girl Culture* (London: Routledge Press, 2018).

Hamada, Noboyoshi, *Manga: The Prehistory of Japanese Comics* (Tokyo: PIE International, 2013).

Hare, Brian, 'Survival of the Friendliest: *Homo sapiens Evolved via Selection for Prosociality', Annual Review of Psychology* 68, 1 (2017), doi:10.1146/annurev-psych-010416-044201.

Hare, Brian et al., 'The Self-Domestication Hypothesis: Evolution of Bonobo Psychology is Due to Selection Against Aggression', *Animal Behaviour* 83, 3 (March 2012).

Hare, Brian and Woods, Vanessa, *The Genius of Dogs: How Dogs are Smarter Than You Think* (New York: Penguin, 2013).

Hare, Brian and Woods, Vanessa, *Survival of the Friendliest: Understanding Our Origins and Rediscovering Our Common Humanity* (New York: Random House, 2020).

Harris, Daniel, *Cute, Quaint, Hungry, and Romantic: The Aesthetics of Consumerism* (New York: Basic, 2000).

Hartley, David, *Observations on Man, his Frame, his Duty, and his Expectations*, Vol. 1 (London: J. Johnson, 1801).

Hasegawa, Yuko, 'Post-identity Kawaii: Commerce, Gender and Contemporary Japanese Art', in Fran Lloyd, ed., *Consuming Bodies: Sex and Contemporary Japanese Art* (London: Reaktion Books,

1991).
Hearne, Samuel, *A Journey from Prince of Wale's Fort in Hudson's Bay to the Northern Ocean* (Toronto: The Champlain Society, 1911).
Hemmann, Kathryn, 'Short Skirts and Superpowers: The Evolution of the Beautiful Fighting Girl', *US-Japan Women's Journal* 47 (2014).
Hepola, Sarah, 'The Internet is made of kittens', *Salon* (10 February 2009), www.salon.com/2009/02/10/cat_internet/ (accessed 13 October 2022).
Heywood, Colin, *A History of Childhood* (Cambridge: Polity, 2018). Higonnet, Anne, *Pictures of Innocence: The History and Crisis of Ideal Childhood.* (London: Thames and Hudson, 1998).
Hinde, R. A., *Animal behavior: A synthesis of ethology and comparative psychology* (New York: McGraw-Hill, 1966).
Hinde, R. A., Ethology: *Its nature and relations with other sciences* (Oxford: Oxford University Press, 1982).
Hinde, Robert A. and Barden, Les A., 'The Evolution of the Teddy Bear', *Animal Behavior* 33 (1985).
Honda, Masako, 'Hirahira no keifu (The Genealogy of Hirahira)', *Ibunka to shite no kodomo (The Child as Another Culture)*, (Tokyo: Chikuma shobō, 1992).
Hosono, Masanobu, *Takehisa Yumeji (Yumeji Takehisa)*, (Tokyo: Hoikusha, 1972).
Howard-Smith, Stephanie, 'Little Puggies: Consuming Cuteness and Deforming Motherhood in Susan Ferrier's *Marriage', Eighteenth- Century Fiction* 34, 3 (Spring 2022).
Hrdy, Sarah Blaffer, *Mother Nature: Maternal Instincts and How They Shape the Human Species* (New York: Ballantine Books, 1999).
Hrdy, Sarah Blaffer, *Mothers and Others: The Evolutionary Origins of Mutual Understanding* (Cambridge, MA: Harvard University Press, 2009).
Hrdy, Sarah Blaffer and Burkart, Judith M., 'The Emergence of Emotionally Modern Humans: Implications for Language and Learning', *Philosophical Transactions of the Royal Society* B 375, 20190499 (2020), dx.doi.org/10.1098/rstb.2019.0499.
Huizinga, John, *Homo Ludens: A Study of the Play-Element in Culture* (London: Routledge & Kegan Paul, 1949).
Hur, Nam-lin, *Prayer and Play in Late Tokugawa Japan: Asakusa Sensoji and Edo Society* (Cambridge, MA: Harvard University Press, 2000).
Huron, David, 'The Plural Pleasures of Music', *Proceedings of the 2004 Music and Music Science Conference*, ed. Johan Sundberg and William Brunson (Stockholm: Kungliga Musikhögskolan & KTH, 2005).
Imbler, Sabrina, 'The Beloved Japanese Novelist Who Became a Queer Manga Icon', *Atlas Obscura* (4 April 2019), www.atlasobscura.com/ articles/yoshiya-nobuko-queer-manga.
Inge, Thomas M., 'Mickey Mouse', in Dennis Hall and Susan G. Hall, *American Icons* (Connecticut: Greenwood Publishing Group, 2006).
Ito, Kinko, 'Manga in Japanese History', *Japanese Visual Culture: Explorations in the World of Manga and Anime*, ed. Mark W. MacWilliams (London: Routledge, 2008).
Ivanova, Gergana, *Unbinding the Pillow Book: The Many Lives of a Japanese Classic* (New York: Columbia University Press, 2018).
Ivanova, Gergana, 'The many lives of The Pillow Book', lecture delivered for *The Japan Foundation* (Toronto, 17 January 2020).
Jessen, Sarah and Grossman, Tobias, 'Processing Eye Cues in the Infant Brain', *Proceedings of the National Academy of Sciences* 11, 45 (November 2014), doi.org/10.1073/pnas.1411333111.
Johnsson, Martin et al., 'The Neural Crest Cell Hypothesis: No Unified Explanation for Domestication', *Genetics* 26, 219, 1, iyab097 (August 2021), doi:10.1093/genetics/iyab097.
'JNTO to Launch "Come to Japan" Campaign With Kizuna AI, the World's First Virtual YouTuber', *Japan National Tourism Organization New York* (2018), www.prnewswire.com/news-releases/jnto-to-launchcome-to-japan- campaign-with-kizuna-ai-the-worlds- first-virtual-youtuber-300608037.html (accessed 30 October 2022).

Jung, Christoph and Pörtl, Daniela, 'Scavenging Hypothesis: Lack of evidence for Dog Domestication on the Waste Dump', *Dog Behavior* 2 (2018).
Kalikow, Theodora J., 'Konrad Lorenz's Ethological Theory: Explanation and Ideology, 1938-1943', *Journal of the History of Biology* 16, 1 (Spring 1983).
Kalnay, Erica Kanesaka, 'Yellow Peril, Oriental Plaything: Asian Exclusion and the 1927 US-Japan Doll Exchange', *Journal of Asian American Studies* 23, 1 (January 2020).
Kanesaka, Erica, 'Kawaii Globalization & Asian America: An Intimate History', in 'Kawaii: The Emergence and Evolution of Cuteness in Japanese Girls' Culture' (New York: The Japan Foundation, July 2022), www.youtube.com/watch?v=c8s_ZvM1om0.
Kaplan, G. and Rogers, L. J., 'Patterns of Gazing in Orangutans', *International Journal of Primatology* 23 (2002) pp. 501-26, doi. org/10.1023/A:1014913532057.
Kasson, John F., *The Little Girl Who Fought the Great Depression: Shirley Temple and 1930s America* (New York: W. W. Norton & Co., 2014).
Katō, Norihiro, 'Goodbye Godzilla, Hello Kitty: The Origins and Meaning of Japanese Cuteness', *The American Interest* (September/ October 2006).
Kawasaki, Kenko, 'Osaki Midori and the role of the girl in Shōwa Modernism', trans. Lucy Fraser and Tomoko Aoyama, *Asian Studies Review* 32 (2008).
Keaton, Buster and Samuels, Charles, *My Wonderful World of Slapstick* (New York: Da Capo, 1960).
Keene, Donald, *Appreciations of Japanese Culture* (Tokyo: Kodansha International, 1981).
Keene, Donald, *Seeds in the Heart: Japanese Literature from Earliest Times to the Late Sixteenth Century* (New York: Henry Holt and Co., 1993).
Kellem, Betsy Golden, 'At Tom Thumb Weddings, Children get Faux- Married to Each Other', *Atlas Obscura*, 7 July 2017, www.atlasobscura. com/articles/tom-thumb-weddings (accessed 3 October 2022).
Kete, Mary Louise and Petrino, Elizabeth, eds, *Lydia Sigourney: Critical Essays and Cultural Views* (Amherst: University of Massachusetts Press, 2018).
Kiley, Hamlin, J. et al., 'Social Evaluation by Preverbal Infants', *Nature* 450, 22 (November 2007).
Kim, Pilyoung et al., 'Neural Plasticity in Fathers of Human Infants', *Society for Neuroscience* 9, 5 (October 2014), doi:10.1080/17470919.2014.933713.
Kinsella, Sharon, 'Cuties in Japan', *Women, Media and Consumption in Japan*, ed. L. Skove and B. Moeran (Honolulu: University of Hawai'i Press, 1995).
Kinsella, Sharon, *Adult Manga: Culture and Power in Contemporary Japanese Society* (Honolulu: University of Hawai'i Press, 2000).
Klopfer, Peter, 'Konrad Lorenz and the National Socialists: On the Politics of Ethology', *International Journal of Comparative Psychology* 7, 4 (1994).
Kobayashi, H. and Kohshima, S., 'Unique Morphology of the Human Eye and its Adaptive Meaning: Comparative Studies on External Morphology of the Primate Eye', *Journal of Human Evolution* 40, 5 (May 2001), doi:10.1006/jhev.2001.0468.
Konner, Melvin, *Women After All: Sex, Evolution and the End of Male Supremacy* (New York: W. W. Norton & Co., 2015).
Kotrschal, Kurt, 'How Wolves Turned into Dogs and How Dogs Are Valuable in Meeting Human Social Needs', *People and Animals: The International Journal of Research and Practice* 1, 1, Article 6 (2018), docs.lib.purdue.edu/paij/vol1/iss1/6.
Kringelbach, M. L. et al., 'On Cuteness: Unlocking the Parental Brain and Beyond', *Trends in Cognitivs Sciences* 20, 7 (July 2016), doi:10.1016/j. tics.2016.05.003.
Kringelbach, Morten L. et al., 'How Cute Things Hijack Our Brains and Drive Behaviour', *The Conversation* (4 July 2016), theconversation. com/how-cute-things-hijack-our-brains-and-drive-behaviour-61942 (accessed 31 October 2022).
Kristeva, Tzvetana, 'The Pillow Hook: *The Pillow Book* as an "open book"', *Nichibunken Jpaan Review: Bulletin of the International Research Center for Japanese Studie*s 5 (1994).
Kubo, Akinori, 'Technology as Mediation: On the Process of Engineering and Living with the AIBO

Robot', *Japanese Review of Cultural Anthropology* 11 (2010).

Kuhlwilm, M. et al., 'Ancient Gene Flow From Early Modern Humans Into Eastern Neanderthals', *Nature* 530 (2016), doi.org/10.1038/ nature16544.

Kwon, R. O., 'Stop Calling Asian Women Adorable', *The New York Times* (23 March 2019).

LaFlamme, Martin, 'Utagawa Kuniyoshi, the undisputed master of warrior prints', review of Rossella Menegazzo, ed., 'Kuniyoshi: Visionary of the Floating World', *Japan Times* (12 January 2019), www.japantimes.co.jp/ culture/2019/01/12/books/utagawa-kuniyoshi-undisputed-master-warrior-prints/ (accessed 6 September 2022).

Lahtinen, Maria et al., 'Excess Protein Enabled Dog Domestication During Severe Ice Age Einters', *Scientific Reports* 11, 7 (2021).

Lamarre, Thomas, 'Speciesism, Part III: Neoteny and the Politics of Life', *Mechademia* 6 (2011).

Leach, Helen M., 'Selection and the Unforeseen Consequences of Domestication', in Rebecca Cassidy and Molly H. Mullin, eds, *Where the Wild Things Are Now: Domestication Reconsidered* (London: Bloomsbury Publishing, 2007).

Lee, O-Young, *Smaller is Better: Japan's Mastery* of the Miniature, trans. Robert N. Huey (New York: Kodansha International, 1984).

Lehrman, Daniel S., 'Semantic and Conceptual Issues in the Nature- Nurture Problem', *Development and Evolution of Behavior*, ed. Lester R. Aronson et al. (San Francisco: W. H. Freeman and Co., 1970).

Levinson, Stephen C., 'The Interaction Engine: Cuteness Selection and the Evolution of the Interactional Base for Language', *Philosophical Transactions of the Royal Society* B 377, 20210108 (2022), doi. org/10.1098/rstb.2021.0108.

Lieber-Milo, Shiri, 'Pink purchasing: Interrogating the soft power of Japan's kawaii consumption', *Journal of Consumer Culture* 22, 3 (2022), doi:10.1177/14695405211013849.

Lord, Kathryn A. et al., 'The History of Farm Foxes Undermines the Animal Domestication Syndrome', *Trends in Ecology & Evolution* (2019), doi.org/10.1016/j.tree.2019.10.011.

Lorenz, Konrad, 'Die angeborenen Formen möglicher Erfahrung (The innate forms of possible experience)', *Zeitschrift für Tierpsychologie* 5 (1943).

Lorenz, Konrad, *Studies in Animal and Human Behavior*, Vol. 2, trans. Robert Martin (Harvard University Press, 1971).

Lorenz, Konrad, *The Foundations of Ethology* (New York: Springer-Verlag, 1981).

Lorenz, Konrad, *Man Meets Dog*, trans. Marjorie Kerr Wilson (Oxfordshire: Routledge, 2002).

Lott, Eric, *Love & Theft: Blackface Minstrelsy and the American Working Class* (Oxford: Oxford University Press, 1993).

Lu, Zhicong et al., 'More Kawaii than a Real-Person Live Streamer: Understanding How the Otaku Community Engages with and Perceives Virtual YouTubers', *CHI Conference on Human Factors in Computing Systems* (CHI '21), (Yokohama, Japan, 8-13 May, 2021), doi. org/10.1145/3411764.3445660.

McCurry, Justin, 'Japan: Robot Dogs Get Solemn Buddhist Send-off at Funerals', *Guardian* (3 May 2018).

Madge, Leila, 'Capitalizing on "Cuteness": The Aesthetics of Social Relations in a New Postwar Japanese Order', *Japanstudien* 9, 1 (1998).

Maher, L.A. et al. 'A Unique Human-Fox Burial from a Pre-Natufian Cemetery in the Levant (Jordan)', *PLoS ONE* 6, 1 (2011), e15815, doi:10.1371/journal.pone.0015815.

'Maruyama Okyo melded styles to pioneer a new path in art', *Japan Times*, 15 November 2016, www.japantimes. co.jp/culture/2016/11/15/arts/ maruyama-okyo-melded-styles-pioneer-new-path-art/.

Masters, Michael P., 'Beyond Mickey Mouse: Perpetuating Cartoon Paedomorphosis', Poster, *American Association of Physical Anthropologists Annual Meeting*, Los Angeles (2020), doi:10.13140/ RG.2.2.30941.15841.

Masuda, Nozomi, 'Shōjo Manga and its Acceptance: What is the Power of Shōjo Manga?', in Masami

Toku, ed., *International Perspectives on Shōjo and Shōjo Manga: The Influence of Girl Culture* (London: Routledge Press, 2018).
May, Simon, *The Power of Cute* (Princeton, NJ: Princeton University Press, 2019).
Meer, Sarah, *Uncle Tom Mania: Slavery, Minstrelsy, and Transatlantic Culture in the 1850s* (Athens: University of Georgia Press, 2005).
Merish, Lori, 'Cuteness and Commodity Aesthetics: Tom Thumb and Shirley Temple', *Freakery: Cultural Spectacles of the Extraordinary Body*, ed. Rosemarie Garland Thomson (New York: New York University Press, 1996).
Mintz, Steven, *Huck's Raft: A History of American Childhood* (Cambridge, MA: Harvard University Press, 2004).
Monden, Masafumi, 'The Beautiful *Shōnen* of the Deep and Moonless Night: The Boyish Aesthetic in Modern Japan', *ASIEN* 147 (April 2018).
Morinaga, Takuro, 'For Love or Money: A Lesson in Moé Economics', in *The Moé Manifesto: An Insider's look at the Worlds of Manga, Anime, and Gaming*, ed. Patrick W. Galbraith (Tokyo: Tuttle Publishing, 2014).
Morris, Ivan, ed., *The Pillow Book of Sei Shonagon*, Vol. 2 (New York: Columbia University Press, 1967).
Murai, Noriko, 'The Genealogy of Kawaii', in Noriko Murai et al., eds, *Japan in the Heisei Era (1989-2019)*, (London: Routledge, 2022).
Murakami, Takashi, *Little Boy: The Arts of Japan's Exploding Subculture* (New Haven, CN: Yale University Press, 2005).
Museum of Fuchu City, *Very Cute Pictures of Old Edo, 'Kawaii'* (Tokyo: KyuryuDo, 2013).
Najafi, Sina and Higonnet, Anne, 'Picturing Innocence: An Interview with Anne Hgonnet', *Cabinet Magazine 9* (Winter 2002/03), cabinetmagazine.org/issues/9/najafi.php (accessed 30 September 2022).
Nakamura, K., interview in M. Ozaki and G. Johnson, eds, *Kawaii! Japan's Culture of Cute* (Munich: Prestel, 2013).
Naoi, Nozomi, 'Beauties and Beyond: Situating Takehisa Yumeji and the Yumeji-shiki', *Andon* 98 (December 2014).
Napier, Susan J., *From Impressionism to Anime: Japan as Fantasy and Fan Cult in the Mind of the West* (New York: Palgrave Macmillan, 2007).
'Nehorin Pohorin Virtual Cute Girls: An amazing virtual world is here', *NHK* (8 January 2020). www2.nhk.or.jp/hensei/program/p. cgi?area=001&date=2020-01-08&ch=31&eid=08210&f=3587.
Nenkov, G. Y. and Scott, M. L. '"So cute I could eat it up": Priming effects of cute products on indulgent consumption', *Journal of Consumer Research* 41, 2, doi.org/10.1086/676581.
Ngai, Natalie, 'The temptation of performing cuteness: Shirley Temple's birthday parties during the Great Depression, *Feminist Media Studies*, doi:10.1080/14680777.2022.2098800.
Ngai, Sianne, *Our Aesthetic Categories: Zany, Cute, Interesting* (Cambridge, MA: Harvard University Press, 2012).
Nittono, Hiroshi, 'The Two-Layer Model of "Kawaii": A Behavioural Science Framework for Understanding Kawaii and Cuteness', *East Asian Journal of Popular Culture* 2, 1 (2016).
Nittono, Hiroshi et al., 'English and Spanish Adjectives That Describe the Japanese Concept of Kawaii', *SAGE Open* (January-March 2023), doi.10.1177/21582440231152415.
Nobuhisa, Kaneko, trans. Pamela Miki, *Ukiyo-e Paper Book: Cats by Kuniyoshi* (Tokyo: Daifukushorin, 2015).
Noma, Seiroku, *The Arts of Japan: Late Medieval to Modern* (Tokyo: Kodansha International, 1978).
Nyong'o, Tavia, 'Racial Kitsch and Black Performance', *The Yale Journal of Criticism* 15, 2 (2002).
Oatman-Stanford, Hunter, 'Naughty Nuns, Flatulent Monks, and Other Surprises of Sacred Medieval Manuscripts', *Collector's Weekly* (24 July 2014), www.collectorsweekly.com/articles/naughty-nuns-flatulent- monks-and-other-surprises-of-sacred-medieval-manuscripts/.

Occhi, Debra J., 'Wobbly Aesthetics, Performance, and Message Comparing Japanese Kyara with their Anthropomorphic Forebears', *Asian Ethnology* 71, 1 (2012).
Orbaugh, Sharalyn, 'Busty Battlin' Babes: The Evolution of the Shōjo in 1990s Visual Culture', in J. Mostow et al., eds, *Gender and Power in the Japanese Visual Field* (Honolulu: 2003, University of Hawai'i Press).
Osterweil, Ara, 'Reconstructing Shirley: Pedophilia and Interracial Romance in Hollywood's Age of Innocence', *Camera Obscura* 72, Vol. 24, No. 3 (2009).
Ota Memorial Museum of Art, 'Is it true that Ukiyo-e crossed the sea as wrapping paper for ceramics?' (浮世絵が陶磁器の包み紙として海を渡ったのは本当？という話), (27 February 2021), otakinen-museum.note.jp/n/n01248684801c (accessed 5 September 2022).
Ōtsuka, Eiji, Girls' United Red Army: *Subculture and Postwar Democracy (Kanojo tachi no rengô sekigun: sabukaruchâ to sengo minshushugi)*, (Tokyo: Bungeishunjûsha, 1996).
Peak, Mayme, 'Hollywood is Asking: How Long Will Shirley Temple Remain a Star?', *Boston Globe* (14 May 1937).
Pearson, Susan J., '"Infantile Specimens": Showing Babies in Nineteenth- century America', *Journal of Social History* (Winter 2008).
Peters, J. and Schmidt, K., 'Animals in the symbolic world of Pre-Pottery Neolithic Göbekli Tepe, south-eastern Turkey: A preliminary assessment', *Anthropozoologica* 39, 1 (2004).
Plante, Courtney N. et al., *FurScience! A Summary of Five Years of Research from the International Anthropomorphic Research Project* (Waterloo, ON: Fur Science, 2016).
Prough, Jennifer S., *Straight from the Heart: Gender, Intimacy, and the Cultural Production of Shojo Manga* (Honolulu: University of Hawai'i Press, 2010).
Prum, Richard O., *The Evolution of Beauty: How Darwin's Forgotten Theory of Mate Choice Shapes the Animal World - and Us* (New York: Anchor Books, 2017).
Rachel and Jun, *Fox Village in Zaō Japan!* (1 July 2015), YouTube (accessed 21 May 2018).
Richarz, Allan, 'On the hunt for Japan's elaborate, colorful manhole covers', *Atlas Obscura* (15 March 2019), www.atlasobscura.com/articles/ japanese-manhole-covers (accessed 5 October 2022).
Robertson, Jennifer, *Robo sapiens japanicus* (Berkeley, CA: University of California Press, 2017).
Rodman, Tara, 'A Modernist Audience: The Kawakami Troupe, Matsuki Bunkio, and Boston Japonisme', *Theatre Journal* 65, 4 (December 2013).
Saikia, Alisha, '*Kyara* in Japanese Religious Spaces', *Vienna Journal of East Asian Studies* 13 (2021).
Salomon, Harald, '"A Paradise for Children": Western Perception of Children in Meiji Japan (1868-1912)', *The Journal of the History of Childhood and Youth*, Johns Hopkins University Press, 11, 3 (Fall 2018).
Sammond, Nicholas, *Birth of an Industry: Blackface Minstrelsy and the Rise of American Animation* (Raleigh, NC: Duke University Press, 2015).
Sandell, Neil, 'From Scavenger to Household Royalty: How Dogs Evolved From Wolves to Pampered Pets', *Ideas Podcast* (CBC Radio, 1 March 2021), www.cbc.ca/radio/ideas/from-scavenger-to-household-royalty- how-dogs-evolved-from-wolves-to-pampered-pets-1.5930345.
Sansom, G. B, *Japan: A Short Cultural History* (Tokyo: Tuttle Publishing, 1931).
Sapolsky, Robert M., *A Primate's Memoir: Love, Death and Baboons in East Africa* (London: Random House, 2002).
Sapolsky, Robert M. and Share, Lisa J., 'A Pacific Culture among Wild Baboons: Its Emergence and Transmission', *PLoS Biology* 2, 4 (April 2004).
Sato, Barbara, 'Gender, Consumerism and Women's Magazines in Interwar Japan', *Routledge Handbook of Japanese Media*, ed. Fabienne Darling-Wolf (London: Routledge, 2018).
Sax, Boria, 'What is a "Jewish Dog"? Konrad Lorenz and the Cult of Wildness', *Society and Animals* 5, 1 (1997).
Schweder, Barbara, response to Doug Jones et al., 'Sexual Selection, Physical Attractiveness, and Facial Neoteny: Cross-Cultural Evidence and Implications', *Current Anthropology* 36, 5 (December 1995).

Schweitzer, Marlis, 'Consuming Celebrity: Commodities and Cuteness in the Circulation of Master William Henry West Betty', in Jen Boyle and Wan-Chuan Kao, eds, *The Retro-Futurism of Cuteness* (Santa Barbara, CA: Punctum Books, 2017).
Screech, Timon, The Lens Within the Heart: *The Western Scientific Gaze and Popular Imagery in Later Edo Japan* (Honolulu: University of Hawai'i Press 2002).
Segal, Nancy L. et al., 'Preferences for Visible White Sclera in Adults, Children and Autism Spectrum Disorder Children: Implications of the Cooperative Eye Hypothesis', *Evolution and Human Behavior* 37, 1 (January 2016), doi.org/10.1016/j.evolhumbehav.2015.06.006.
Serpell, J. A., 'Commensalism or Cross-Species Adoption? A Critical Review of Theories of Wolf Domestication', *Frontiers of Veterinary Science* 8, 662370 (2021), doi:10.3389/fvets.2021.662370.
Shamoon, Deborah, 'Revolutionary Romance: The Rose of Versailles and the Transformation of Shojo Manga', *Mechademia Second Arc* 2, 1 (January 2007).
Shamoon, Deborah, 'Situating the Shojo in Shojo Manga: Teenage Girls, Romance Comics and Contemporary Japanese Culture', *Japanese visual culture: Explorations in the World of Manga and Anime*, ed. Mark W. MacWilliams (London: Routledge Press, 2008).
Shamoon, Deborah, *Passionate Friendship: The Aesthetics of Girls' Culture in Japan* (Honolulu: University of Hawai'i Press, 2012).
Sherman, Gary D. and Haidt, Jonathan, 'Cuteness and Disgust: The Humanizing and Dehumanizing Effects of Emotion', *Emotion Review* 3, 3 (2011), doi:10.1177/1754073911402396.
Shilton, Dor et al., 'Human Social Evolution: Self-Domestication or Self- Control?', in Antonio Benítez-Burraco, Vera Kempe and Zanna Clay, eds, *Self-Domestication and Human Evolution* (Lausanne: Fronteris Media SA, 2020), doi:10.3389/978-2-88966-093-3.
Shiokawa, Kanako, 'Cute but Deadly: Women and Violence in Japanese Comics', *Themes and Issues in Asian Cartoning: Cute, Cheap, Mad, and Sexy*, ed. John A. Lent (Bowling Green, OH: Bowling Green State University Popular Press, 1999).
Shōnagon, Sei, *The Pillow Book*, trans. Meredith McKinney (London: Penguin Classics, 2007).
Šimić, Goran et al., 'Molecules, Mechanisms, and Disorders of Self- Domestication: Keys for Understanding Emotional and Social Communication from an Evolutionary Perspective', *Biomolecules* 11, 2 (22 December 2020), dx.doi.org/10.3390/biom11010002.
Simoons, Frederick J. and Baldwin, James A., 'Breast-Feeding of Animals by Women: Its Socio-Cultural Context and Geographic Occurrence', *Anthropos*, Bd 77, H. 3/4 (1982), www.jstor.org/stable/40460478.
Singh, Nandini et al., 'Facial shape differences between rats selected for tame and aggressive behaviors', *PLoS ONE* 12, 4 (3 April 2017), doi:10.1371/journal.pone.0175043.
Sirois, Chad, '19th Century Toddlers and Tiaras', *Worchester Historical Museum*, www.worcesterhistory.org/blog/baby-show/ (accessed 5 October 2022).
Skabelund, Aaron Herald, *Empire of Dogs: Canines, Japan, and the Making of the Modern Imperial World* (Ithaca, NY: Cornell University Press, 2011).
Slade, Toby, 'Cute men in contemporary Japan', ed. Ben Barry and Andrew Reilly, *Crossing Gender Boundaries: Fashion to Create, Disrupt and Transcend* (London: Intellect Books, 2019).
Smith, E. Oakes, 'Barnum's Baby Show - A Protest', *New York Herald* (12 May 1855), *The Lost Museum Archive*, lostmuseum.cuny.edu/archive/ barnums-baby-showa-protest-new-york-herald.
Smolderen, Thierry, *The Origins of Comics: From William Hogarth to Winsor McCay*, trans. Bart Beaty and Nick Nguyen (Jackson, MS: University Press of Mississippi, 2014).
Solomon, Deborah, 'Old mistresses turn tables on old masters', *The New York Times* (16 Dececember 2019), (accessed 28 September 2022).
Sorby, Angela, '"A Dimple in the Tomb": Cuteness in Emily Dickinson', *ESQ* 63, 2 (2018).
Sorby, Angela, 'Baby to Baby: Sigourney and the Origins of Cuteness', in *Lydia Sigourney: Critical Essays and Cultural View*, ed. Mary Louise Kete and Elizabeth Petrino (Amherst: University of Massachusetts Press, 2018).
Stark, Eloise et al., 'Neurobiology of Human Parenting', *Handbook of Parenting*, Vol. 2: *Biology and*

Ecology of Parenting, 3rd edition (London: Routledge, 2019).
Stearns, Peter N., *Childhood in World History* (London: Routledge, 2010). Stewart, Susan, *On Longing: Narratives of the Miniature, the Gigantic, the Souvenir, the Collection* (Durham, NC: Duke University Press, 1993).
Stimpson, Blake, 'Andy Warhol's Red Beard', *The Art Bulletin* 83, 3 (September 2001).
Struthers, Sally A., *Donatello's Putti: Their Genesis, Importance, and Influence on Quattrocento Sculpture and Painting* (Vols I and II), Dissertation (Ohio State University, 1992).
'Study: Infants can judge naughty from nice', *CBS News* (21 November 2007), www.cbsnews.com/news/study-infants-can-judge-naughty-from-nice/ (accessed 27 October 2022).
Surbeck, M. et al., 'Mate Competition, Testosterone and Intersexual Relationships in Bonobos, Pan paniscus', *Animal Behaviour* (2012), doi:10.1016/j.anbehav.2011.12.010.
Takahashi, Mizuki, 'Opening the closed world of shōjo manga', *Japanese Visual Culture: Explorations in the World of Manga and Anime*, ed. Mark W. MacWilliams (New York: M. E. Sharpe, 2013).
Takamatsu, Iwao, 'Manga/Animation and Lifeworld Culture of Ordinary People in Edo', *Seminars on Academic Research of Manga and Anime* Part 8 (13 December 2005).
Tamagawa, Kathleen, *Holy Prayers in a Horse's Ear: A Japanese American Memoir* (New Brunswick, NJ: Rutgers University Press, 2008).
'The Baby Show - Grand Infantile Display', *The New York Times* (6 June 1855).
'The Baby Show Exhibit', *Lost Museum Archive*, lostmuseum.cuny.edu/ archive/exhibit/baby/ (accessed 30 September 2022).
The Medieval Bestiary, bestiary.ca/beasts/beastgallery213.htm (accessed 29 July 2022).
Theofanopoulou, Constantina et al., 'Self-domestication in *Homo sapiens*: Insights from Comparative Genomics', *PLoS ONE* 12, 10, e0185306 (2017), doi.org/10.1371/journal.pone.0185306.
Toll, Robert C., *On with the Show: The First Century of Show Business in America* (New York: Oxford University Press, 1976).
Tomasello, Michael, *The Cultural Origins of Human Cognition* (Boston: Harvard University Press, 1999).
Tomasello, Michael et al., 'Reliance on Head Versus Eyes in the Gaze Following of Great Apes and Human Infants: The Cooperative Eye Hypothesis', *Journal of Human Evolution* 52 (2007), doi:10.1016/j. jhevol.2006.10.001.
Trut, Lyudmila N., 'Early Canid Domestication: The Farm-Fox Experiment', *American Scientist* 87 (1999).
Trut, Lyudmila N. et al., 'Animal Evolution During Domestication: The Domesticated Fox as a Model', *Bioessays* 31, 3 (2009).
Turner, Anna Birna, *Streaming as a Virtual Being: The Complex Relationship Between VTubers and Identity*, Master's Thesis (Malmö University, 5 June 2022).
Tyler, Royall, *Japanese Tales* (New York: Pantheon Books, 1987).
Van Rij, Jan, *Madame Butterfly: Japonisme, Puccini, and the Search for the Real Cho-Cho-San* (Berkeley, CA: Stone Bridge Press, 2001).
Vice Japan, *100 Foxes - Fox Village (キツネ 100匹！ - Fox Village)*, (5 October 2013), YouTube (accessed 20 May 2018).
'Virtual YouTubers Surpass Sixteen Thousand Today' ('Bācharu YouTuber, honjitsu 1 man 3 sen-ri o toppa'), *UserLocal* (19 Octoer 2021), www.userlocal.jp/press/20211019vs/ (accessed 30 October 2022).
Wakita, Haruko, *Women in Medieval Japan: Motherhood, Household Management and Sexuality*, trans. Alison Tokita (Tokyo: University of Tokyo Press, 2006).
White, Daniel, 'The Future of LOVOT: Between Models of Emotion and Experiments in Affect in Japan', *Platypus: The caustic Blog* (23 July 2019), blog.castac.org/2019/07/the-future-of-lovot-between-models- of-emotion-and-experiments-in-affect-in-japan/ (accessed 31 October 2022).
White, Daniel and Galbraith, Patrick W., 'Japan's Emerging Emotional Tech', *Anthropology News* (25 January 2019), doi:10.1111/AN.1070.

Wilkins, A. S. et al., 'The "Domestication Syndrome" in Mammals: a Unified Explanation Based on Neural Crest Cell Behavior and Genetics', *Genetics* 197, 3 (July 2014), doi:10.1534/genetics.114.165423.
Winston, Adam, 'In the Beginning: Dogs and Wolves', *Dogs in Our World Podcast*, Episode1 (5 January 2017), podcasts.apple.com/us/podcast/ in-the-beginning-dogs-and-wolves/ id1163100723?i=1000379664063.
Wolverton, Emily, 'Rosie O'Neill and the Kewpie Collection', *The Mini Time Machine Museum of Miniatures* 45 (5 February 2014).
Wrangham, Richard, *The Goodness Paradox: The Strange Relationship Between Virtue and Violence in Human Evolution* (New York: Pantheon Books, 2019).
Wyman, Tom, 'Beware of Cupcake Fascism', *Guardian* (8 April 2014), (accessed 28 October 2022).
Wynne, Clive D. L., *Dog Is Love: Why and How Your Dog Loves You* (Boston: Mariner Books, 2019).
Yamada, Tomoko, 'Profile and Interview with Tomoko Yamada', *Interview by Masami Toku, International Perspectives on Shōjo and Shōjo Manga: The Influence of Girl Culture*, ed. Masami Toku (London: Routledge Press, 2018).
Yang, Chi-ming, 'Culture in Miniature: Toy Dogs and Object Life', *Eighteenth-Century Fiction* 25, 1 (Fall 2012).
Yiengpruksawan, Mimi, 'Monkey Magic: How the "Animals" Scroll Makes Mischief with Art Historians', *Orientations* 31, 3 (March 2000).
Yoda, Tomiko, 'Girlscape: The Marketing of *Mediatic Ambience in Japan*', Media Theory in Japan, ed. Marc Steinberg and Alexander Zahiten (Durham, NC: Duke University Press, 2017).
Yomota, Inuhiko, *Essay on 'Kawaii' (Kawaii Ron)*, (Tokyo: Chikuma Shobo, 2006).
Yoshihara, Mari, *Embracing the East: White Women and American Orientalism* (Oxford: Oxford University Press, 2003).
Zanella, Matteo et al., 'Dosage Analysis of the 7q11.23 Williams Region Identifies BAZ1B as a Major Human Gene Patterning the Modern Human Face and Underlying Self-domestication', *Science Advances* 5, 12 (4 December 2019), p.7, doi:10.1126/sciadv.aaw7908.
Zelizer, Viviana A., *Pricing the Priceless Child: The Changing Social Value of Children* (Princeton, NJ: Princeton University Press, 1994).

可愛無法擋！：卡哇伊文化如何連結我們的大腦並征服全世界
Irresistible: How Cuteness Wired our Brains and Conquered the World

作　　者——約書亞．保羅．戴爾（Joshua Paul Dale）
譯　　者——蔡宗翰
封面設計——陳文德
內文設計——劉好音
特約編輯——洪禎璐
責任編輯——劉文駿
行銷業務——王綬晨、邱紹溢、劉文雅
行銷企劃——黃羿潔
副總編輯——張海靜
總 編 輯——王思迅
發 行 人——蘇拾平
出　　版——如果出版
發　　行——大雁出版基地
地　　址——231030 新北市新店區北新路三段 207-3 號 5 樓
電　　話——（02）8913-1005
傳　　真——（02）8913-1056
讀者傳真服務—（02）8913-1056
讀者服務 E-mail— andbooks@andbooks.com.tw
劃撥帳號 19983379
戶　　名 大雁文化事業股份有限公司
出版日期 2024 年 3 月 初版
定　　價 420 元
ISBN 978-626-7334-72-0

國家圖書館出版品預行編目資料

可愛無法擋！：卡哇伊文化如何連結我們的大腦並征服全世界／約書亞．保羅．戴爾（Joshua Paul Dale）著；蔡宗翰譯. – 初版. – 新北市：如果出版：大雁出版基地發行，2024.03
面；公分
譯自：Irresistible: How Cuteness Wired our Brains and Conquered the World
ISBN 978-626-7334-72-0（平裝）

1. 美學 2. 文化研究 3. 文化史 4. 日本

731.3　　113002028

如果